ABeCedário de criação filosófica

Organizadores
Walter Omar Kohan
Ingrid Müller Xavier

ABeCedário de criação filosófica

autêntica

Copyright © 2009 Os organizadores

TRADUÇÃO
Filipe Ceppas, Ingrid Müller Xavier, Juliana Merçon,
Paula Ramos, Rogier Viegas, Sérgio Sardi, Walter Omar Kohan

PROJETO GRÁFICO DE CAPA
Diogo Droschi

PROJETO GRÁFICO DE MIOLO
Christiane Costa
Diogo Droschi

EDITORAÇÃO ELETRÔNICA
Christiane Costa
Tales Leon de Marco
Waldênia Alvarenga Santos Ataíde

REVISÃO
Ana Carolina de Andrade Aderaldo
Ana Carolina Lins Brandão
Cecília Martins

EDITORA RESPONSÁVEL
Rejane Dias

A Editora tentou localizar os detentores dos direitos de todas as imagens publicadas nesta obra, mas nem sempre isso foi possível. Estamos à disposição de qualquer pessoa que tenha informações a esse respeito.

Revisado conforme o Novo Acordo Ortográfico.

Todos os direitos reservados pela Autêntica Editora. Nenhuma parte desta publicação poderá ser reproduzida, seja por meios mecânicos, eletrônicos, seja via cópia xerográfica, sem a autorização prévia da Editora.

AUTÊNTICA EDITORA
Rua Aimorés, 981, 8º andar. Funcionários
30140-071. Belo Horizonte. MG
Tel: (55 31) 3222 68 19
Televendas: 0800 283 13 22
www.autenticaeditora.com.br

Dados Internacionais de Catalogação na Publicação (CIP)
(Câmara Brasileira do Livro)

Abecedário de criação filosófica / Walter Omar Kohan e Ingrid Müller Xavier (organização) . – Belo Horizonte : Autêntica Editora, 2009.

ISBN 978-85-7526-373-0

1. Filosofia - Estudo e ensino I. Kohan, Walter Omar. II. Xavier, Ingrid Müller.

09-00126   CDD-107

Índices para catálogo sistemático:
1. Criação filosófica : Estudo e ensino 107

Sumário

Apresentação
Walter Omar Kohan e Ingrid Müller Xavier 7

Âncora
Giuseppe Ferraro 11

Barba
Filipe Ceppas 17

Bola de sabão
Gabriel Cid de Garcia 27

Cabelos
Adriana Marcela Barrionuevo 34

Cabimento
Hilan Bensusan 41

Caralho
Diego Antonio Pineda R. 47

Clandestino
Sérgio Augusto Sardi 57

Dados
Andrea Bieri 65

Dedo
Olga Grau 77

Escrache
Andrea Pac 85

Espelho
Mário Bruno 93

Et cetera
Rosana Fernandes 101

Firula
Renato Bonfatti 112

Futebol de várzea (Potreiro)
Maximiliano Durán 118

Grão de areia
Juliana Merçon 126

Homem/animal
Catarina Pombo Nabais 133

Índio
Mauricio Langón 138

Janela
Bernardina Leal 151

Jardim
Ingrid Müller Xavier 157

Licença
Mariela Merino 163

Mãos
María José Guzmán 168

Nó
Rosana Fernandes e José Menna 174

Ovo
Walter Omar Kohan 179

Países
Hernán Casciari 187

Panela
Andrea Pac 191

Qualquerquasequando
Ana Helena Amarante 198

Riso, risada
Dante Augusto Galeffi 207

Sombra
Paula Ramos de Oliveira 215

Títeres
Verónica Bethencourt 220

Torre
Mauricio Langón 230

Último
Mônica Costa Netto 242

Violão
Gonzalo Armijos Palácios 254

Zona
Plínio W. Prado Jr. 262

Os autores 268

Apresentação

Abecedário: um exercício despretensioso de pensamento-escrita

Este *ABeCedário de criação filosófica* nasceu de várias influências, autores, motivos, desejos e razões. Ele está inspirado em outro abecedário, aquele que resultou da gravação em vídeo de um jogo instigante entre Gilles Deleuze e Claire Parnet. Deleuze, com a tranquilidade de saber que o material só seria tornado público quando ele fosse apenas "puro espírito", criou um abecedário a partir das palavras propostas por Claire: "*a como animal*", "*b como beber*", etc. A TV Escola, do Ministério de Educação, legendou e projetou esse material de mais de sete horas de duração nas escolas de todo o Brasil, e a ele devemos inspiração.

A inspiração nos levou por caminhos diferentes, não apenas pelo fato de os autores do presente livro estarem vivos na hora da publicação da obra, mas também porque o presente abecedário está longe de ser um texto estritamente deleuziano, tanto pela concepção de filosofia afirmada, pelos conceitos escolhidos, quanto pelos estilos de escrita oferecidos. Contudo, ele mantém um princípio comum: Deleuze afirma que a filosofia é criação de conceitos e isso, de alguma forma, está presente aqui. Certamente, alguém muito deleuziano poderia questionar que se trate efetivamente de criação e de conceitos, mas ninguém pode questionar que se trata de uma aposta firme em pensar ideias, relações, mundos, vidas e algumas outras coisas "de outra maneira". Afinal, a filosofia, mais do que um corpo de conceitos, é uma forma de se relacionar com os conceitos e mundos que habitamos. É justamente isso o que propõe o *ABeCedário de criação filosófica*: afirmar um modo especial de relação com o que habitamos e nos habita.

O texto que estamos apresentando é obra de um coletivo; é produto do encontro entre vários amigos e colegas de diversos países de América Latina (Argentina, Brasil, Chile, Colômbia, Uruguai), uma portuguesa, e um italiano do Sul, muito próximo a nós. Somos também professores, quase todos de filosofia, e, de forma geral, educadores, pessoas que têm a pretensão de convocar o pensamento dos outros. A obra não afirma uma unidade filosófica ou pedagógica ou de pensamento, não pressupõe uma mesma visão da filosofia, de como fazê-la circular, sequer um estilo comum de escrita. Ao contrário, pensamos que essa diversidade de perspectivas faz parte da filosofia, da educação e do que as aproxima. De uma forma geral, os autores deste texto estamos apaixonados pela ideia de escrever para incitar novos pensamentos, embora não gostemos da ideia de transmitir pensamentos ou modos de pensar na forma de receita. Por isso escolhemos termos menores, comuns, corriqueiros, como um gesto que mostra que podemos deixar-nos afetar de modos diferentes pelas coisas cotidianas, escrevê-las, pensá-las, vivê-las a partir de outros lugares e disposições. Disso também trata o *ABeCedário de criação filosófica*: de se constituir em apenas *um* caso de como a escrita e o pensamento podem ser exercidos para experimentar de outra maneira o que pensamos, vivemos, sentimos.

A filosofia diz respeito a olhar de certa maneira o mundo, o que nos toca mais diretamente. O tratamento que neste livro é dado a cada palavra, na tentativa de ir além do dicionário, responde a essa ideia. Aqui, a criação parte da concretude de uma barba, um índio, uma janela, para não deixar dúvidas da proximidade entre a filosofia e o quotidiano. Os conceitos tradicionais da filosofia, como amizade, pensamento ou justiça, também são concretos, embora pareçam abstratos e muitos filósofos não contribuam para perceber seu caráter concreto. Nesse sentido, o *ABeCedário de criação filosófica* é um exercício despretensioso, mas também inusitado de pensamento-escrita: é um sinal de que não é necessário negar o mais próximo ou repetir o mesmo ao afirmar o pensamento, ao pensar com outros. É uma ampliação do mundo da filosofia: não importa a idade, a classe social, a raça, o gênero; sempre há motivos para pensar e para escrever e, mais ainda, para pensar-se e para escrever-se. É também um exercício de escrita-pensamento, um convite, uma mão dada, um sorriso para outras escritas-pensamentos. Por isso seus verbetes incluem exercícios ou atividades: para transpor os limites do próprio livro. Também por isso ele é irregular, imperfeito, incompleto: algumas letras dão lugar a mais de uma palavra; outras, a uma; e alguma, como as letras k, x ou w, a nenhuma palavra, para sugerir que o leitor pode escrever junto. Eis a aposta do *ABeCedário de criação filosófica*: abrir-nos a uma atenção curiosa com o próximo que nos rodeia, e atiçar o desejo de demorarmo-nos nele e recriá-lo no pensamento-escrita.

Os autores do presente texto adoraríamos provocar outros exercícios ou experiências de escrita-pensamento, talvez "letrários", "ideários", "numerários", "temários", "perguntários", "exerciários", "aulários" e, por que não, muitos outros abecedários de qualquer um que for atravessado pela força da escrita e do pensamento. Pela escolha dos termos, estilos e atividades, o *ABeCedário de criação filosófica* é uma forma de afirmar que podemos desaprender olhares e ver o antes invisível, trazer outros mundos num *grão de areia*, numa *bola de sabão*, num *ovo*... as coisas ganhando outro *cabimento*, *torres* sendo tombadas ao darem *licença* a *qualquerquasequando*. E assim por diante...

Neste Brasil tão grande e diverso, a filosofia será, dentro de pouco tempo, uma disciplina obrigatória nos três anos de todas as escolas de Ensino Médio. Este livro não foi pensado para esse momento, mas esteve algum tempo esperando uma ocasião como essa para ser lançado ao público. Queremos oferecê-lo como uma forma de cumprimentar, comemorar e participar nessa mudança, tão importante quanto desafiadora, do ensino de filosofia no Brasil e do que ele possa sugerir para outros países de América Latina.

Assim, se ensinar filosofia – ou, de forma mais ampla, educar filosoficamente – tem a ver com estimular a criação na escrita e no pensamento, talvez este livro ajude a pensar e a escrever de outro modo, a escrever-se e a pensar-se com alegria e potência inusitadas e insuspeitadas: mãos à obra! e também canetas, teclados, lápis, tintas, sensibilidade bem aberta, e tudo o que ajude a escrever e pensar...

Walter Omar Kohan e Ingrid Müller Xavier
Organizadores

Âncora

Giuseppe Ferraro

Tradução: *Walter Omar Kohan e Sérgio Sardi*

Foi o capitão que gritou "Agora!", e subitamente escutou-se o ruidoso fluir das correntes na escotilha lateral da proa. A âncora rasgava o mar, descendo sempre mais fundo, até tocar o solo. Um baque átono, imagem sem som, levantou a areia comprimida pelo mar. Ainda um momento... e a âncora interrompeu o curso do navio. Era o mês de janeiro daquele ano, e a impressão dos marinheiros era a de estarem nas águas de um rio de mar. Por isso, eles chamaram aquele lugar de "rio de janeiro", assim como é ainda hoje chamado: Rio de Janeiro.

As palavras no mar da linguagem

Há uma rima estranha entre certas palavras de um mesmo idioma. Basta um só acento e o significado é modificado. Em português, a rima se faz entre "âncora" e "agora"; em italiano, está entre "âncora" (*àncora*) e "ainda" (*ancòra*). Basta uma leve mudança de ritmo da voz que a palavra se transforma. Contudo, nessa mudança de tom, a palavra não sofreu uma mudança de significado, mas uma extensão do sentido que o significado da palavra guardava em sua origem (*étimo*). A âncora é aquele objeto que serve como instrumento para frear o curso e o oscilar do navio sobre as ondas; mas, é também como se fosse um instrumento a frear o curso do tempo, porque o tempo está "agora" suspenso. A palavra *ancòra* (ainda), em italiano, indica o persistir de um tempo, o seu retornar um instante. Diz-se, também, "ainda agora", para reforçar a insistência de um tempo que se deseja imóvel.

É preciso refletir. No fundo e sobre o fundo tocado por todo *ainda* e *agora* que para o curso de um caminho e do tempo, há uma vista e uma visão. Se nos é permitido ir à etimologia das vozes de uma língua, deixando à parte os signos escritos e buscando a associação de significados em uma mesma língua ou entre uma língua e outra, ocorrerá que, da palavra *agora*, em português, somos transportados à *agorá*[1] grega.

No fundo, a *agorá* foi para os gregos o ponto mais alto, de onde era possível olhar para a cidade e tê-la em um só olhar, enquanto que, da cidade, a *agorá* representava um ponto de orientação, uma referência do espaço circundante que a mantinha firme e relacionado com o divino. O *agorá* era o agora da cidade: o seu tempo corrente, a sua atualidade, "agoridade", poderia se inventar. Pensando bem, os templos deveriam ser como as primeiras âncoras, por pararem o caminho das pessoas a caminho e estabelecerem um ponto de horizonte, dividido entre o céu e a terra, entre o divino e o humano. Porque o que ainda hoje permanece da palavra "templo" trazida dos gregos indica a divisão (*témnein*) do céu e da terra, significando também um lugar purificado, inexpugnável, um refúgio para quem estivesse manchado por uma culpa grave. O templo era, e é, um ponto de parada do tempo e de todos os cursos, seja de uma viagem ou de uma fuga.

Platão pensou o tempo como uma *ekphaínesis*, um agora, tempo não linear, não sucessivo, mas o tempo vertical que une e divide (*témnein*). O tempo é revelação, aparecimento, doação do divino ao humano: o uno que se abre ao múltiplo. Se para Aristóteles o tempo é a medida do movimento, para Platão (*Parmênides*) é a medida, agora, da relação entre o um e o múltiplo. Existem palavras que com o tempo perdem o significado daquela palavra à qual correspondiam. São como âncoras perdidas no mar da linguagem. Isso ocorre a Kafka quando procura em vão o significado de *odradek*, um objeto familiar da casa de seu pai, um objeto da sua casa de origem. Mesmo que ninguém mais soubesse para que tinha servido aquela palavra, ela indicava algo que ainda permanecia, embora sem uma correspondência com aquilo que levava seu nome. Quase havia sido cortado do tempo o nexo de sentido que permitia entender o seu significado. Uma palavra quebrada. As palavras são muito finitas no mar da linguagem, perdidas por terem sido emaranhadas em outras línguas, por terem sido alteradas, e quando emergem são transformadas, significam outra coisa.

A coisa e a imagem

A âncora é recurvada, à semelhança de um anzol. Plínio[2] atribui essa invenção aos Etruscos, famosos por terem sido, durante longo tempo, os piratas

---

[1] *Agorá*: praça pública, mercado. (N.T.).

[2] Plínio: Gaio Plinio Secondo (23-79 d.C), historiador romano que compilou o conhecimento de sua época em vários volumes e morreu na erupção do Vesúvio.

tirrenos[3] que enganchavam os navios para subirem subitamente a bordo. A âncora apresenta, em sua imagem admirável, um duplo arco e quase se parece com um duplo anzol. Pode-se imaginar ainda que esta forma remete a uma remissão ao tempo que se detém, divide-se e despedaça em dois arcos o círculo do seu fluir. Quando se abre em dois o círculo do tempo, então aparece à vista a paisagem, a imagem do lugar pelo qual sentes dizer "agora!", e parar, no percurso do tempo, o percurso do teu caminho, seja de viagem ou de fuga, sempre de vida.

Naquele dia o capitão do navio parou o tempo, quebrou-o, lançou a âncora, parou o curso do navio e viu ao seu redor um lugar esplêndido que chamou, junto dos outros, com o nome que ainda é o daquele lugar, assim como todo lugar tornado cidade ou vilarejo sentiu no ar a pronúncia das palavras de quem um dia disse para "lançar âncora" naquele momento e naquele lugar, porque era com o desejo de lá se deter que devia arribar o seu tempo e aquele do lugar que lhe abria, daquele ponto, a visão do horizonte.

Lançar âncora, ancorar-se, a âncora do selvagem: essas expressões fazem parte da vida cotidiana, pode-se dizer que fazem parte da navegação cotidiana. Essa navegação é cada vez mais difícil, porque restam cada vez menos horizontes e visões de horizontes para os quais se possa dizer "agora é aqui que é necessário ficar". No "agora" no qual estamos parados, há muitos portos e portais que se ligam entre si e nos arrastam para uma navegação em rede, feita de ancoradouros diversos e conquista nenhuma. Salvamos arquivos, sites, vídeos, mas não os salvamos para salvarmo-nos ou para deter o tempo, que pareceria assim ter perdido a sua forma circular e se tornado, ele mesmo, mar líquido.

Os modos

"Permanecer ancorado à vida" é, talvez, a mais intensa expressão de um caminho que faz do seu percurso a própria paralisação. Deter-se para a vida, na vida, assumi-la como um valor, como uma visão a partir da qual medir a existência, dando um sentido ao próprio agir e sofrer. É o ancoradouro mais belo, aquele no qual às vezes nos agarramos como uma "âncora de salvação", possibilidade última e extrema na tentativa de superar a adversidade no mar e na terra.

"Remover a âncora" quer dizer ausentar-se. Ir para longe de um lugar ou de uma situação que não faz mais sentido continuar seguindo.

"Ancorar" é ainda a expressão para dar sustento a alguém, para dar-lhe a estabilidade que lhe falta.

---

[3] Mar Tirreno: parte do Mar Mediterrâneo que se estende ao longo da costa oeste italiana, entre a Itália, a Córsega, a Sardenha e a Sicília.

As partes

É preciso estar "equipado" para tudo isso. A âncora, como objeto, é composta de partes que asseguram a propriedade do instrumento: uma delas é o "anete", o anel que se liga à corrente que deverá baixá-la e içá-la. O "anete" é a única parte móvel da âncora Não se compreende por que tem esse nome, o mesmo também vale para o anel de atraque. Talvez seja porque serve como ligação entre uma parte e outra. O "anete" é como a borda móvel do corpo imóvel da âncora. É a parte que convida ao movimento.

Há, depois, a "haste", a parte que serve como barra, e que é o órgão de apoio para o arado. Pois a âncora lembra, em seu desenho, o arado, assim como o pescador ara o mar e o fazendeiro pesca na terra, em uma conversão e rima das ações que as duas ferramentas produzem quase se sobrepondo. Depois está a parte que corre de uma extremidade a outra, a superior e a inferior.

A "unha", é bem fácil de entender, é como a garra da âncora, a parte que afunda na areia ou se agarra às pedras.

A "pata" é, por sua vez, a perna, quase como o salto de um sapato, o ponto sobre o qual a alavanca é erguida e tirada do fundo.

Os "braços" são as duas extremidades da âncora. É a parte que finca no chão, porque o utensílio inclinado para o fundo o penetra obliquamente, atravessa a areia ou o terreno e faz deste sua alavanca, ou afunda segundo o movimento conferido ao utensílio, se ele é abaixado ou suspenso.

Finalmente, o "diamante". Parece estar no fundo do corpo da âncora. O "diamante" é a parte mais dura e estreita da âncora e mantém firmemente unidas as demais partes. "Diamante" é também a pedra que corta o vidro, assim como o diamante da âncora corta a água, o elemento mais semelhante ao vidro pela sua transparência. E é curioso refletir também sobre o destino das palavras que se associam, quase a chamarem umas às outras, com as suas vozes realizando uma troca de tons que exprime uma partilha de ações. O diamante, a pedra mais transparente, é chamado para cortar os elementos mais transparentes: o vidro e a água do mar. Assim, também surpreende que a cidade construída sobre a água, Veneza, seja também onde se produz artesanato de vidro. E assim como há uma rima evidente entre o espelho *(lo specchio)* e a água *(l'acqua)*, há uma conexão entre a imagem que um reflete e a outra mantém turva, como aconteceu com Narciso, que refletiu a sua face no espelho d'água até se perder em sua própria beleza. Um engano da água e do espelho. A âncora penetra e se retira. É "lançada" e se "alavanca", para deter e estacionar um caminho contínuo.

Os filósofos

Edmund Husserl tentou ir às coisas mesmas: uma pesquisa sobre a profundidade do conhecimento. O seu método estava ligado àquela estranha expressão de seu idioma, quando escreveu *"immer wieder"*: "sempre de novo", para colher aquilo que ele indicava como sendo a "hora", o "agora", *"Jetzst"*. Sempre de novo agora, porque o agora é o sempre de novo, e sempre novo. A fenomenologia é um caminho sobre o mar da percepção. Paramos e nos ancoramos de novo, para recolher ainda de novo a âncora.

Talvez possamos encontrar também em Nietzsche uma forma da âncora. Podemos quase surpreender-nos com a imagem do signo da afirmação de *Zarathustra*, quando se lê que o super-homem (*Übermensch*) é aquele que diz "*Ja*", "sim" para a terra. O gesto da âncora consiste, no fundo, neste dizer "sim" a um lugar onde se pousa e onde se permanece, porque ali se encontra e se pode assistir uma imagem do mundo e da vida à qual se desejaria dizer "agora": é esta a hora e o lugar para deter-se, quase para repetir que a vida e o mundo são agora o momento e o espaço, que até o horizonte que junta a terra e o céu parecem representar o esplendor.

O amor de mulher

Surpreende então que, quando nós nos encontramos em um lugar, em um vilarejo, em um momento, no qual aprendemos a amar, ou no qual se apresenta a beleza das coisas e das pessoas que ensinam a amar, repete-se: "eu ainda quero voltar", mais uma vez. E o *ainda* (*ancòra*), que no idioma italiano só muda um tom de voz, pelo acento (*àncora*), é como a âncora, uma resistência ao tempo. Um retê-lo. Lacan falou do *ainda* como expressão do amor pela mulher.

Virgílio representou, com a personagem Didone, o pedido daquele momento "ainda" antes da partida de Enéas, para reter o seu amor. Para consumá-lo em si mesma. Ela ainda não estava pronta para a sua partida. Ela ainda estava ancorada ao amor de quem a deixava.

Pode parecer algo estranho para refletir, mas onde o *ainda* é lançado entra-se subitamente em uma nostalgia que nos ancora a retomar um caminho que tornará ainda mais intensa a nostalgia.

A coisa, a palavra, a ideia

As palavras não dizem as coisas, assim como não repetem o que nós pensamos ao conhecê-las e ao vê-las. Rilke dizia que as palavras são "estratos" das coisas e, todavia, nunca saberemos como elas se chamam. Pois as palavras não dizem as coisas. Elas estão no meio. Elas estão entre as coisas e as ideias. A âncora é uma coisa e uma ideia. Talvez a âncora seja aquele objeto que mais lembra à *methéxis* de Platão, para quem a palavra, ao dizer, diz o comportamento (*héxis*) de uma coisa, para além da coisa (*metá*), como sua ideia. A âncora interrompe o caminho quando um capitão pode gritar "Agora!", porque ele viu a própria ideia do lugar no qual voltar a viver.

A âncora é aquilo que se fez ideia do lugar e do tempo. A lançamos e a recolhemos, nela nos ancoramos e nos perdemos, tem a forma do tempo, a parte de um círculo tornado dois braços para abraçar a terra e arrancar-nos dela para retomar o caminho, por mar ou por terra, na vida e no mundo. A âncora talvez seja a própria metáfora da existência, jaz no fundo e emerge, significando-se como ainda vida: desejo do agora presente.

Ainda não ser e ser ainda. Aqui.

Atividade 1

O texto que você acabou de ler exercita a aproximação pela sonoridade das palavras italianas *àncora* e *ancòra*.

As palavras podem se aproximar de vários modos, por exemplo, com hífen, como em "guarda-chuva", elas também podem se fundir: "indagorinha"

Na língua solta do povo quando dizemos "indagorinha", mal acaba de passar: ela chegou indagorinha.

O ainda se enlaça de tal modo no agora que é como se o que se deu "indagorinha" quase não tivesse acabado de se dar.

"Indagorinha", por vezes, ainda se acha incompleta e pede uma força ao "mesmo": "indagorinha mesmo estava chovendo".

"Indagorinha" ainda agora, um agora bem pequenino colado a um ainda que perdeu um a, um passinho do tempo que só um triz pode contar.

Aproxime palavras como quiser, experimente possibilidades de ligá-las de outras maneiras, brinque com elas. "De médico, poeta e louco, todo mundo tem um pouco."

Barba

Filipe Ceppas

Marcel Duchamp (1887-1968). *L.H.O.O.Q.* Paris, 1919. (Coleção Particular)

Arte, corpo & gênero

> Tu sexualidad es turbia, se lee en tus quadros", me han dicho alguna vez. Creo que hacen alusión a los quadros en los que mi rostro tiene unos rasgos más masculinos. O a detalles: en tal quadro, mira, hay un caracol, un símbolo de hermafroditismo... Ah, sí, ¡y mi sempiterno "bigote"! A ese respecto debo confesarlo: es una historia con Diego. Una vez, se me ocorrió depilármelo, y Diego se puso histérico. A Diego le gusta mi bigote, ese signo de distinción, en el siglo XIX, de las mujeres de la burguesia mexicana que mostraban de ese modo sus orígenes españolas (Como se sabe, el indio es imberbe.) Creo que somos múltiples: que un hombre lleva la marca de la feminilidad; que una mujer lleva el elemento hombre y que ambos llevan el niño en ellos.
>
> FRIDA KAHLO (*apud* Rauda Jamis)[1]

---

[1] "Tua sexualidade é turva, lê-se em teus quadros", disseram-me. Creio que fazem alusão aos quadros em que meu rosto tem uns traços mais masculinos. Ou a detalhes: em tal quadro, veja, há um caracol, um símbolo do hermafroditismo... Ah, sim, meu sempiterno "bigode"! Sobre isso, devo confessá-lo: trata-se de uma história com Diego. Uma vez, depilei-o e Diego ficou histérico. Diego gosta de meu bigode, esse sinal de distinção, no século XIX, das mulheres da burguesia mexicana, que mostravam desse modo suas origens espanholas (como se sabe, o índio é imberbe).

Creio que somos múltiplos: que um homem leva a marca da feminilidade; que uma mulher leva o elemento homem e que ambos levam neles a criança.

Do sagrado ao profano, a barba e o bigode fazem a cabeça do homem *e a da mulher*. Quando Marcel Duchamp [1887-1968] fez um cartão postal com a Gioconda de bigode e barbicha, não fez apenas uma crítica sarcástica à tradição da "arte burguesa", da "pintura retiniana", da perda de sentido da arte transformada em espetáculo, embalsamada nos museus; ele balançou suas estruturas mais profundas enquanto instituição sacrossanta de autorrepresentação do ocidente. O título *L.H.O.O.Q.* lido em francês soa *elle a chaud au cul*, isto é, "ela tem fogo no rabo". Esse trabalho foi realizado em 1919, mesmo ano de outras produções que conjugam o abandono da pintura e a crítica à identificação usual do artista com o criador excepcional, destruição da identidade masculina e colonizadora do artista, que impõe o sentido à obra e, através desta, quiçá à vida. Duchamp se deixa então fotografar (pelas lentes de Man Ray [1890-1976]) travestido como Rrose Sélavy (*Eros, c'est la vie*), pseudônimo com que assinará algumas obras importantes.

No circo, a mulher barbada e o menino lobo estão entre as atrações do *Freak Show* ("show dos horrores"). Assim como a obra de Duchamp questiona as fronteiras entre arte e não-arte, mexendo com a identidade masculina e civilizada do artista "criador", a disfunção genética dos pelos no *Freak Show* perturba as nítidas fronteiras de gênero, mas também as fronteiras entre o humano e o não-humano, levando-nos à beira do amorfo. O romantismo, no século XIX, apropriou-se do conceito de *sublime* (trabalhado, particularmente, pelo filósofo Immanuel Kant [1724-1804] e pelo dramaturgo Friedrich Schiller [1759-1805]) para traduzir a aproximação do gênio ao grandioso da natureza e ao "destino do homem na terra". Ao contrário dessa perspectiva apoteótica, a produção artística do século XX, nela incluídos os espetáculos circenses, a fotografia, o cinema, etc., explorou uma outra espécie de "experiência do sublime", capaz de nos aproximar das fronteiras entre a forma e o informe, questionando o suporte da obra, e o próprio conceito de obra, utilizando para isso o corpo do artista, e radicalizando as possibilidades de interação-percepção entre a "obra", o *happening*, a *performance* e o "público", que muitas vezes passa a ser seu "coautor".

Em 1919, Duchamp (também com a ajuda de Man Ray) fez o que muitos consideram ser a primeira obra de *body art* ("arte corporal" ou arte "com o corpo"): *Tonsure*, um retrato em que aparece com uma estrela raspada na cabeça. Décadas depois, nos anos 70, diversos artistas trabalharão o corpo como suporte artístico e território político, explorando de modo visionário e desconstrutivo valores, percepções e hábitos ligados às questões de gênero, à oposição natureza-cultura, etc. Em 1972, Ana Mendieta [1948-1985] realizou a performance *Facial Hair Transplant* (transplante de pelo facial), na qual seu colega, Morty Sklar corta a barba, meticulosamente transferida para a face da artista. Vale indicar também a obra de Frida Khalo [1907-1954] como um antecedente importante de uma artista envolvida com a relação entre arte, gênero, corpo e hirsutismo. Em 1971, Vito Acconci, nascido no Bronx, Nova York, filho de imigrantes italianos, registra em super-8 uma espécie de tentativa de se tornar mulher, queimando os pelos do corpo e escondendo seu pênis entre as pernas. Nessa mesma época, no Brasil, Hélio Oiticica [1937-1980] e Lígia Clark [1920-1988] radicalizam suas produções artísticas em direção a explorações radicais dos extratos sensíveis, existenciais e simbólicos que compõem a experiência estética, pondo o corpo no centro da "obra". Como se pode ver, a barbicha desenhada por Duchamp no rosto da Mona Lisa pode ser apontada, decerto com algum grau de arbitrariedade, como o marco inaugural de uma revolução artística sem precedentes.

Ana Mendieta (1948-1985). *Facial Hair Transplant*, Iowa, 1972.

Sentidos da barba

Os pelos do corpo são riquíssimos em variedade de cores, texturas, tamanhos, etc. Mas são ricos também, e sobretudo, na variedade de significados que se lhes atribuem. Tal como outras partes do corpo, os pelos sempre estiveram sujeitos a proibições e prescrições, intervenções estéticas, modismos; nesse sentido, eles são marcas de padrões de comportamento, hierarquizações e convenções que compõem as relações sociais, isto é, mecanismos de regulamentação das condutas socialmente aceitas, das condutas adaptadas ou desafiadoras, das que revelam virtudes e das que escondem temores. A barba e o bigode concentram, em diversas culturas e fases da história, um conjunto expressivo de significados apenas parcialmente explicáveis por suas "funções fisiológicas".

Seus sentidos mais diretamente relacionados à "natureza" do corpo humano, e todos fortemente interligados, são: (1) o amadurecimento: "ingresso do jovem no mundo adulto"; (2) a masculinidade; e (3) o envelhecimento, associado à sabedoria. Tendo em vista a "natureza imberbe" dos mongóis e de muitos povos aborígenes, dos ameríndios em especial, os pelos no rosto foram, desde uma perspectiva eurocêntrica, identificados como sinal de civilização em oposição aos "bárbaros". Em diversas religiões, a barba é muitas vezes tida como elemento sagrado (tocar a barba de um profeta ou de um sacerdote seria tocar no próprio Deus. Daí, talvez, a expressão "pelas barbas do profeta!"). E, nas civilizações antigas da Mesopotâmia, a barba era símbolo de poder. Assim, à barba e ao bigode também se associam os sentidos de (4) civilidade; (5) religiosidade; e (6) autoridade. Entretanto, após a Primeira Grande Guerra Mundial, por motivos que talvez não sejam alheios ao "avanço do comunismo", a barba sai de moda, exilando-se em alguns nichos como a academia, sendo considerada inclusive sinal de desleixo, inadaptação. Com o movimento dos *beatniks*, e posteriormente com os *hippies*, que fizeram proliferar o uso de amplas barbas e cabelos compridos, essa identificação da barba com falta de civilidade intensifica-se ainda mais, o que já havia ocorrido antes, em outras épocas (por exemplo, no Império Romano, no medievo e na Europa dos séculos XVII e XVIII).

A partir dessas perspectivas sempre invariavelmente conjugadas, as questões que costumam ser feitas sobre barba e bigode, via de regra com certa dose de ingenuidade, ganham seriedade: Por que os homens têm barba e bigode e as mulheres (ou a maioria delas) não? Por que uma barba portentosa é uma espécie de "marca registrada" de profetas, guerrilheiros, marxistas, professores e intelectuais de modo geral? Por que a barba e o bigode são considerados elementos viris ou eróticos? Por que os pelos nos rostos nas mulheres foram considerados sinal de bruxaria? E, poderíamos acrescentar, por que a barba do Barba Azul é azul?!

Atividade 1

Pesquise sobre o sentido que se costuma atribuir à barba ou à sua ausência. Pode trabalhar individualmente ou em grupo. Por exemplo, elabore um pequeno questionário e entreviste o máximo de pessoas possível.

Verifique se há convergência nas respostas, se é possível relacionar os tipos de respostas a características comuns dos entrevistados. Convide amigos ou outros grupos a fazer algo semelhante. Ao final, compare seus resultados com o resultado das pesquisas feitas pelos outros amigos ou grupos.

História da filosofia

– De dónde vienes, Sócrates? Aunque imagino que vuelves de tu casa ordinaria. Quiero decir que vendrás de buscar a Alcibíades.
– Tú lo has dicho, oh Calias.
– Si bien creo que ya el vello sombrea su barbilla y no está en la flor de la juventud.
– Olvidas, Calias, lo que dijo Homero: que la edad más agradable del mancebo es aquella en que empieza a apuntar la barba en su rostro.
ERNESTO SÁBATO. *Calias, o la cobardía (a la manera de Platón)*[2]

---

[2] – De onde vens, Sócrates? Ainda que imagino-te voltando de tua casa usual, isto é, que acabas de procurar Alcibíades.
– Acabas de dizê-lo, Calias!

Os filósofos gregos antigos (e outros que, séculos mais tarde, como Nietzsche e Marx, ostentaram bigodes e barbas pujantes), ajudaram a consolidar a identificação da barba com a sabedoria. Mas, como diz o provérbio, *barba non facit philosophum* ("a barba não faz o filósofo"). Se a barba não é condição suficiente para a filosofia, ela bem poderia ser uma condição necessária. Para Platão, a filosofia é um assunto que deveria estar reservado àqueles de barba branca, ou quase. É apenas lá para os 50 anos que o homem estaria maduro o suficiente para lidar com questões tão graves e fundamentais. Os sofistas, ao contrário, acreditavam que a filosofia era coisa apropriada à juventude, que não deveria ser levada a sério depois que os pelos tomam conta do rosto. Como bem o diz Cálicles, no *Górgias* de Platão: "O homem idoso que continua a filosofar faz uma coisa ridícula, Sócrates, e, de minha parte, experimento em relação a estas pessoas o mesmo sentimento que experimento junto de um homem feito que gagueja e brinca como uma criança" (485 c). Para os sofistas, a filosofia desvia o homem dos assuntos importantes da cidade, devendo ser, portanto reservada apenas à juventude.

Karl Marx (1818-1883)

Friedrich Nietzsche (1818-1883)

Mas, na filosofia, a barba não é apenas um "símbolo" ou um índice da idade adequada para o seu exercício. Ela forma uma de suas mais antigas e importantes metáforas, até hoje muito debatida. Trata-se da "barba de Platão", imagem que ficou famosa desde que William (ou Guilherme) de Ockham [1285-1349] resolveu cortá-la com sua navalha nominalista. Para Ockham, não devemos postular entes que não sejam estritamente necessários (*Entia non multiplicanda sunt praeter necessitatem*). No século XX, as perspectivas de filósofos como Willard van Orman Quine [1908-2000] e Nelson Goodman [1918-1998] procuraram

---

– Mas acredito que com o buço já lhe desponta uma barbicha e ele não está mais na flor da juventude.

– Esqueces, Calias, o que disse Homero: que a idade mais agradável do jovem é aquela em que começa a surgir a barba em seu rosto.

levar o princípio nominalista de Ockham às últimas consequências. Desde a aurora da filosofia ocidental, filósofos como Platão viram-se enredados na dificuldade de explicar como podemos falar sobre aquilo que não existe. Como falar de um elefante que não está na sala ou do conjunto vazio? Para superar a resposta de Parmênides, de que não poderíamos falar nada verdadeiramente acerca do não-ser, Platão não somente postula *alguma realidade* para o não-ser, mas também toda uma dimensão metafísica das *ideias*, ou "aspectos" da realidade, que explicaria porque uma coisa pode ter uma identidade e estar, ao mesmo tempo, sujeita à mudança. É a essa multiplicação de entes, tal como um crescimento contínuo e desordenado de uma barba revolta, que se contrapõe a afiada navalha de Ockham.

O fato é que a barba de Platão continua crescendo por aí. Apesar de todos os esforços no terreno da filosofia da lógica e da matemática, não é tão fácil assim se livrar da postulação de entidades abstratas para lidar com os princípios que regem nossas capacidades cognitivas mais fundamentais, como contar "*5 dividido por 0*"! Contemporaneamente, e em uma perspectiva bem distinta, encontraremos filósofos como Martin Heidegger [1889-1976] enfrentando o angustiante e difícil problema da finitude, que nos leva a falar do *nada* como algo mais do que uma mera palavra sem sentido. Ao contrário de Platão, Heidegger dispensava o uso de uma barba volumosa, preferindo um bigode discreto. Isso não o impediu de formular a vigorosa tese de que o *nada nadifica*...

Lógica & o eterno conflito entre estudantes e professores

Barba e bigode não são apenas símbolos de maturidade ou metáforas para discussões metafísicas cabeludas, são elementos associados à atividade intelectual de modo geral. Por que, afinal, tantos intelectuais ostentam indefectíveis bigodes e barbas portentosas (e não seriam propriamente barbas e bigodes de intelectuais se não pudessem ser qualificados com algum adjetivo pouco comum, tal como "indefectíveis" e "portentosas")? Numa famosa universidade brasileira, a revolta de um estudante permaneceu durante anos exposta, em forma de pichação num de seus corredores: "Bando de burros barbados!". Segundo um famoso (e também barbado) professor de lógica de Pindamonhangaba, a pichação, além de ser ofensa de mau gosto, seria uma generalização imprópria, mera indução:

O professor de filosofia x é burro e barbado,

O professor de matemática y é burro e barbado,

O professor de sociologia z é burro e barbado

Logo, todos os professores são burros e barbados.

"Trata-se, obviamente, de um argumento inválido, segundo os padrões da lógica clássica", diz o professor. O estudante, entretanto, defende-se: "... o que eu disse foi que existe, nesta universidade, *um bando* de burros barbados. Em nenhum momento eu disse que *todos* os professores são burros e têm barbas. Se você tem barba e é professor, parece que a carapuça serviu...". O professor achou por bem concordar que, mais do que avaliar a forma lógica do argumento, talvez valesse a pena perguntar ao estudante qual era o seu critério de burrice.

> **Atividade 2**
>
> Existem importantes filmagens de conflitos entre estudantes e professores. Talvez um dos filmes mais importantes e subversivos com essa temática seja *Se...* (*If...*, de 1968), dirigido por Lindsay Anderson. Dois filmes mais antigos, e também excelentes, são: *Comportamento zero* (*Zéro de conduite: jeunes diables au collège*), dirigido por Jean Vigo em 1933 e *O anjo azul*, dirigido por Josef von Sternberg e com Marlene Dietrich. *Sementes da violência* (Richard Brooks, 1955), *Ao mestre com carinho* (James Clavell, 1967) e *Sociedade dos poetas mortos* (Peter Weir, 1989) são três "clássicos" do gênero. Atualmente está em cartaz *Entre os muros da escola* (Laurent Cantet, 2008). Procure assistir ao menos a dois filmes acerca da questão da docência e do amadurecimento e promova uma discussão com seus colegas a partir, por exemplo, das seguintes questões (ou de outras que você julgar interessantes):
>
> Em sua opinião, o filme retrata bem ou mal o conflito de gerações? Por quê?
>
> Quais as relações entre amadurecimento, disciplina, repressão, poder e sexualidade?
>
> Seria possível uma educação sem conflito entre alunos, professores e pais? Como ela seria?

A questão de por que, afinal, tantos intelectuais e acadêmicos gostam de ostentar bigodes e barbas portentosas pode ser facilmente confundida com a questão sobre "porque nós tendemos (tal como o barbudo professor de lógica de Pindamonhangaba) *a aceitar* a identificação do intelectual com um sujeito barbudo". Essa identificação seria, de imediato, uma postura sexista: se mulheres não têm barba e bigode, tampouco poderiam ser intelectuais. O nosso barbudo professor de lógica de Pindamonhangaba, por sua vez, diria que esse raciocínio é outra falácia: "... dizer que todo barbudo tem 'pinta de intelectual' não significa dizer que para ser intelectual é preciso ser barbudo. Isso é trivial: todo elefante é gordo, mas nem todo gordo é elefante".

Barba Azul, gênero & civilização

Imagem retirada do livro *Barba azul*. London: H. de E. Phinney Ed., 1828.

O estudo laborioso ou a reflexão meticulosa, mesmo que uma mulher nisso se destaque, sufocam as preferências que são próprias a seu sexo; e, não obstante dela façam, por sua singularidade, objeto de uma fria admiração, ao mesmo tempo enfraquecem os estímulos por meio dos quais exerce seu grande poder sobre o outro sexo. A uma mulher que tenha a cabeça entulhada de grego, como a senhora Dacier, ou que trave disputas profundas sobre a mecânica, como a marquesa de Châtelet, só pode mesmo faltar uma barba, pois com esta talvez consigam exprimir melhor o ar de profundidade a que aspiram.

Kant, I. *Observações sobre o sentimento do belo e do sublime*. Tradução modificada.

A barba como símbolo de saber e poder masculino está claramente caracterizada na figura do Barba Azul, personagem do conto de Charles Perrault, "La Barbe bleue" (impresso pela primeira vez em Paris em 1695, em um manuscrito intitulado *Histoires ou contes du temps passé*). Barba Azul era dono de muitas terras e de um riquíssimo castelo. Sua horrível aparência era reforçada por uma "aterrorizante barba azul", o que não impediu que Barba Azul tivesse se casado diversas vezes. Como suas esposas desapareciam, uma a uma, sem explicação, sobre ele pairava a suspeita de assassinato. A despeito de sua aparência e dessa grave suspeita, Barba Azul, com toda a sua riqueza, muita delicadeza e cortesia, conquista a simpatia de Fátima, uma bela moça que vivia na vizinhança com a irmã mais velha, Ana, e sua mãe. Transcorrido um mês de casamento na mais perfeita harmonia, Barba Azul anuncia que precisa viajar e confia a Fátima a chave mestra de todos os gigantescos e luxuosos aposentos do castelo, junto com uma pequena chave que abria o último aposento do andar térreo, o quarto azul. Fátima poderia entrar em todos os aposentos, menos neste, sob o risco de sofrer um castigo mortal em caso de desobediência. Após a partida de Barba Azul, Fátima convida algumas amigas, sua irmã e seus dois irmãos, que então serviam o exército, para se hospedarem no luxuoso castelo. Sem conseguir conter sua curiosidade, e a despeito das objeções de sua irmã, Fátima abre o último aposento do andar térreo e lá descobre os corpos assassinados das ex-mulheres de Barba Azul. A chave fica suja de sangue e Fátima não consegue limpá-la de maneira nenhuma. Barba Azul retorna e descobre a infidelidade da esposa. Quando está prestes a matá-la, os dois irmãos de Fátima chegam e salvam-na, matando Barba Azul. Ela herda sua fortuna e se casa com um belo jovem, com quem vive feliz para o resto da vida.

A mensagem dessa fábula é ambígua. Por um lado, a história reforça a associação da curiosidade feminina com a desgraça, claramente exemplificada por Eva no paraíso, ou pela história da bela e miserável *Psiquê*, visão que permaneceu naturalizada na cultura ocidental mesmo em pleno Iluminismo, como mostra a epígrafe de Kant. Por outro lado, no final da história, apesar de precisar da ajuda dos irmãos, Fátima é recompensada por sua coragem: ela não apenas se livra de um esposo cruel, como herda toda sua fortuna. Qual a moral de uma história que recompensa a mulher que desobedece ao seu marido tomada pelo baixo impulso da curiosidade? Em uma bela análise do conto de Perrault, Mererid Puw Davies inverte a situação, mostrando que o que está em questão no conto é mais a curiosidade do Barba Azul do que a de Fátima: tudo começa porque Barba Azul quer saber como será o comportamento de sua esposa, entregando-lhe uma chave que a proíbe de usar. A história espelharia, com isso, o paradoxo da internalização da norma que forma o núcleo do processo civilizatório ocidental, tal como notou o filósofo Michel Foucault [1926-1984], em livros como *Vigiar e Punir* e *História da Sexualidade*: o poder se constitui menos pela repressão do que pela internalização da norma.

"Abrir portas" é uma metáfora comum para a aquisição do conhecimento e a liberdade; em uma palavra, para a emancipação. Não foi à toa que o crítico George Steiner elegeu, em 1971, a referência à ópera *O Castelo do Barba Azul* de Béla Bártok como título para um conjunto de conferências sobre a situação da cultura na *pós-modernidade*. Se é verdade que estamos no limiar de um gigantesco abalo dos principais parâmetros que constituem a cosmovisão ocidental, abalo das referências clássicas e dos valores burgueses de liberdade, igualdade e fraternidade, que supostamente estariam em suas bases, esse abalo é fruto da própria curiosidade humana. Para Steiner, "não podemos escolher os sonhos da inocência. Vamos, espero, abrir a última porta do castelo, mesmo que ela leve, ou talvez *porque* leve, a realidades que estão além do alcance da compreensão e do controle dos homens. Faremos isso com aquela desolada clarividência, tão maravilhosamente traduzida na música de Bártok, pois abrir portas é o trágico mérito de nossa identidade" (STEINER, 1991, p. 152). A história do Barba Azul nos faz lembrar, contudo, que não podemos compreender essa abertura prescindindo de uma séria consideração sobre as distinções de gênero que atravessam nossa cultura.

Referências

Para conhecer mais sobre o debate em torno da "barba de Platão" e da navalha de Ockham, vale ler o artigo de CHATEAUBRIAND, Oswaldo. "Ockham's Razor", publicado em *O que nos faz pensar. Cadernos do Dept° de Filosofia da PUC-Rio*. Set. 1990, n° 3, pp.51-75.

A excelente análise do conto d'*O Barba Azul*, de DAVIES, Mererid Puw, encontra-se no livro *The Tale of Bluebeard in German Literature. From the Eighteenth Century to the Present*, London: Oxford Modern Languages and Literature Monographs, 2001.

A foto da perfomance "Facial Hair Transplant" de Ana Mendieta foi tirada do livro de RUIDO, María. *Ana Mendieta*. Madri: Editorial Nerea, 2002.

A seguir, as referências das demais citações usadas neste verbete:

JAMIS, Rauda. *Frida Kahlo*. Barcelona: Circe, Diana S.A. 1985.

KANT, Emmanuel. Da diferença entre o sublime e o belo na relação dos sexos. Terceira seção das *Observações sobre o sentimento do belo e do sublime*. Tradução de Vinicius de Figueiredo, Campinas: Papirus, 1993, p.49.

KOFMAN, Sarah. Filosofia terminada, filosofia interminável. In: *Ethica, cadernos acadêmicos do PPGF-UGF*, Vol. 13, n° 1, 2006, Rio de Janeiro, pp.139-161.

SÁBATO, Ernesto. Calias, o la cobardía. In: *Narrativa Completa*. Barcelona: Seix Barral, 1982.

STEINER, George. *No Castelo do Barba Azul. Algumas notas para a redefinição da cultura*. São Paulo: Cia. das Letras, 1991.

B

Bola de sabão

Gabriel Cid de Garcia

Édouard Manet (1832-1883). *As bolas de sabão*. França, 1867. (Óleo sobre tela, Museu Calouste Gulbenkian, Lisboa)

    A imagem do quadro de 1867 de Édouard Manet não deixa dúvidas. Embora o ato de se produzir bolas de sabão seja extremamente simples, alguns instrumentos mínimos são requeridos. A palhinha, ou um canudo ou um arame, que direciona o ar do nosso sopro, e a solução saponácea que geralmente consiste em água e sabão. Eis o instrumental sumário para que possamos produzir a bola de sabão. Talvez exista qualquer coisa de arte nesse feito. E por que arriscamos dizer isso?

    Todos já devem ter notado, em atividades corriqueiras da vida, a presença de fenômenos análogos ao que percebemos com a bola de sabão. Quando abrimos o frasco de xampu e uma pequena bolha se forma a partir da abertura, ou quando por alguma fricção ao lavar as mãos alguma película semelhante se forma entre os dedos. Existem, portanto, vários exemplos do nosso dia a dia em que poderíamos verificar sem muito esforço a presença do fenômeno. No entanto, para obtermos a bola de sabão, necessitamos de uma certa técnica. Essa técnica, que não prescinde de instrumentos, ainda que básicos, permite a reprodução de um fenômeno natural. A reprodução é, portanto, instauradora de uma certa prática que desloca o fenômeno de seu lugar para torná-lo evidente sob outro aspecto. E que aspecto seria esse?

    Quando nos deparamos com o quadro de Manet, evidenciamos por meio dele um ato de criação artística. A pintura não só é a evidência de quanto a arte está presente no fenômeno da bola de sabão, como também é a apresentação enfática da possibilidade de pensarmos sobre esse processo, uma vez que, em sendo uma obra artística, pensa pela imagem a sua própria condição. Como podemos ver, a pintura se associa ao pensamento, ela o ativa, forçando-o a pensar a si mesmo, a dobrar-se sobre si como a película fílmica da bola de sabão, ao mesmo tempo que ela, a pintura, pensa a si mesma. Produzir uma bola de sabão é produzir uma pausa, um espaço-tempo que envolve o lúdico e o pensamento desprovido de finalidades e garantias. Faz-se bola de sabão, portanto, pelo mesmo motivo que se faz arte ou filosofia: o fascínio por algo que nos envolve e nos escapa.

Desde muito tempo as bolas de sabão fascinam os cientistas por suas propriedades elásticas. Para explicar a bola de sabão cientificamente, teríamos que trabalhar com um vocabulário que envolve pontes de hidrogênio, forças de van der Waals e uma série de elementos por cuja terminologia não nos arriscaremos. Podemos dizer simplesmente que existem forças atuando na água, em uma escala molecular, que fazem com que água se tensione. Sua película é constituída por duas camadas de moléculas de sabão e água. Este verdadeiro filme natural é formado quando as componentes apolares das moléculas voltam-se para o ar, enquanto as polares voltam-se para a água, gerando a forma que é considerada por muitos a mais simples e perfeita da Natureza: a esfera. Por ser capaz de refletir a luz em sua superfície, podemos notar, quando agraciados por uma iluminação adequada, a mesma coloração presente no arco-íris. Salienta-se neste ponto que o mesmo movimento da ciência, na tentativa de explicar as bolas de sabão, perfaz uma atitude criadora ao reproduzir, pela via do discurso, fenômenos que se dão independentemente dele. Ademais, todo o fenômeno não existiria se não houvesse a luz que nele devirá cor por meio da reflexão, e a gravidade que lhe demarca uma duração e uma forma. Luz e gravidade nos remetem, por sua vez, a outras esferas.

O fascínio exercido pelas bolas de sabão pode ser pensado em comparação com a presença igualmente fascinante de outras formas esferoidais presentes na Natureza. Os homens em geral sempre foram fascinados pelos orbes. Não é um mero exercício de meditação imaginar como seria o olhar antigo que perscruta a esfera celeste e seus astros. Esse imaginar pode se configurar como uma reconstituição extemporânea do colocar-se no movimento de inscrição do hábito de perceber em conjunto os processos por meio dos quais a Natureza se permite ser lida sob uma certa lei de regularidade. De uma maneira ou de outra, estamos tratando de orbes, de relações aparentemente harmônicas entre esferas e seus movimentos, suas propriedades, ou – como gostaria Pitágoras e seus discípulos – sua música, imagem representada em nós da faceta inteligível, matemática e quantitativa do Universo.

Diversos pensadores já teorizaram sobre os orbes celestes e o Universo. Das esferas concêntricas que permeavam a astronomia aristotélica e ptolomaica, na idade clássica, em que se considerava a Terra o centro do Universo, até à concepção de um Universo sem centro e em expansão, no século XX, o que se afigurou pode ser tido como um processo em que os orbes vão pouco a pouco perdendo sua centralidade e são relegados a meros coadjuvantes no teatro cosmológico. Essa perda de uma garantia central, de um elemento norteador para o homem, só veio a constatar, com a fumaça do cachimbo de Edwin Hubble, a efemeridade de nossas certezas, reenviando-nos a uma das características fundamentais das bolas de sabão: evadir-se, romper-se. A camada de água presa no interior do filme garante uma relativa estabilidade à bolha. Como existe a atração pela gravidade, que diz respeito à massa do planeta em que habitamos, a quantidade de água tende a se concentrar cada vez mais na parte inferior da bolha, o que ocasiona o adelgaçamento do filme, tornando sua parte polar cada vez mais fina até o momento do rompimento, que acontece tão rapidamente que precisa ser medido em milissegundos.

Já podemos dizer que recolhemos até agora, com a ajuda do quadro de Manet e da ciência, uma intercessão poética que nos permite agregar elementos para se pensar filosoficamente a bola de sabão. Deter-nos-emos agora na dimensão relativa ao pensamento apontada por estes intercessores preliminares, por acreditar que possamos pensar a atividade filosófica em associação com o efêmero, o fugaz, indissociável de uma significativa carga de inocência. Tal associação talvez legitime a possível investida filosófica nestes fenômenos aparentemente simples e pueris, cuja atividade está diretamente relacionada à infância e a uma potente gratuidade.

Para nos acercarmos do problema, privilegiaremos um pensador em especial: Fernando Pessoa. O poeta português, nascido em 1888 e falecido em 1935, deixou-nos uma obra bastante extensa e dispersa, tendo a maior parte de seus escritos publicados postumamente, frutos das minuciosas pesquisas no espólio do autor. O problema, porém, em se tratando de Pessoa, não é tanto a dispersão de sua produção, mas a pluralidade de entradas que podemos escolher. Ao se desdobrar em heterônimos que possuem cada um uma personalidade autônoma e suficiente, o autor se despersonaliza e consegue atingir uma dimensão impessoal da expressão artística, ao assumir a coexistência de diferentes modos de existência possíveis, o que implica, ao fim e ao cabo, em diferentes maneiras de se ler e vivenciar o mundo. Tal coexistência ontológica presente no fenômeno estético pessoano pode ser reenviada ao nosso texto, no qual há a coexistência de elementos de diferentes domínios, como as artes visuais e a ciência, todas capazes de potencializar o pensamento desnudando uma certa discursividade imanente.

O poema de que vamos tratar em breve, fundamental à nossa investigação, é assinado pelo heterônimo Alberto Caeiro que, de acordo com o próprio Fernando Pessoa, em seus textos que tratam da própria heteronímia, pode ser considerado o mestre de todos os seus outros heterônimos. Sua força reside na clareza com que coloca os problemas, desprovido de um vocabulário erudito que privilegiaria referências e alusões como pré-requisitos à compreensão do sentido que se quer exprimir. Em detrimento do prosaísmo academicista, Caeiro nos oferece uma poesia prosaica, que se atém à vida e à Natureza sem se colocar do lado de fora desta. Não busca legitimação para o mundo recorrendo às reduções e aproximações que insinuam um ideal que serviria de molde ao que na vida se apresenta de forma singular e diferencial. Ele tem a convicção de que a vida não pode ser descrita propriamente por caracteres matemáticos, por cálculos, uma vez que a regularidade presente é apenas uma ilusão de regularidade que ignora os processos que promovem o novo a cada instante.

À ideia moderna de um mundo compreendido como um relógio que possui engrenagens específicas e um funcionamento decifrável, Caeiro interpõe o elogio da descontinuidade, mantendo uma relação imediata com a vida e promovendo uma compreensão do tempo que não se mantém presa aos calendários que se limitam a calcular os processos inabarcáveis do real, a domesticar a vida. A impossibilidade de se ver as coisas do mundo em sua singularidade resulta em uma operação que vai sempre subsumir as coisas a uma unidade, a um conjunto que as integre. Essa redução é uma das doenças das quais sofre todo homem que cisma em distribuir e setorializar a multiplicidade do real em compartimentos e funções que retiram das próprias coisas sua individualidade, sua singularidade, seu valor como coisa existente e mutável.

A teimosia de se remeter o mundo sempre a uma instância transcendente, a um outro do mundo, submetendo seu puro movimento a leis e fórmulas matemáticas, promove um esquecimento das partes sem um todo da realidade, uma alienação do mundo em prol da fixidez e da imutabilidade dos discursos a que Caeiro se refere como sendo os da metafísica: o conjunto real e verdadeiro que oblitera a realidade proliferante e singular das partes. Esse seu argumento é a chave para uma crítica radical à própria ideia de Natureza. Ao longo do pensamento ocidental tradicional, vemos depreender-se dessa proposta todo o avanço científico e técnico, que se apropria cada vez mais das singularidades do mundo, dominando-as em favor das necessidades do homem, tomado como algo exterior ao que se entende por Natureza, em que o conhecimento passa a ser entendido como uma ponte para a compreensão do real. Para esse tipo de conhecimento não interessa, de fato, o conhecer, mas tão somente o esquematizar, o calcular, instaurar regularidade e forma tanto quanto for necessário para a vida se retrair. A filosofia, no entanto, vem a reclamar, com Caeiro, a inocência, a busca de um plano pré-filosófico que antecede e antecipa qualquer pensamento conceitual, permitindo à filosofia ser captada como atividade lúdica que nos aproxima das coisas e do mundo e, até mesmo, de coisas como a bola de sabão.

O poema XXV do monumental conjunto de poemas intitulado *O Guardador de Rebanhos*, foi escrito no dia 13 de março de 1914. Pouco importa a data, a delimitação temporal, até mesmo por ela ter sido também falseada no jogo heteronímico. Deixemos falar Caeiro:

Jean-Siméon Chardin (1699-1779).
As bolas de sabão. França, 1734.
(Óleo sobre tela, Metmuseum, Nova Iorque)

As bolas de sabão que esta criança
Se entretém a largar de uma palhinha
São translucidamente uma filosofia toda.

Claras, inúteis e passageiras como a Natureza,
Amigas dos olhos como as cousas,
São aquilo que são
Com uma precisão redondinha e aérea,
E ninguém, nem mesmo a criança que as deixa,
Pretende que elas são mais do que parecem ser.

Algumas mal se vêem no ar lúcido.
São como a brisa que passa e mal toca nas flores
E que só sabemos que passa
Porque qualquer cousa se aligeira em nós
E aceita tudo mais nitidamente.

Logo de início, percebemos como o poema se colore por meio da ressonância estabelecida com a pintura de Manet: a apresentação de uma paisagem que remete a uma atmosfera lúdica que tem como principal imagem a criança que faz bolas de sabão. E então a afirmação cabal: as bolas de sabão são "translucidamente uma filosofia toda". A filosofia é apresentada por Caeiro categoricamente como bola de sabão, como algo que se larga, que se deixa de uma palhinha, entretidamente. Temos aqui a alegria espontânea como estado de quem faz filosofia, e a ideia de que a própria filosofia prescinde de exigências intransponíveis e sofisticações limitadoras, dado que ela precisa de um instrumental demasiado básico para existir, acessível a todos que se disponham a brincá-la, a fazer parte de seu jogo. A clareza, a inutilidade e a efemeridade, qualidades atribuíveis à bola de sabão, são transpostas igualmente à Natureza e, por definição, à filosofia. Um pensamento que não se faz claro permite ser tomado por uma áurea de indeterminação que poderá fazer com que alguém o tome por algo que não é, abrindo espaço para que sua obscuridade dissimule e oculte a vida, assim como quando um pensamento se coloca em favor de algo, com objetivos específicos de um porto ideológico a se chegar.

A filosofia poderia ser considerada amiga dos olhos, e seria, portanto, tão mais pujante à medida que valoriza a vida que se oferece aos olhos, como o quadro de Manet, atendo-se à sensibilidade, à dimensão sensível que nos envolve e nos condiciona. A precisão "redondinha e aérea" da bola de sabão é a mesma do poema de Caeiro, que é aquilo que é e não alude a algo exterior ao próprio texto para que possamos perceber o seu sentido. Seu sentido é sua existência, é o próprio poema em sua individualidade perfeita. Tal afirmação se justifica quando finalmente lemos a última estrofe: a qualidade de lucidez do ar, tendo em vista a translucidez da bola de sabão, escamoteia por vezes a tênue superfície desta. Às vezes não percebemos a filosofia onde ela já está.

Se assumimos que é possível haver uma dificuldade de se perceber a filosofia na própria brincadeira da bola de sabão, podemos pensar que o poema se refere a si mesmo e se coloca no lugar de visibilidade daquilo que deseja expressar: mal percebemos, por vezes, a filosofia no poema, na vida, e só vamos percebê-la quando ultrapassamos as significações impostas para arriscar um olhar diferenciado, quando nos aligeiramos, onde esse aligeirar comporta um duplo aspecto. Ele é um ganho de ligeireza, mas essa ligeireza é utilizada para se criar uma pausa, uma possibilidade de repouso, de desatenção, para atingir, enfim, a maior e mais absoluta das atenções. Perceber a bola de sabão no ar é, portanto, estar indissociavelmente atento às nuances, às diferenças, às singularidades e suas relações, tornando a nitidez absoluta. Tanto que Caeiro estende o quadro de Manet e nossa visão às flores mal tocadas pela brisa a um possível jardim, alargando a sacada onde o menino se encontra para uma paisagem que o envolve.

A bola de sabão, o poema, a filosofia são entendidos aqui como brincadeiras que mimetizam, por meio de sua reprodutibilidade, o próprio movimento do real, o borbulhar de singularidades infinito da vida. Se a bola de sabão pôde ser explicada, dentre outras características, pelas forças intermoleculares que imprimem à água uma tensão, então nosso conceito, nosso traço, tal qual no quadro de Manet, pode ser pintado: agregando os elementos dos diversos domínios que o potencializam, o pensamento nunca conseguiria reunir verdades últimas, mas apenas evidenciar a existência da tensão, pelicular e finita, de um sentido que se apresenta irredutível a uma derradeira interpretação.

O advérbio utilizado na primeira estrofe, exprimindo a circunstância de qualidade daquilo que é translúcido, indica-nos que não há lugar para opacidade na assunção total daquilo que é a filosofia. A luz a atravessa sem que ela dê por isso, e, portanto, ao permitir a passagem da luz, deixa-nos ver o mundo através dela ao mesmo tempo em que ela, por vezes, esconde-se. Não há como não lembrar da máxima nietzschiana profetizando o fato de toda filosofia esconder também uma outra filosofia, ao mesmo tempo em que toda palavra é já também uma máscara.

Por meio de uma aproximação deste pensamento sobre a pintura na imagem do quadro de Manet, e do pensamento sobre a poesia no poema de Caeiro, talvez seja possível entrever, com as ressonâncias estabelecidas a partir da bola de sabão, uma certa ludicidade própria ao fazer filosófico que, longe de reclamar para si verdades e ideologias, propõe-se ao livre elogio do jogo e do olhar, impossível de ser feito sem a aceitação irrestrita da vida e do que nela se oferece à película de superfície delgada e sensível do pensamento.

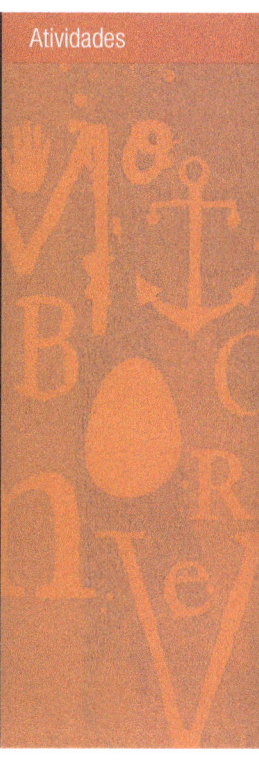

Atividades

Tente se colocar como no quadro de Manet e soprar algumas bolas de sabão de frente para um espaço aberto, de preferência com boa iluminação. Tente perceber, nas bolas que se afastam com a brisa, aquele momento em que elas quase parecem imperceptíveis.

Uma outra atividade seria a de unir bolas de sabão já feitas, ou tentar colocar uma bola de sabão dentro da outra. Talvez isso seja possível quando utilizamos arames arredondados na ponta para criar as bolas. Pensando em tudo que expomos no texto, qual seria a implicância de se pensar uma bola de sabão dentro de outra? Ou ainda várias, uma dentro da outra? Como ficaria o pensamento trazido por Caeiro dada essa modificação imposta às bolas de sabão?

Uma terceira atividade seria utilizar formas para as películas de sabão que fazem com que, ao serem colocadas na solução saponácea, elas se formem modelando figuras bem peculiares, como um triângulo, um losango e formas geométricas variadas. Podemos pensar na ciência, que se apropria da Natureza para modelá-la segundo seus desígnios. Talvez seja interessante pensar nessas questões quando estamos diante da capacidade modeladora que conseguimos exercer nesse fenômeno natural, em comparação com a atividade mais simples e livre em que a bola apenas vaga sem rumo ao sabor da brisa.

Referências

Para ver o quadro de Manet e outros no Museu Calouste Gulbenkian na Internet:
<http://www.museu.gulbenkian.pt/>

Para ver o quadro de Chardin e outros no Museu Metmuseum na Internet:
<http://www.metmuseum.org>

Sobre a ciência da bola de sabão:
<http://revistagalileu.globo.com/EditoraGlobo/componentes/article/edg_article_print/1,3916,688136-1716-1,00.html>

Onde encontrar o poema de Alberto Caeiro e outros:

PESSOA, Fernando. *Poesia completa de Alberto Caeiro*. São Paulo: Companhia das Letras, 2005.

Cabelos

Adriana Marcela Barrionuevo

Tradução: *Rogier Viegas*

Cabelos, não cabelo. Eu vou falar dos pelos da cabeça, os cabelos, que têm muito de plural e de movimento. Um cabelo nunca é igual a um outro, jamais um e outro são o mesmo. No entanto, com uma palavra, pretendemos representar todos os diferentes e diversos cabelos. Parece razoável esse ato de nomear, pois, caso contrário, passaríamos grande parte do tempo inventando, por exemplo, um nome para cada um de nossos cabelos e não poderíamos recordar de todos eles. E tudo se complicaria porque, como se sabe, cabelos nascem o tempo todo, estão sempre em movimento (assim como todas as coisas). Curiosa anatomia...

> Como seria a vida dos seres humanos, se nascêssemos com um único fio de cabelo na cabeça? Nós o decoraríamos, pentearíamos, pintaríamos? Que nome colocaríamos nesse único fio solitário de cabelo?

Há nas coisas certa rebeldia gramatical que nem os nomes nem as palavras podem capturar de forma acabada e completa. Assim são esses tais cabelos: que por mais que tenhamos a vontade de prendê-los, penteá-los, atá-los, temos de voltar a trabalhar sobre eles, pois, dia após dia, tornam-se outros, algo diferente, uma vez que, dia após dia, volvem-se revoltos. Talvez, para dar conta de tanto movimento, devêssemos abandonar o que a gramática classifica como substantivo e recorrer a verbos. Teríamos então de cabelejar os cabelos.

> Em que medida é estreita a relação entre pensamento e aparência? É conveniente estabelecer uma relação direita entre ideias e estilos de cabelo? A partir do penteado que uma pessoa usa, é possível saber algo de como ela pensa? É possível fugir à aparência?

A cor do cabelo

De um lado, cabelos loiros, civilizados, brilhantes, cabelos inteligentes. De outro, cabelos negros, bárbaros, ondulados, sombrios, cabelos passionais. Como se as ideias tivessem cor. Afinal, nós, ocidentais, comparamos uma boa ideia à luz, a algo que brilha e ilumina, à clareza e à distinção; já a ausência de ideias ou as ideias desordenadas, nós a classificamos de obscuras e confusas.

Resíduos de uma larga tradição ainda podem ser apreciados entre aqueles que tentam agradar-se e agradar-nos, supostamente, com seus cabelos loiros, criados e cultivados mediante valiosos artifícios farmacêuticos. São cabelos artificiais que brilham feito ouro. Tais como ideias claras e distintas, esses cabelos brilhantes implicam um esforço: é preciso querer buscá-los, procurá-los, desejá-los, encontrá-los, nem que seja na farmácia mais distante. Esses cabelos têm um custo. É que o tratamento de beleza pode ter efeitos colaterais, tornando-se um verdadeiro castigo: de um dia para outro, a heroína pode transformar-se em bruxa. É o feitiço virando contra a feiticeira. O feitiço de significados encantados (e, para alguns, encantadores) pode, em pouco tempo, tornar os cabelos reluzentes (ideias claras e distintas?!) em monstruosas serpentes – e não se trata da síndrome da Medusa descolorada –, em cabelos que parecerão muito mais uma terrível vassoura de palha (e da luz se fez a escuridão!). Nada muito preocupante, no entanto, uma vez que é sempre possível redimir-se do castigo pelo castigo. Há, pois, no mercado, miríades de xampus, condicionadores e cremes, nacionais ou importados, produzidos especialmente para "cabelos castigados". E, dessa forma, de produto em produto, por meios tecnológicos e terapêuticos, verdadeiras porções mágicas, retoma-se a ordem natural das coisas...

> E quanto a você, gosta da cor de seus cabelos? Escolheria para eles uma cor diferente? Por que a maioria das pessoas esconde suas mechas de cabelo branco? É apenas modismo pintar os cabelos? Por que fazer do natural um artifício?

Cabeça sem cabelos

Todo cabeça raspada é careca, mas nem todo careca é um cabeça raspada.

Os cabeças raspadas, os *skinheads*, definem-se e são vistos como cabeças rebeldes. Raspam a cabeça e expõem o crânio nu como forma e exaltação de rebeldia. O crânio nu é o signo de oposição a uma ordem social – e política – que corre nas linhas e entrelinhas dos valores mercantilistas da cultura *fashion* (teria sentido um sentimento semelhante Britney Spears, quando raspou seus cabelos, após ser criticada pela vida louca e desordenada que levava?). Os cabeças raspadas radicalizam a vida contra um modo de vida que consideram fútil e supérfluo. Seu estilo é um não-estilo ou antiestilo contra a sociedade capitalista. O não-estilo vai manifesto pela ausência total de cabelos na cabeça. Seria um movimento político-social contra o modismo capitalista, cujo ápice ou produto final, mais acabado e refinado, é o estilo *fashion*.

Luca Prodan, roqueiro argentino, na canção "La rubia tarada", vocifera:

A loura boba, bronzeada, aborrecida me diz: "Por que a cabeça raspada?" E eu: "Pelo nojo que me dá a sua sociedade. Quanto você pagou pelo cabelo de hoje?".[1]

Existem ainda os cabeças raspadas que o são por adotar o estilo apenas por modismo. E alguns, inclusive, tornam-se criaturas *fashion*...

Há cabelos brancos e cabelos que caem, não apenas por ação da força gravitacional. A esse processo involuntário de queda capilar se denomina "careca". Há homens que veem aproximar, com a calvície de suas cabeças, penosa e resignadamente, a velhice, num estágio mais o ou menos precoce, mais ou menos prematuro, uma espécie de pseudovelhice, já que a falta de cabelos pela queda indesejada aparenta uma velhice inexistente. Dizem que nos Estados Unidos, por volta de 1974, se formou uma organização de homens calvos para "cultivar um sentimento de orgulho e eliminar o vazio ligado à perda do cabelo".[2]

Há ainda as carecas sedutoras. Cabeças raspadas, o crânio nu pode provocar suspiros desejosos. Raspar o pelo pelo prazer de raspá-lo ou para dar prazer em raspá-lo, pela simples satisfação do desejo, cujo ato esgota-se no estético. Não somente as cabeleiras seduzem. Afinal, carecas, raspados, calvos: todos, cabeças descabeladas.

> Podemos cortar, raspar e recortar as ideias como se faz com os cabelos? O que nos prende às ideias ou a algumas delas? Quais são as ideias que nos prendem e quais as que podem nos libertar?

---

[1] "La rubia tarada", música da banda Sumo, liderada por Luca Prodan, Argentina, 1985.
[2] "He recuperado mi cabello", música da Hombres G. Espanha, 1988.

Cabelos lavados

A novelista Beatriz Sarlo narra que, preocupada com o êxito escolar de seus alunos, uma professora decide raspar a cabeça de todos os meninos e, assim, erradicar os piolhos, encontrando nesse ato o triunfo da higiene. Tufos de cabelos cortados que, assustados, os meninos viam voar rentes ao chão... Cabeças raspadas, tranças feitas e desfeitas eram diariamente o mandato pedagógico para se aprender tal como corresponde... o que corresponde (SARLO, *La máquina cultural*).

Os piolhos poderiam provocar uma fuga das ideias, sugando também, de alguma forma, das cabeças das crianças as ideias? Minha filha mais velha não pensa assim. Seus cabelos não são daqueles que recebem uma ensaboada todos os dias, ela convive com os piolhos de sua cabeça desde criança. Resistiu à paciente insistência da avó, aos quase infinitos pesticidas e até ao pente fino! Os incômodos bichinhos pretos não provocam, na cabeça de minha filha, não mais do que uma coceirinha ocasional; e ela os alberga e carrega para cá e para lá, digamos, com familiaridade. Completaram recentemente vinte anos de convivência: ela e os piolhos!

Consagrados personagens de nossa civilização pensaram mesmo tendo piolhos na cabeça. Ferécides, um dos sábios da Grécia Antiga, conta, em seus últimos escritos, que se encontrava doente, com febre, e que os piolhos lhe comiam a cabeça. E, mesmo assim, pensava e escrevia. Há também registro de que o filósofo grego Platão foi acompanhado até o leito de morte por esses bichinhos parasitas (DIÔGENES LAÊRTIOS, *Vidas e doutrinas dos filósofos ilustres*).[3] E, conta a lenda que Sócrates, outro ilustre filósofo grego, enquanto dialogava com seus rivais em praça pública, na *ágora*, tinha seus piolhos catados por seu maior discípulo, Platão. Platão o ouvia e catava-lhe ternamente os piolhos. Conta a lenda... Eram homens inteligentes, cabeludos e piolhentos. Por que não usaram do recurso pedagógico daquela professora: raspar a cabeça? Não o fizeram...

> O uso do cabelo solto é um impedimento para aprender? Por que, geralmente, prendemos o cabelo para ir à escola e o deixamos solto ao sair à noite para dançar, por exemplo?

Cabelos presos

"Cabelos compridos, ideias curtas", esse era um ditado popular que circulava nos anos de repressão na Argentina. Os cabeludos, com seus cabelos cumpridos e soltos, eram também vistos como portadores de ideias inadequadas, ideias que

---

[3] Já a estória dos piolhos de Sócrates, sendo uma lenda, uma espécie de narrativa mítica, não tem registro escrito.

a ditadura militar considerava contrárias à ordem moral e política. Censurando condutas com essas definições, os supostos donos do poder acreditavam poder decifrar, desses penteados, ideias do manifesto comunista ou qualquer outra que julgassem subversiva, como se penteados os cabelos escrevessem ideologias. Mais recentemente, um treinador de futebol, Daniel Passarela: só convocava à seleção argentina jogadores com cabelo curto ou que estivessem dispostos a cortá-lo!

"Ouçam mortais o grito sagrado: liberdade, liberdade, liberdade!". Assim, cantou uníssona a contracultura hippie. E, ao grito de liberdade, os *"clinudos"* (forma pela qual os hippies eram denominados, com um certo desprezo, por minha vizinha) romperam o jugo dos laços e das tesouras.

Vagando pelas ruas, olhando as pessoas passarem (as pessoas passarem), o estranho de cabelos compridos caminha despreocupado.

Vão seja talvez tentar entender ou interpretar seus atos, trata-se de um estranho rei, de um rei de pelo largo.[4]

Fora feito um filme, no começo dos anos 1970, chamado exatamente *Hair* (Cabelo), em que, numa das cenas, os jovens cabeludos dançam com suas cabeleiras largadas, pulando e fugindo por suas longas cabeleiras aos limites das grades da prisão, onde se encontram confinados.[5]

Quando eu tinha em torno de 13 anos e estava no primeiro ano da escola secundária, fizeram-me um penteado *afro look*, um tipo de penteado impossível de ser, digamos, contido, preso. Se meu pai não tivesse sido um careca e minha mãe não houvesse ocultado sempre sua calvície sob uma peruca, deveria escrever agora que "ficaram de cabelos arrepiados!". Por esse motivo, a freira da escola onde estudava me chamou à ordem, porque percebera que, com minha cabeleira, minha vida não estava trilhando o caminho certo, como se deveria: havia transgredido a normatividade capilar que, naquela época, impunha-se. Aqueles cachos afros eram uma ofensa para quem, sob a ordem religiosa, carregava seus cabelos ocultos por uma toca...

Proteste, pois quando quiserem cortar seus cabelos sem razão, é melhor ter os cabelos livres do que a liberdade com gel fixador.[6]

> Podemos fazer o que desejamos com o nosso cabelo? Fazer o que tem vontade com o cabelo é uma prática de liberdade? Por que os militares e policiais usam, ainda hoje, o cabelo curto? Por que os hippies usavam os cabelos compridos?

---

[4] "El extraño de pelo largo". Música de La Joven Guardia. Argentina, 1968.
[5] Canção do musical *Hair*, Milos Forman, EUA, 1979.
[6] "Marcha de la bronca". Música da dupla Pedro y Pablo. Argentina, 1970.

Cabelos sem cabeça

Os cabelos têm alguma coisa a ver com as ideias? Rebeldes, subversivos, religiosos, da moda, normalizantes e normalizados, dignos, sedutores, militares, raspados... "Esses novos e curiosos penteados"[7] proliferam ao ritmo extremamente rápido de uma sociedade que não sofre pela morte das ideologias. Cabelos sem ideologias. Andróginos, multicores, arrepiados, crespos, esticados, alongados, laqueados, raspados, eriçados, discriminados, endeusados... Cabelos liberados? Liberados... na dispersão da liberdade de mercado. Se passarmos pelas estantes de perfumaria de qualquer supermercado, talvez isso que digo possa ser correto: há xampus e condicionadores para todos os "gostos" e "gastos"; para se ter cabelos lisos ou "mechas obedientes". Há xampus étnicos e para cabelos rebeldes; tinturas de todas as cores e cremes os mais variados. As novíssimas tecnologias capilares podem quase tudo: até nos mostram como a poderosa juba de um leão cai frouxa e sem ondas, vencida pela ação de um *shampoo* para cabelos pixains. Cabelos luminosos e saudáveis e... naturais, artificialmente naturais, e livres. Livres e disciplinados.

> Será que não ocorre algo semelhante com as nossas ideias? Somos ou não livres para pensar o que quiser? Como certificar se pensamos livremente ou não?! Os penteados e cortes mais "livres" expressam alguma ideologia?

Se proliferam os *shampoos* é porque também proliferam os cabeleireiros. Em algumas cidades há mais lojas de cabeleireiros do que padarias. O que isso quer dizer?

Cabelos despenteados

Cabelos, não cabelo. Ideias, não ideia. Impossível mantê-los com uma forma fixa por muito tempo. Impossível atribuir-lhes nomes definitivamente. Cabelos despenteados, presos, cortados, coloridos, descoloridos, com sentido, sem significado... Ideias soltas, maleáveis, enroladas, resistentes, descabeladas, raspadas, erradicadas... "Seus cabelos são ideias! Pura ideia! Pura ideia!"[8]

No começo do texto, disse ser razoável o ato de nomear as coisas, mesmo sabendo que elas não são idênticas umas às outras. Nomeamos por meio de definições. Em filosofia, as definições são conceitos. Tentarei também inventar uma, como corresponde a um verbete de dicionário. Lá vai. *Cabelos*: crescimento contínuo,

---

[7] "Raros peinados nuevos". Música de Charly García, 1984.
[8] Do filme *Amarelo manga*. Direção: Cláudio Assis, Brasil, 2002.

multiplicidade movediça, na cabeça de um animal chamado homem, e que não admite cortes e sujeições por muito tempo, tendendo pouco a pouco a libertar-se; cabelejar. (Talvez assim sejam também o mundo, as coisas, as ideias).

    Pentear e despentear cabelos... Recorro ao auxílio de verbos, porque os substantivos me soam fixadores que endurecem a língua. Pentear e despentear, por acaso fazemos isso todos ou quase todos os dias de nossas vidas? Todos temos algo de cabeleireiro. E, se fizéssemos o mesmo com tantos nomes e palavras que usamos diariamente: pentear e despentear a língua, pentear e despentear as ideias? Não a língua, mas um linguajar! Não o cabelo, mas um cabelejar! Não a filosofia, mas um filosofar. Afinal, todos temos algo de filósofo. Mas, confesso, nunca me atraíram os cabeleireiros nem os filósofos que deixam nossas cabeças endurecidas.

Referências

LAÊRTIOS, Diôgenes. *Vidas e doutrinas dos filósofos ilustres*. Tradução de Mário da Gama Kury. 3. ed. Brasília: Editora da UnB, 1987.

SARLO, Beatriz. *La máquina cultural*. Buenos Aires: Airel, 1998.

Cabimento

Vicent Van Gogh. *Quarto do Artista em Arles.* 1889. (Óleo sobre tela, Museu d'Orsay, Paris)

Hilan Bensusan

De muitas coisas, por exemplo, dos pensamentos, esperamos que elas tenham cabimento. Descartamos pensamentos se eles não cabem: isso é descabido, não tem o *menor* cabimento. Imagina-se que seria desejável que tivéssemos ideias com o *maior* cabimento. Quanto mais cabimento, *melhor*. Poderíamos imaginar uma medida do cabimento – do encaixe perfeito até o ovo de avestruz dentro de um dedal. Há coisas que parecem que tem cabimento, mas que, por um triz (ou dois trizes), não cabem onde as queremos colocar. Medir o cabimento seria como contar trizes – por quantos trizes não aconteceu? Ah, tantos assim, então não foi que não aconteceu por pouco. Nem tinha cabimento esperar que acontecesse. Contar trizes é como contar acontecimentos. Mas os acontecimentos são famosos por se embaralharem uns nos outros – puxamos um para contar e aparecem logo três, entrelaçados. E quando começamos a contar trizes nos perdemos na complexa geografia dos mundos possíveis: é mais possível que a uva que você encontrou na geladeira fosse uma jabuticaba ou que este livro fosse uma bolha de sabão? Se tivéssemos um trizômetro, mais uma ou duas manivelas nos permitiria montar um medidor de cabimentos. Mas tudo isso é difícil de começar a medir: acontecimentos, pensamentos, cabimentos.

Em geral, quando dizemos que alguma coisa não aconteceu por um triz, há alguma coisa que pensamos que ia acontecer. Quando apelamos para os trizes estamos diante de pensamentos que, de alguma maneira, roçam nos acontecimentos. Trata-se de uma relação entre o que prevemos – ou tememos, ou esperamos, ou torcemos – e o que acontece. E quando medimos para ver se os pensamentos –

ou outras coisas – cabem, onde esperamos que eles caibam? Quando falamos em cabimento, evocamos a aceitabilidade de alguma coisa: o que é cabível é aceitável. Mas em que caixa devem caber nossos pensamentos? Alguém poderia dizer: na caixa daquilo que acontece. Ou na caixa daquilo que julgamos que acontece. Não tem cabimento dizer que algum homem engravida porque julgamos que tal coisa não pode acontecer. Quando estamos falando de cabimento tratamos de como os acontecimentos encaixotam os pensamentos: também aqui os pensamentos roçam (nos caixotes) dos acontecimentos. Falar de cabimento parece ser falar de como os pensamentos se encaixam no (que supomos ser) o mundo. Medir o cabimento seria então medir o encaixe entre aquilo que pensamos e como as coisas são. Medimos o encaixe de uma estante entre o sofá e o armário comparando as dimensões do espaço entre os outros móveis e as dimensões da estante. Caber é, às vezes, entendido como ter lugar – quando dizemos, por exemplo, que o bode cabe na sala, mas não cabe no banheiro. Então nos perguntamos se tem lugar para um pensamento (deve ser por isso que dizemos que fazemos colocações – se houver lugar). Pensar fica parecendo ser colocar alguma coisa entre as caixas e sacos do mundo, e ver se tem cabimento. O cabimento invoca a ideia de que a relação entre o que pensamos e o que existe é de encaixe; se pudermos medir o cabimento poderemos medir as proporções daquilo que pensamos e daquilo que há.

Caber parece, às vezes, também, ser adequado. Falamos que não cabe ao médico decorar nossa casa e que cabe dar a César aquilo que lhe cabe. A filosofia já falou de adequar o intelecto à coisa – e de adequar a coisa ao intelecto. Quando pensa nessas adequações, a filosofia se acostumou a estar prestes a tratar da verdade: ver se o intelecto se encaixa na coisa. A falta de cabimento parece uma medida da falsidade. Um pensamento verdadeiro é aquele que cabe na caixinha. Ter vontade de pensar verdades é ter vontade de encontrar coisas para as quais há lugar dentro das gavetas e prateleiras do mundo. Esbarramos logo com duas propriedades do encaixotamento: várias caixas podem encaixotar a mesma coisa: compramos a tangerina em uma embalagem de plástico, colocamo-la em uma gaveta, depois em uma prateleira, depois em uma mochila e depois embalamos grande parte dela (que cabia dentro da casca) dentro de nós. Porém também várias coisas podem caber (se adequar) em uma caixa – e várias coisas podem caber a uma caixa. A diferença entre "caber em" e "caber a" parece dar pano para manga: por exemplo, quando quer verdade o intelecto se esfalfa para caber em alguma parte do mundo, mas quando quer deferência o intelecto entende que cabe a alguma parte do mundo ele se adequar. Quando falamos de "caber a", estamos também apontando para as situações em que dizemos: cabe ao soldado marchar, cabia ao escrivão copiar. Aqui é como se o pensamento "o soldado marcha" não tivesse seu cabimento em questão, mas ao soldado cabe marchar, é ele que deve caber no pensamento. O cabimento, portanto, diz respeito ao encaixe, de ambos os lados, entre o que pensamos e sobre o que pensamos.

Muitos recipientes, muitos conteúdos. Há muitas formas de marchar. Dizer que um soldado marchando é um corpo obedecendo ordens tem cabimento. Muitas formas de embalar, muitas formas de encaixar. O cabimento evoca também o tema da autoridade: a sanção daquilo que determina o que cabe em um recipiente, o que cabe a um conteúdo. Pensar no que há e no que pensamos em termos de cabimento é entender a relação entre pensamento e mundo como uma espécie de quebra-cabeças em que as pontas das peças se encaixam. Ou nós temos que encontrar pensamentos que caibam no mundo ou o mundo tem que encontrar um modo de fazer aquilo que lhe cabe. No quebra-cabeça, o encaixe nunca é unívoco – há muitos recipientes, muitos conteúdos. Pode ser que nossas descrições, por mais cheias de protuberâncias e reentrâncias que elas sejam, caibam em mais de uma coisa – e pode ser que não caibam em nenhuma. Há também muitas maneiras de caber em uma previsão. Os oráculos bem fazem uso dessa propriedade do encaixotamento. O oráculo disse a Édipo que ele mataria seu pai, dormiria com sua mãe. E, na caixinha, não cabia apenas quem nela colocou Édipo; mais de um par de pessoas cabiam nessa previsão. Macbeth se sentia seguro de que apenas quando a floresta se levantasse ele correria perigo. Mas a floresta se levantou quando o exército cortou seus galhos e se escondeu atrás deles. Os significados das palavras são como fundos falsos das caixas: aquelas torrentes de significado que chamamos – tentando domesticá-las – de metáforas fazem com que caiba aquilo que não parecia caber. Como encontrar a agulha de um fato em um palheiro de metáforas? Fica Macbeth amaldiçoando as bruxas que mentem enquanto falam a verdade.

Os pensamentos e os acontecimentos têm, entretanto, outra coisa em comum: ambos podem escapar da autoridade. Para isso falamos de exceções (e também de excessos). Cabe ao soldado marchar, mas ele pode parar de marchar. Em um conto muito citado de Melville (2007), Bartleby, um escrivão, resolve que não vai mais copiar dizendo: "eu prefiro não". Tanto acontecimentos quanto pensamentos podem não ter cabimento. Encontramos coisas singulares – não meros exemplos de alguma coisa geral – quando essas coisas não fazem o que cabe aos exemplares fazer. Encontramos pensamentos singulares – que não são apenas casos de algum pensamento com cabimento – quando o pensamento não tem cabimento. Por mais que a singularidade caiba aqui e ali, é apenas quando ela foge dos estribilhos que nós conseguimos notá-la. Se tudo tivesse cabimento – e tudo fizesse o que lhe é cabido – teríamos casos exemplares, não teríamos casos singulares. É talvez por isso que os pensamentos sempre podem ser contorcidos, distorcidos, retorcidos; assim temos a chance de poder olhar para o movimento que as coisas singulares fazem quando se tornam exceção. Ah, as exceções. Alguém pode achar que as exceções acabam sempre entrando nos trilhos; um cisne preto virou exceção, mas depois criamos uma categoria que é categoria dentro de outra categoria e, pronto, já havia um trilho só para cisnes como ele – o que era um caso singular se tornou um caso exemplar. D. H. Lawrence (1956, p. 89-92), em "Chaos in Poetry", apresenta uma imagem interessante: vivemos em um guarda-chuva de ordem em que todas as coisas parecem ter o seu lugar em uma estrutura articulada quase que pré-fabricada, tudo parece ter cabimento. Eventualmente, o guarda-chuva é furado e vemos o céu do outro lado da ordem. O furo logo é remendado e o remendo é pintado com um pedaço do céu. Assim a ordem é restaurada – o que era singular torna-se exemplar. Porém, olhar a exceção (a falta de cabimento) é olhar o momento mesmo do furo do guarda-chuva. O movimento de sair do cabimento. Quando as coisas escapam do cabimento, o pensamento pode focar nela estando também sem cabimento. Os movimentos dos pensamentos de buscarem atalhos, buracos e ladeiras escorregadias entre o que pensa permite que ele fique cara a cara com as exceções, não quando elas já estão enquadradas, mas quando elas destoam do que é apenas mais um caso.

Os pensamentos e os acontecimentos têm uma intimidade com o cabimento como têm uma consanguinidade com o movimento. A ideia de cabimento evoca, além da autoridade que faz caber (por exemplo, a autoridade da gaveta em determinar que o elefante nela não cabe), a ideia de obediência: ter cabimento é não começar nada, não ser um ponto de partida; é ocupar um posto – que já existia. Caber é encaixar e fica encaixado aquilo que ocupa um lugar em um plano organizado. Aquilo que tem cabimento obedece – faz o que lhe cabe. Não ter cabimento é começar alguma coisa diferente – que não cabe em um planejamento pronto. A obediência devida: ao soldado marchar, ao escrivão escrever. Fora do cabimento começamos um novo, que não tem lugar, mas que cria para si um lugar. As coisas, quando já estão descritas, já têm um lugar para ocupar – se elas não o ocupam, não têm cabimento. O pensamento se move porque nele não há um conjunto fixo de descrições. O pensamento está entre as coisas e delas pode escapar. Nem os pensamentos e nem os acontecimentos podem não ter cabimento todo o tempo: é dos lugares que eles ocupam que eles começam o seu movimento. E o pensamento é o que fica pastoreando o rebanho daquilo que tomamos como cabível. A exceção é também detectada apenas no movimento. Aquilo que não cabe nas caixas que estão disponíveis. Novas caixas virão, mas ali, naquela tentativa de encaixar, houve um excesso que não coube (não teve o menor cabimento). "Exceção" é ela mesma uma palavra excepcional, com sons de "s" e sem "s" entre suas letras. Se puséssemos logo, sem nenhum cabimento, dois "s" na palavra escreveríamos "excessão". Todo excesso, grande ou pequeno, depende do cabimento – para ser excesso tem que estar fora de algum cabimento. Falar de escapar, de estar sem cabimento está próximo de falar de excessos. Assim, o pensamento tem algo que não cabe entre os acontecimentos, que lhes excede. E o excesso pode vir a ter cabimento mais tarde. No movimento entre agora e mais tarde, saltam aos olhos os excessos.

Um taxonomista encontra uma guardadora de excessos. A taxonomista está com uma voz conclusiva:

Taxonomista: Pensamos aquilo que cabe na classificação das coisas, na ordem do mundo. Todo o resto, o excesso, não tem cabimento.

Guardador de excessos: Nossas descrições das coisas sempre admitem que no meio dos conceitos ficaram buracos estreitos. Se tivermos apenas descrições prontas, todas as coisas poderão apenas exemplificá-las, deixaremos de cheirar a diferença entre um incenso de chocolate e um incenso de maracujá ou entre um incenso de maracujá amarelo e um incenso de maracujá doce, ou entre um incenso de maracujá doce com fumaça branca e um incenso de maracujá doce com fumaça marrom, ou entre...

Taxonomista: Mas poderemos alguma hora eventualmente terminar a descrição e pronto, o acontecimento estará ali – ainda que talvez para tanto precisemos de descrições que ocupem muitos volumes.

Guardador de excessos: Não poderemos. Pensamos, pensamos e sentimos o apelo para pensar mais. Enquanto isso, as coisas continuam acontecendo. E cada acontecimento tem a capacidade de escapar das emboscadas que lhes fazemos com os conceitos.

Exercícios para ficar sem o menor cabimento

Desafinado. Ter cabimento parece muito com afinar. Mas o que era uma melodia desafinada pode ter se tornado uma outra melodia, com um jeito certo (cabível) de ser tocada de maneira afinada. Entre uma melodia e outra, houve um momento parecido com aquele em que surge uma exceção. De tanto desafinar ao cantarolar uma cantiga, podemos acabar em outra cantiga. Qual?

Faça alguma coisa que não tem cabimento simultaneamente com sete partes do seu corpo (sempre divida as partes do seu corpo de uma maneira que não tenha cabimento). Quanto tempo demorou para que os gestos e caras e bocas e palavras sem cabimento se tornassem cabíveis?

Em *Tristana*, filme de Buñuel, uma personagem vira para outra e diz: "Dentre as 850 pilastras da mesquita de Córdoba, todas aparentemente iguais, qual delas você prefere?" A outra personagem responde que a pergunta não tem cabimento. Como medir o cabimento de uma pergunta assim? Contando as diferenças entre as pilastras?

Considere como uma pedra não tem cabimento (para quem quer visitar seus interiores), já que ela, nas palavras de Wislawa Szymborska (1998, p. 62-64), está fechada:

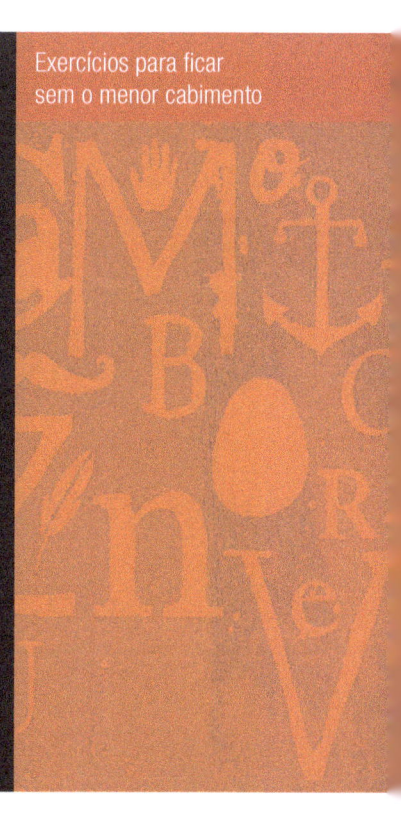

Exercícios para ficar sem o menor cabimento

Eu toco na porta da frente da pedra
E digo: "É apenas eu, deixe-me entrar
Quero penetrar nos seus interiores
Dar uma olhada
Respirar um pouco dos teus ares..."

"Vá embora", responde a pedra.
"Eu estou fechada
mesmo que você me quebre em pedaços
nós todas estaremos ainda fechadas
Você pode nos triturar em areia
E ainda assim nós não te deixaremos entrar"

Referências:

BENSUSAN, H. *Excessos e exceções: por uma ontologia sem cabimento*. São Paulo: Idéias e Letras, 2008.

LAWRENCE, D. H. Chaos in Poetry. In: *Selected Literary Criticism*. Londres: Heinemann, 1956, p. 89-92.

MELVILLE, H. *Bartleby, o escriturário*. São Paulo: Rocco, 2007.

SZYMBORSKA, W. *Poems, New and Collected - 1957-1997*. Tradução de Baranczak, S. & Cavanagh, C. Londres: Faber & Faber, 1998.

Caralho

Diego Antonio Pineda R.

Tradução: *Paula Ramos e Ingrid Müller Xavier*

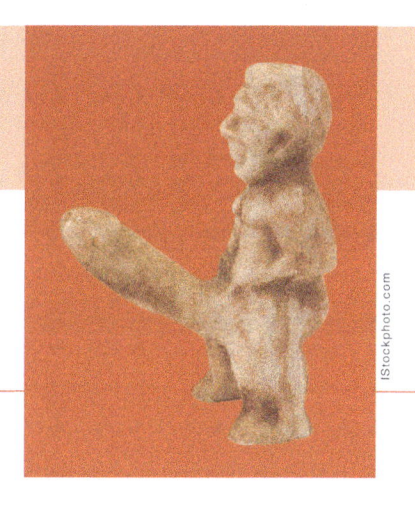

> Na França dizem *mon Dieu*
> e na Itália *giusto cielo*
> e aqui dizemos *caralho*!
> e se dane o mundo inteiro
>
> Trova popular espanhola

> Se um caralho robusto e virgicida
> feriu, Pepita, teu inocente seio
> um caralho mais fiel, de calor cheio
> te quer hoje mais que sem estar fodida
>
> Soneto ao caralho, Esporonceda

De onde terá saído uma palavra como "caralho"? Quem pode tê-la inventado? Tem tom de blasfêmia e, no entanto, é palavra santa que nos serve para exaltar e elogiar tantas coisas que nos parecem "do caralho". Cumpre fielmente suas funções opostas de expressar admiração e desencanto, rejeição e acolhida, desprezo e alegria. Mas, de novo, de onde saiu? Quem a colocou em circulação entre os falantes de línguas como o castelhano ou português? A verdade é que ninguém o sabe, nem mesmo o clássico dicionário Corominas: sua exposição é longa e complicada, cheia de hipóteses e imprecisões e carente de dados seguros.

Comecemos, então, pelo pouco que sabemos. Sabe-se que no Brasil existe, há muitos séculos, uma tribo indígena, os carajás, do grupo dos tapuias, com quem os primeiros conquistadores espanhóis tiveram contato muito antes de que os "direitos" de conquista das coroas espanhola e portuguesa estabelecessem as condições de partilha destas terras. Mas tudo isso não parece mais do que uma coincidência, pois nada tem a ver uma coisa com a outra. Da origem de "caralho" não sabemos, então, um caralho…

Ainda que, por suposto, possamos brincar de fazer etimologias. Por acaso não é isso que nós todos fazemos? "Caralho", em seu sentido mais imediato, o de pênis, membro viril, parece vir do latim *characulum* (pau, verga), ou, talvez, do latim vulgar *caraciu* (que viria, por sua vez, do grego χαράκιον, diminutivo de χαραξ: estaca pontiaguda).

Sabemos que é a palavra com que se denominava a pequena cesta que se encontrava no alto dos mastros das caravelas (navios antigos) e de onde os vigias perscrutavam o horizonte em busca de sinais de terra. O caralho, dada a sua situação numa área de muita instabilidade (no alto do mastro), é onde se manifesta com maior intensidade o rolamento ou movimento lateral de um barco. Também era considerado um lugar de "castigo" para aqueles marinheiros que cometiam alguma infração a bordo. O castigado era enviado para cumprir horas e até dias inteiros no caralho e, quando descia, ficava tão enjoado que se mantinha tranquilo por um bom par de dias. Daí vem a célebre expressão: "Mandar para o CARALHO". Ouçamos agora seu espírito e seu tom, deixemos que soe como o fazia *O membro incansável,* um soneto anônimo do século XVIII:

> Era um grande e colossal caralho
> de frisadas crinas revestido
> caralho entre caralhos escolhido
> de arranque horrendo e formidável buraco
>
> Em seu contínuo e singular trabalho
> de xota em xota errando enfurecido
> jamais se via seu frenesi rendido
> nem esgotada sua ardente espumarada
>
> Quarenta xotas de donzela intacta
> Quinze cus de freis bem cevados
> Pensam rendê-lo. Miseráveis tretas!
>
> A furibunda máquina compacta
> deixando-as a todas estropiadas
> ainda pudera aguentar doze punhetas

E aqui "caralho" começa sua andança. O que vem depois não sabemos, mas podemos suspeitar: a palavra tomou força, ganhou vida, espalhou-se em mil significados distintos; associou-se com outras e começou a ganhar outros sentidos sem nunca deixar de falar por si só. Quero mandá-lo a algum lugar de onde não volte? Vá para *o caralho*. Algo que você viu o fascina? Diz que é *do caralho*. Algo o incomoda? Grita forte para que o ouçam: *Caralho!* Não o aguenta? Manda-o *ao caralho*. Você decide fazer algo, ainda que tenha dúvidas? Faça-o: *que caralhos!* Faz muito frio? Pois sim, faz um frio *do caralho*. Quer falar de algo ou de alguém sem ter que nomeá-lo? Muito simples: fale *desses caralhos*. Parece-te muita quantidade, sem ter vontade de contar? Diga: é uma *caralhada*. Entedia-se por que alguém não toma cuidado com o que o que diz? Diga a ele: *não entendes um caralho*. Não lhe importa o que lhe dizem? Diga claramente: *não lhe importa um caralho*.

E assim a palavra começou a ganhar, uma a uma, todas essas maravilhosas conotações com que hoje a usamos. Claro que nunca deixou de ser o que era desde suas origens: uma palavra, uma expressão, vulgar, plebeia, que soa mal. Muitos dicionários a rejeitam, esquecem-na, censuram-na, ainda que a fala cotidiana lhe dê, minuto a minuto, o direito de existência. É como se a língua mesma resistisse a oferecer carta de cidadania a esse tipo de expressões "baixas", "grosseiras", ou simplesmente incômodas. O mesmo computador no qual agora escrevo resiste e sublinha a palavra em vermelho. Não quererá você dizer, por exemplo, "carvalho", "caraca" ou "caramba"?

Não, eu quero falar de CARALHO, assim, com todas as suas letras... ainda que soe mal, ainda que cheire a feio ("*carajón*", no castelhano de Navarra, parece ter se formado do latim *cacare*, defecar; e nomeia um excremento compacto que se expele de uma vez; e "*carajonero*", também em Navarra, é o que recolhe *carajones* para vendê-los ou utilizá-los como adubo).

Essas outras palavras – "caracas", "caramba", etc. – eu não as uso. Caralho, sim. Forma parte de meu léxico. Utilizo-a quase todos os dias e para muitas coisas distintas. Quando algo me agrada, digo que me parece "do caralho". Quando estou furioso com meus filhos, mando-os "para o caralho". Quando me surpreendo, grito "Caralho!". Logo, tem que significar algo.

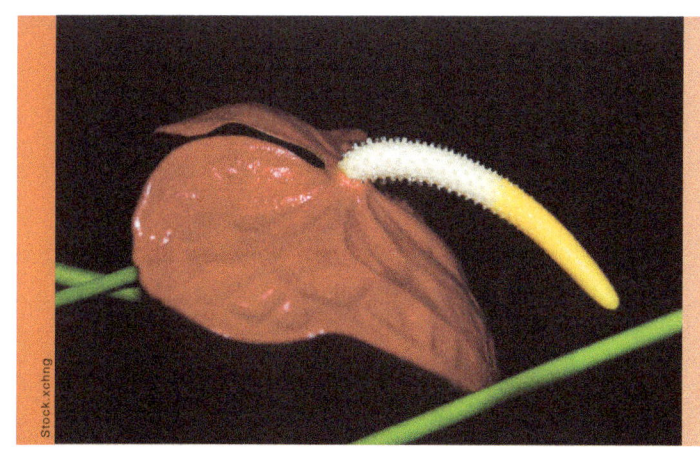

Eu prefiro dizer "caralho" porque diz exatamente o que sinto. Eu não digo, por exemplo, "Caramba!" (que me soa a expressão de salões e coquetéis). E tampouco digo "Caracas!" (forma melosa e suavizada para os que se sentem aristocratas). E menos ainda "Carácoles!", ou "Carambolas!", expressão afeminada própria de Batman, Robin ou Superman, super-heróis de uma triste infância superada. Não me agradam os eufemismos... Prefiro as palavras fortes, duras, que pretendem significar exatamente minha indignação ou minha surpresa. Não me agradam esses termos das conversas cultas que estabelecem uma discriminação hipócrita e moralizante. Prefiro a expressão criativa e livre da fala popular na qual não há problema em dizer "Caralho!". Gosto desses termos cujo significado está ligado à força mesma com que se pronunciam, ao seu desembaraço, à sua irreverência, a suas acentuações.

Todas as palavras significam algo. Mas, o que é isso que as palavras significam? Onde estão os significados das palavras? Como nos ensinou Agostinho de Hipona, no diálogo com seu filho Adeodato, aprendemos o significado de muitas palavras porque, no momento em que as pronunciamos, alguém as aponta com o dedo. Isso é o que os filósofos gostam de chamar "definições ostensivas": sei que algo se chama "carro" porque alguém que pronuncia a palavra "carro" indica com o dedo um veículo de quatro rodas.

Mas, aprendemos assim os significados de todas as palavras? Claro que não. Não há nada que me possam assinalar para indicar o que significam palavras como "mais", "sim", "mas" ou "pouco". Nem mesmo há ninguém que me possa mostrar com o dedo o que significa "caralho". Mas todos sabemos o que é "caralho". De onde o teremos aprendido? Isso não importa. Importa que utilizamos "caralho" a cada instante e o escutamos igualmente na Venezuela ou na Colômbia, na Espanha e Uruguai, no México, na Argentina ou no Brasil.

Como um termo tão particular pode fazer-se tão universal? Sem dúvida porque nos temos encarregado, mediante o uso, de fazer com que signifique o que

Cartum de Latuff durante o festival Mídia Tática em São Paulo.

significa. Nós inventamos as palavras, e seu significado não é outro que aquele que damos a elas na fala cotidiana.

No capítulo 6 de *Alice no País dos Espelhos*, de Lewis Carroll, encontramos um interessante personagem, Humpty Dumpty, que tem algumas teorias muito originais sobre a linguagem e o significado. Não só os nomes têm que significar algo e, se possível, devem indicar a forma que alguém tem (ele mesmo se chama Humpty Dumpty porque tem forma de ovo), mas também uma teoria mais geral sobre o significado que tem as palavras. Segundo Humpty Dumpty, as palavras só significam o que alguém quer que signifiquem. Escutemos seu diálogo com Alice:

– [...] vê? É a glória para você!
– Não sei o que quer dizer com glória, disse Alice.
Humpty Dumpty sorriu desdenhosamente.
– Claro que não sabe... até que eu lhe diga. Quero dizer "é um belo e demolidor argumento para você!".
– Mas "glória" não significa "um belo e demolidor argumento", objetou Alice.
– Quando *eu* uso uma palavra, disse Humpty Dumpty num tom bastante desdenhoso, ela significa exatamente o que quero que signifique: nem mais nem menos.
– A questão é, insistiu Alice, se pode fazer as palavras significarem tantas coisas diferentes.
– A questão é saber quem vai mandar, só isto.
[...] São temperamentais, algumas... em particular os verbos, são os mais impertinentes... com os adjetivos pode-se fazer qualquer coisa, mas não com os verbos... contudo, sei manobrar o bando todo! Impenetrabilidade! É o que eu digo!
– Poderia me dizer, por favor, disse Alice, o que isso significa?
– Agora está falando como uma criança sensata, disse Humpty Dumpty, parecendo muito satisfeito. Quero dizer com "impenetrabilidade" que já nos fartamos deste assunto e que seria muito bom que você mencionasse o que pretende fazer em seguida, já que presumo que não pretende ficar aqui pelo resto da sua vida.
– É um bocado para uma palavra significar, disse Alice, pensativa.
– Quando faço uma palavra trabalhar tanto assim, disse Humpty Dumpty, sempre lhe pago um adicional.
– Oh! Disse Alice, Estava perplexa demais para qualquer outra observação (CARROL, 2002, p. 204-205)

O que diz Humpty Dumpty é maravilhoso: "alguém pode fazer que as palavras signifiquem o que esse alguém quer que elas signifiquem". Talvez seja falso, mas isso não retira o seu encanto. Sim, todos sabemos que é falso: com a palavra "sapato" eu não posso querer dizer "te amo, sinto tua falta, te desejo"..., ainda que, talvez, sim.

Por acaso está proibido o fetichismo? Bom, não importa: verdade ou mentira, não usamos a palavra "sapato" para dizer a alguém que sentimos sua falta.

Recordo que há alguns anos jogava com meus amigos um jogo que era interessante. A princípio escolhíamos uma palavra e, logo, ao longo de todo o jogo, composto de múltiplas atividades de expressão corporal e gestual, um tinha que poder dizer tudo usando apenas a palavra escolhida. Eu escolhi a palavra "mamãe" (foi a primeira que me veio à mente, não creio que se trate de um complexo de Édipo reprimido) e outra companheira escolheu a palavra "forte". Um pouco depois tive que declarar meu amor dizendo apenas "mamãe" em todos os tons possíveis, e ela me respondia sempre o mesmo: "forte". Jogar com as palavras sempre é fascinante, ainda que seja desolador ter que dizer sempre "Mamãe!".

Recordo também que, nessa mesma ocasião, alguém escolheu a palavra "caralho". Que êxito teve! Podia dizer tudo o que queria somente com essa palavra, pois não ficava tão forçado dizer "te amo" ou "te convido para almoçar" com uma palavra como "caralho"..., mas era dificílimo dizer isso com uma palavra como "mamãe" ou "forte".

Agora o entendo melhor. Humpty Dumpty tem razão: as palavras significam o que alguém quer que signifiquem. Pode ser que isso não seja certo com todas as palavras, mas funciona com "caralho". É certo que "glória" não pode significar "dei a você um argumento que a deixou bem arrasada"; nisso Alice tem razão. Mas "caralho" sim, pode significar, se isso é o que eu quero que signifique, coisas tão diferentes como "pênis", "pepino", "tostão furado" ou "cu" (seguramente a lista é muito mais longa), pois, quando digo "me importa um caralho", "caralho" ocupa sem maior problema o lugar que poderia corresponder a qualquer dessas outras palavras.

Então me dirão: sim, mas quando usa a palavra "caralho" refere-se a algo que carece de importância (um cu, um tostão furado, um pênis ou um pepino); e, então, "caralho" já não pode significar senão algo que carece de importância, que é irrelevante, que não desperta interesse, que carece de importância ou significado. Pois não. Às vezes posso querer que "caralho" signifique outra coisa muito diferente; por exemplo, júbilo ou alegria. Quando meu time marca um gol, posso dizer que me pareceu "do caralho", e então estarei expressando ao mesmo tempo minha aprovação e prazer pelo ocorrido. Inclusive posso gritar: "Dá-lhe Flamengo, caralho!" e, então, "caralho" será só uma forma de expressar minha alegria e exaltação.

Ainda mais. Só uns segundos depois, a mesma palavra que me serviu para significar júbilo será uma expressão de desprezo. Poderei voltar-me até o torcedor do time contrário e dizer a ele que vá "para o caralho". Não sei onde fica esse lugar. Mais ainda, sei que não existe. Não importa. Precisamente isso é o que quero dizer: que desapareça, que ocupe um lugar que não existe, que vire fumaça; que, para mim, não só ele, mas também todos os torcedores de seu time, deixaram de existir.

Que maravilha que exista um lugar como o caralho! Um lugar fantástico, remoto e ignorado para onde poderemos mandar o bufão e impertinente, o bobalhão e o desmancha-prazeres. Para onde poderemos mandar tantas coisas mais:

> Os encantos que vivam da brincadeira
> e ao caralho as riquezas,
> ao caralho também os altos postos!
> (L. Fernández de Moratín, Ode a Príapo)

> Se com incessante afã
> se segue dando ao badalo,
> vou a mandar ao caralho
> ao cura e ao sacristão
> (Luis Carmena, Floresta poética)

Com "caralho" a teoria de Humpty Dumpty funciona perfeitamente. Claro, sei que é só um exemplo, e que é necessário mais do que um exemplo para validar uma teoria. Mas um só exemplo pode fazer com que, pelo menos por um momento, comecemos a supor que a teoria que se poderia propor não é tão absurda.

E menos absurda ainda torna-se uma teoria quando é capaz de responder a objeções sensatas. E a teoria de Humpty Dumpty responde satisfatoriamente à objeção de Alice. "A questão é, insistiu Alice, se se pode fazer as palavras significarem tantas coisas diferentes."

Pois claro que pode: "caralho" pode significar, segundo quem a emprega e para o que a emprega, tantas coisas quantas possamos querer. Não é o que já vimos? E isso porque somente examinamos alguns casos muito elementares.

Que tal quando dizemos "esses caralhos" (novamente o computador se rebela; ele não gosta da palavra "caralho" e volta a me corrigir: "carvalho". Não, "carvalho" não me importa. Disse, e continuarei dizendo, "caralho")? Quem são esses "caralhos"? Qualquer um que quisermos: meus vizinhos, meus amigos, alguém desconhecido. A palavra "caralhos" pode ser substituir aqui qualquer nome comum: esses "caralhos" podem ser esses cachorros, esses gatos, esses senhores da esquina, qualquer conjunto de seres a quem queira agora me referir, mas sem nomeá-los, com uma implícita cota de menosprezo.

Dizer "caralho", por outro lado, pode ser, acima de tudo, um ato de suprema liberdade. Quem pode dizer que a liberdade humana consiste em outra coisa distinta do que a possibilidade de dizer "não"? Ser escravo é precisamente não ter a possibilidade de dizer "não". Contava Oriana Fallaci, em um de seus livros, que o mais belo monumento à liberdade que já havia visto era a palavra "não" gravada sobre uma pedra no alto de uma montanha grega perto de um lugar onde existia uma prisão nos tempos da ditadura, e que seguramente essa palavra foi gravada ali por alguém que conseguiu escapar das garras da ditadura e que, quando chegou em cima da montanha, onde pôde compreender que já não o capturariam, gravou na pedra a palavra que expressava todo seu desejo de liberdade: "não".

Há, ainda, uma forma mais radical de dizer "não", de expressar de forma absoluta nossa rebelião contra o estabelecido: "Nem por um caralho". Quem, senão alguém que ama de forma irredutível sua liberdade pessoal, pode dizer "nem por um caralho" diante das forças da opressão e da morte?

As palavras "são temperamentais", nos diz Humpty Dumpty. Os verbos são impertinentes, enquanto que os adjetivos são bem mais tranquilos. E o que é "caralho"? Um verbo? Um adjetivo? Um substantivo? Depende do que necessite ser. Posso usá-lo como me aprouver. A única questão – insiste Humpty Dumpty – é saber quem é que manda. E, se tenho a palavra "caralho" em meu poder, sou eu quem manda. Necessito de um substantivo para referir-me àqueles que não desejo nomear? Então pronto: falarei desses "caralhos". Necessito de um adjetivo para expressar meu júbilo? Para que dizer "maravilhoso" se posso dizer "do caralho"? Por acaso não soa melhor? Por acaso não é mais expressivo? Por acaso não representa melhor o júbilo que me invade?

Em uns lugares (Costa Rica, Honduras, etc.) uma caralhada é simplesmente uma coisa, um objeto qualquer: a mesa, a carteira, a porta. Que palavra mais universal: qualquer coisa pode ser uma caralhada! Em outros lugares tem a conotação de uma ação maldosa ou de uma simples necessidade ou sandice. Na Colômbia, uma caralhada é qualquer coisa que carece de importância. Se alguém diz que a filosofia é "uma caralhada", o que está dizendo é que coisa banal, sem importância, sem sentido, sem fim algum. De novo: as palavras significam o que alguém quer que signifiquem, e a única coisa importante é saber quem manda.

A palavra "caralho" é vista como vulgar, depreciativa e que soa mal, e ainda em alguns lugares é utilizada para nomear o membro viril. E, no entanto, talvez pela força que tem sua expressão, é uma palavra com certo halo sagrado que igualmente usam os padres em seus sermões e as prostitutas com seus clientes, as senhoras "de boa família" em suas tertúlias e os presos em suas celas. Pode significar "nada" ou "tudo", horror ou assombro, desprezo ou admiração, enfado ou alegria, repúdio ou aprovação. Sobe de tom quando o que proferimos é um insulto ou uma desqualificação, pronuncia-se com gravidade quando é um ato de autoafirmação e liberdade; ou se reduz em intensidade quando se pretende indicar algo familiar: um "*carajito*" (uma criança em alguns países), ou um "*carajillo*" (bebida que se prepara acrescentando uma bebida alcoólica – geralmente conhaque ou aguardente – a um café quente).

O princípio básico Humpty Dumpty já nos expôs: "quando as palavras trabalham, merecem seu pagamento". Esse é o ponto: *as palavras trabalham*. Associam-se, afastam-se, atraem-se, comprimem-se, estendem-se, tornam-se complexas. E a palavra "caralho"... como trabalha! Frequentemente trabalha sozinha: a simples interjeição "caralho!" expressa já um estado de ânimo peculiar que, no entanto, não é facilmente decifrável: assombro? repúdio? alegria? temor? Outra? Qual? Todas as anteriores? Haverá que julgá-lo segundo as circunstâncias específicas em que se profere uma expressão de espectro tão variado.

Mas "caralho" estabelece também, segundo o caso, as associações mais diversas, nas circunstâncias mais insólitas e entre os personagens mais díspares. Quem já não disse alguma vez "caralho"? Poucas palavras são tão requisitadas e tão universais na língua castelhana. Até os membros das elites, os intelectuais da mais alta estirpe e, inclusive, aqueles que defendiam em pleno século XIX o poderio da Igreja Católica contra as tendências liberais e modernizantes não temiam usar essa singular palavra quando se tratava de expressar seu desprezo e indignação.

O poeta colombiano José Joaquín Casas, por exemplo, depois de contemplar, ao mesmo tempo com tristeza e indignação, a ruína do Templo de Santo Domingo em Bogotá, não encontrou tampouco palavra mais apropriada para expressar seu desprezo e raiva pelos costumes liberais que, por essa época, considerava a causa fundamental de toda destruição:

> Que fazer? Pôr as barbas de molho
> E maldizer em fraternal conjura
> A obra nefanda do martelo vermelho.
> Pois abaixo se vai São Domingo
> sobre o Palácio Liberal futuro
> a história escrita por brasão: Caralho!

Também os espanhóis, por volta de 1808, quando José Bonaparte, a quem chamaram "Pepe Botellas" (no Brasil seria Zé garrafa), começou a reinar levado por seu irmão Napoleão (a forma mais grotesca de levar a modernidade à ultracatólica Espanha), fizeram circular um pasquim em que reclamavam de "seu rei", que poderia dizer o que todo bom falante da língua castelhana dirá a cada instante e com um significado sempre novo: "Caralho!".

> Na praça há um cartaz
> que nos diz em castelhano
> que José, rei italiano,
> rouba da Espanha o seu dossel.
> E ao ler este papel

> disse uma rapariga a seu rapaz
> – Manolo, ponha aí debaixo,
> que não estou nem ai para essa lei
> porque aqui queremos rei
> que saiba dizer caralho

E, por fim, todos preferimos os que são capazes, quando a ocasião faz jus, de gritar "Caralho!", e de mandar ao caralho tudo o que ele procura.

E, quando volte a jogar aquele belo jogo de nomear o mundo com uma só palavra, já terei a palavra que funciona: "caralho". E que, diante da pressão dos totalitarismos de toda espécie, afirmarei minha liberdade gritando uma palavra de ordem libertária: "Nem pelo caralho". E que, quando queira "caralhear", farei-o com toda a força desse ceticismo zombador sem o qual não há filosofia que valha. Porque "caralho" é simplesmente uma palavra *do caralho*.

Referências

CARROL, L. *Através do espelho e o que Alice encontrou por lá*. Rio de Janeiro: Jorge Zahar, 2002.

Clandestino

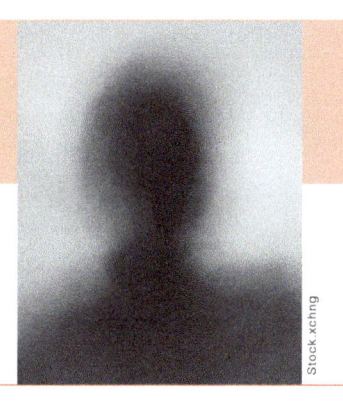

Sérgio Augusto Sardi

Alguém disse um dia que ele era um clandestino, porque vivia assim, meio sem lugar, sem destino, sem moradia. E permanecia estrangeiro, sem visto de cidadania. Sem nome e sem lugar. Não porque habitasse um país estranho ou distante, mas por ir além de qualquer fronteira. Ele não as reconhecia e se sentia fora, um forasteiro, a perscrutar o espaço vazio que se esconde por detrás do olho e do olhar, antes das demarcações, onde uma profusão de sentimentos clandestinos transbordava, proliferando o silêncio no mundo. Dizia que os lugares comuns não bastavam, pois os acontecimentos se tornaram incomuns. Havia perdido a transparência das palavras. E não arriscava denominar o vivido ou os sentimentos que lhe assaltavam em fluxo. Quando ocorria, por vezes, capturar um deles... o feitiço rapidamente escapava, e o dito ecoava mais uma vez no seu fundo silencioso. E se fazia outro. Ou teria sido sempre outro. Ah! Não há nomes próprios para acontecimentos impróprios, dizia ele. Não se enquadram nos verbos e substantivos comuns. Nesta mesa, nesta xícara, neste pão, na sua mão: sempre há algo não dito, ou indizível, há sempre algo mais a dizer. A palavra é demasiado ampla ou por demais estreita para conter o vivido. Assim seguia ele, sem paradeiro, sem residência fixa, retornando ao fundo dos acontecimentos para mais uma vez ir além, sustentando-se no fio da navalha entre o saber e o não saber.

O caminho que conduz para fora das coisas comuns coincide com esse outro, que se atinge pelo atravessamento do já dito e conhecido. Quando então as coisas ficam encharcadas com a aura do olho que vibra no ponto zero, em redemoinho. E se tornam grávidas de possibilidades. Faz-se então possível sentir a si mesmo em infinita proximidade, em vertigem. No ponto zero e aquém. Demasiado perto da própria existência. A ponto de se perder. E de se desconhecer. Pois o lugar que a palavra *eu* aponta é um outro lugar. Um lugar incomum. O eu é forasteiro, vive fora, além ou aquém de qualquer lugar, e se faz clandestino ao habitar um território de fronteiras demarcadas. Mesmo em seu país, sente a sua origem estrangeira. Não tem cidadania plena: ele está aqui, ou ali, tem nome próprio, e permanece lá, onde é possível ser efetivamente alguém, ou ninguém, ou qualquer um, ser um eu qualquer, sem nome, e ainda assim se referir a si mesmo. O eu é uma dobra do ser, uma esfera deserta. Para encontrá-lo é preciso ir ao não lugar onde múltiplos eus habitam um único rosto. Ou onde cada eu é replicado em inúmeras faces. Sendo aí, cada um, também todos, ou um outro qualquer, além e aquém de si mesmo. O eu é clandestino. Em qualquer lugar que habite, o seu lugar de origem é sempre um outro lugar.

Ao sentir o mistério que se instaura no derredor e se tornar estrangeiro de todas as línguas, ao auscultar o silêncio que cerca e impregna o dito, não há mais simplesmente como se manter imóvel. A existência vibra, reverbera, e, por mais que se fale dela, permanece não dita, insinuando um novo dizer. O viver torna-se o âmbito do inusitado. E o retorno a um chão firme não é mais possível. Não há terra prometida. Não há mais como dizer *eu* ou *você* sem indiciar um outro lugar. Um lugar incomum. Um não lugar. As palavras tornam-se abismos. E o sem fundo das coisas arrasta consigo os sinais. Não há mais como fugir. Para não cair é preciso remover o demasiado visível e mover-se em sobrevoo em direção às vagas de ar rarefeito, comovendo-se com seu vir-a-ser. Mantendo-se em mobilidade. O clandestino exercita seu vir-a-ser, confunde-se com ele, fazendo-se continuamente outro para se habilitar a ser a si mesmo. Ele teima nessa aventura, insiste nessa loucura que o torna tão amável.

Ora, dizia ele: talvez a pátria à qual sonhamos retornar um dia, a verdade final sobre o mundo, a vida, nós mesmos... sejam apenas uma persistente miragem. Por que supor, afinal, que saberemos algum dia o que é isto, a verdade? Ah! Talvez ela não seja sequer humana, ou não diga algo sobre nós mesmos ou para nós mesmos, humanos. Talvez a palavra *verdade* seja mais um lugar em busca de outro lugar... Pois não sabemos o que desejamos saber quando desejamos saber a verdade. E sequer sabemos a verdade sobre o que não é a verdade. Um jogo sem fim. Uma palavra sem fundo, com rachadoras quase invisíveis. E a suspeita de que a visão seja também uma cegueira...

Gavetas, portas e fechaduras. Prateleiras. Classificações. Caminhos traçados. Arranjos cristalizados e sistemas mecânicos. Uma crosta de gelo. Eis a superfície.

Onde as coisas se acomodam em seus lugares. Predefinidos, predeterminados, dedutíveis. Eis a moldura do mundo. O dicionário que estabelece a ordem alfabética dos acontecimentos. Abaixo, o oceano. Em toda parte há funcionários que vistoriam as rachaduras da crosta, refazem os seus cálculos, congelam ideias e cristalizam sentimentos com medo de serem tragados pelo subterrâneo volátil. Porém, o clandestino havia alertado: talvez a *vida* transpareça apenas nas brechas, nas entranhas, nos breves momentos que se destacam da predeterminação da ordem das proposições. O que denominamos mundo – ou a palavra *mundo*, ou a significação *mundo* – não é o próprio mundo. As palavras mostram e encobrem. Na superfície visível, vemos apenas a crosta. Mas, abaixo, distende-se o oceano sem fundo que constantemente permuta e agrega elementos à superfície, com suas correntezas e seres descomunais. Foi assim que o clandestino adaptou um instrumento de escuta, o mesmo que amplia os sons cardíacos e pulmonares. Pois o oceano respira, dizia ele, tem correntes sanguíneas, órgãos, fluxos, turbilhões, e cresce, multiplica-se, talvez tenha também o poder de morrer... e de renascer.

O estetoscópio do clandestino sondava os abismos e as dobras da existência. Mas era preciso algum treino para interpretar os sons que emanavam das fendas que se abriam na crosta fria e cristalizada. Era necessário aguardar uma erosão qualquer que apontasse o limite das coisas ditas. Pois, a intervalos irregulares, rompia-se o manto endurecido. Isso demandava um tempo de espera. O tempo de uma gestação. Quanto tempo? Não se sabe. Ela ficava à espreita de indícios, vasculhando labirintos, adentrando a fronteira que separa o viver da palavra *viver*, recolhendo ideias e sentimentos inominados. Às vezes, mergulhava na correnteza que se formava ao longo da costa, quase a ponto de se perder, para encontrar a outra margem esquecida. E permanecia assim, em escuta, até anoitecer, e ainda amanhã, e a cada momento...

Creio que ocorreu em um dia de sol e névoa intensa. Foi a primeira experiência com o estetoscópio do clandestino. À sua frente, o tênue musgo colado à superfície de um tronco anunciava uma conexão... Ali estava ele, diante do corpo do musgo e do corpo da terra e do seu corpo, sendo ele musgo e terra e corpo. O que ele sentiu, o que ele viveu, as palavras apenas sugerem, não ousam definir. O estetoscópio reverberava, insinuava metáforas, imagens, reticências, gramáticas de uma terra distante, interrogações... Deveria reinventar o uso dos verbos e nomes e pronomes e de todo vocábulo ou proposição? Haveria alguma curvatura possível aos signos para que eles pudessem adentrar e capturar as vagas do oceano? Qual o risco de sondar o inefável? Seria preciso uma certa dose de coragem. Para escutar até mesmo a própria existência, ou o que está aquém e além da palavra *existência*, ou da palavra *inexistência*. Demasiado intenso, a quase não suportar, em extrema nudez.

O oceano é prenhe de microssentimentos, sentimentos-fluxo, protossentimentos, pressentimentos e ressentimentos... As rachaduras ainda se abriram muitas vezes naquela estação. Do fundo, fluíam vozes. No tempo disponível nos intervalos ele organizou um breve mostruário. O primeiro catálogo, certamente incompleto, registrou as brechas que ecoavam em torno da palavra *saudade*, a qual lentamente começou a descongelar: pois não era uma simples saudade o sentimento que repentinamente cercava o momento vivido e tornava aquilo que ainda não terminou, e não irá se repetir, pois está quase a findar, algo memorável; era outro: a *saudade do agora*, a eternização do tempo em seu desvanecer. E era também outra a *saudade imemorial* de um passado que nunca ocorreu, relacionada ao curso virtual que se seguiria a uma escolha que não aconteceu. Ou a *saudade de si*, diante do desejo de novamente se surpreender consigo mesmo. E, ainda, a *saudade de um futuro* com o qual nunca mais se pôde sonhar e a necessidade de reinventar o porvir para sentir mais de perto o presente. Nada disso era comum. Não era usual. Mas esses sentimentos careciam ainda de ser vistos por dentro. O clandestino percebeu então que ele deveria fazer a volta completa: depois de retornar da palavra aos acontecimentos seria preciso reinstituir os nomes dos sentimentos anônimos que gravitavam em torno do dito, que se confundiam com ele, mas eram outros, para retornar mais uma vez ao que permanecia oculto pelo nome e perscrutar a intensidade de cada um. Depois faria isso, pois a palavra é a superfície que mostra e, a um tempo, encobre as infindáveis variações e fluxos do oceano sem fim.

Outro catálogo, feito às pressas e também inconcluso, assinalava: o sentimento inominado de simplesmente existir, o sentimento imenso da gratuidade de ser e de tudo aquilo que é, o sentimento informe de ser, cada um, um mistério; e também aquele que acompanha saber que a cada instante que passa aproxima-nos da morte, o que torna admirável cada dia, cada segundo de vida, e os faz transcender, e esse outro, um sentimento em degraus, em aproximação infinita: o envolvimento com o agora, com o estar-aqui-agora, em presença do ser, ofertado em oportunidade, dado em continuidade. E havia ainda o sentimento que ronda o próprio ato de escutar sentimentos. E outros, muitos outros, sem denominação, inumeráveis. A cada vez, a cada escuta, recortes virtuais do real se apresentavam em múltiplas intensidades e infinitas variações.

O clandestino havia dito: a cada nova sondagem o sentimento se modifica. As angústias não são iguais. A náusea nunca é a mesma. São experimentações virturreais. Um breve sobrevoo sobre o acontecer e a captura se faz, desfaz e refaz, como castelos de areia. É um modo de criar aventuras inusitadas, de inventar sentidos, de brincar de sentir e viver. O seu próximo objetivo consistiria em escutar e capturar sentimentos assim que eles estivessem nascendo, trazendo-os à tona, recriando palavras ou a significação das palavras depois de algum tempo de espera e familiarização, para deixá-los bem perto, mais intensos, disponíveis para neles mergulhar ainda mais uma vez. Quando a vida se apresenta assim, tão próxima, não basta proferir nomes comuns. Eles estão na superfície. São superficiais. Carecem de vida. Pois a vida das palavras provém da vida mesma, do fluxo insuspeito do seu acontecer.

Ao longe um choro de criança corta a atmosfera, e o odor do café quente, a letargia das horas e o vento frio da manhã vêm compor um mosaico. O prazer desse instante não é só prazer. Há algo mais, ou distinto, há algo único na vibração do conjunto. A aura desse momento é o vestígio de um outro lugar, de um outro dizer, de um dizer clandestino. Nas rachaduras, na interrupção da ordem mecânica do tempo e dos acontecimentos, desfazem-se e inauguram-se experimentações de toda ordem, e outras sem ordem, provavelmente em busca de uma nova inteligibilidade. São pontos de fuga. Uma oferenda musical.

No último verão o clandestino registrou: o sentimento de fazer da vida uma obra de arte, o sentimento de encontrar, afrontar, enfrentar e atravessar o seu próprio limite, o sentimento de perceber em si aquilo que jamais poderia prever para si mesmo, ou que não se sabia capaz, e o sentimento que acompanha a percepção da estranha presença dos outros eus, quase eus, também não eus, profundamente próximos e distantes, diante de cada rosto que porta em si uma história. Imaginou assim a imensa e indizível história na qual seria registrada a vida de cada um que habita ou habitou o mundo. Uma pesquisa psicográfica, geográfica, psicossomática, a imaginar terras longínquas e a adentrar subterrâneos. Chegou a pensar que o seu estetoscópio deveria se chamar silencioscópio.

Passaram-se os dias. O outono se fez inverno, e outros outonos e invernos e estações inumeráveis se somaram às marcas do tempo em seu corpo ou ao sentimento confuso do tempo incrustado no corpo. Sentiu que chegou a hora propícia, de que há algo a fazer. Eis o momento-oportunidade! Uma janela. Acompanhava-lhe o desejo de algo que não sabia o quê, nem o porquê. Outras vezes pôde senti-lo. Mas era diverso. Não era apenas um mero desejo: aqui, o tempo se fazia abertura, e o não saber uma espécie de certeza.

Deveria ser como no caso de tantos outros sentimentos mistos, paradoxais e que indicavam direções aparentemente opostas: como aquele que nos acompanha ao guardar um segredo, unido ao sentimento de que ele é imenso demais para contê-lo; ou o de amar o amor de alguém especial, mesmo sem poder amá-lo; ou o de desejar amar, mas sem saber como amar; ou o de não desejar amar, e ainda assim amar; ou o de buscar um encontro profundo com o outro, mas sem perder a própria solidão; ou o de querer viver algo intensamente, mas que não é possível contar a si mesmo; ou o de forçar-se a fazer algo que se deseja, mas não se quer completamente, por sentir que falta algo e também sobra algo de você mesmo em seu querer; ou o de sentir-se culpado por se estar bem; ou ainda o de sentir-se bem por sentir-se mal, e a profusão de sentimentos que acompanha o ato de fingir ser você para você mesmo, a ponto de não ser mais uma simples mentira; ou o de receber algo que se espera há muito tempo, mas que então se percebe que não se deseja mais, ou que quem desejava já não é mais você; ou o de se sentir simplesmente humano entre outros humanos; e, ainda, o sentimento de estrangeiridade, de clandestinidade, ao desejar ir além do lugar onde se está, além de qualquer lugar, além de si mesmo, e ainda assim estar em casa e perceber a sua terra em toda parte...

Foi então que, repentinamente, um sentimento infinitamente simples e complexo emergiu. Um sentimento repleto de muitos outros sentimentos. Um simples *sim*. Um sim radical à existência. Ou a irradiação de fundo que o acompanhava. Uma escolha. Uma decisão. Uma mutação e uma direção a seguir. Eis um novo caminho, um outro lugar ou não-lugar de escuta ao estetoscópio do clandestino: sondar os sentimentos que acompanhavam esse *sim*. Perceber o que ocorria junto com esta meta-afirmação.

Mas, para isso, não bastaria dizê-lo, seria necessário adquirir a coragem de se deixar envolver pelo gesto. E de recuperá-lo, a cada manhã, a cada noite, no decorrer das horas. A cada dia seria um outro sim. E seria outro o modo de dizer sim. Um sim feito de tempo, de passados, presentes e futuros em novas composições. Parido nos intervalos que preparam a gestação de outros mundos e de outros eus. Gravitando sobre tudo, e recolhido mesmo do nada, ou de motivo algum. Carregando em si muitas outras afirmações. E também tecido por inúmeras negações. Pois o *sim* radical é também um *não*. Nova tarefa: adentrar o não, ou a multiplicidade de negações que acompanham esse sim. E sentir uma nova resposta a cada dia.

Além das fórmulas e denominações de todos os sentimentos, o estetoscópio do clandestino desejava sondar o fundo do oceano. Mas, lá no fundo, e além dele, na zona que se distende no limite de toda sensibilidade e de tudo o que poderia ser dito ou conhecido, havia ainda um novo horizonte. O leito do oceano era o próprio mistério. Mas o mistério do mundo, o mistério de fundo de todas as coisas, fonte de todas as indagações, deveria ser também... uma resposta.

Mas, então já seria outro o significado da palavra *resposta*. Uma resposta sem palavras, que se deveria sentir para fazer sentido. Uma resposta que eclodiria ao modo de uma percepção. Eis a tarefa final: sentir o mistério e escutar o silêncio que se põe no horizonte último-primeiro.

A começar pelo mistério visível da face invisível daquilo que nos cerca. Quando então as coisas não são apenas coisas, nem sequer os lugares. Pois o que se exibe é apenas um centro de gravidade que torna opaco o olhar. Na periferia, na nuança única de cada constelação ou conjunção de acontecimentos, há sempre mais do que poderíamos supor de uma objetividade nua. Começa-se, então, a ver quando se percebe que não se vê, ou que você mesmo é parte do que você vê. E ocorre uma inversão: não são mais os nomes e conceitos e as palavras a senda que conduz ao mundo, mas, por mergulhar e se envolver com o não dito, é que se torna possível retornar e dizer aquilo que se vive e que está fora de lugar, ou que é um lugar incomum. As coisas são, antes, signos, são acontecimentos. São produzidas em um ato de modelagem, são desenhos abstratos traçados há séculos. Há de se refazer os contornos e acrescentar novos pigmentos às cores preexistentes. Trata-se de um trabalho artístico. De deslocar as coisas de seus lugares e de inventar e reinventar contextos. E de instaurar visões. Por perceber em cada ser humano que vive ou viveu uma possibilidade única da humanidade. Deixando-se à deriva, criando novas familiaridades, diferindo de si. O clandestino é aquele que difere incessantemente de si para continuar se referindo a si mesmo.

A prosseguir então pelos sentimentos inominados que impregnam a margem de todos os seres e situações. Quando então uma cor invisível se destaca da cor visível e mostra o matiz próprio de uma vivência singular. É-se então atravessado por um dizer e um pensar que reinauguram estéticas e razões e significações. Adquirindo a visão dos cegos. Ao transcender descendo em si. Transdescendência que atinge o fora. Um outro lugar. Onde é possível escutar sons ocultos no oceano. E ir ainda além, em direção ao silêncio maior, além de você mesmo. Ao auscultar o mistério de sua presença no mundo.

Mas a última tarefa é apenas a primeira. O limite insinua um outro começo. Um novo lugar. Onde talvez nos saibamos clandestinos. Pois talvez tenhamos sido sempre clandestinos, embora com cidadania provisória. Pois o eu é clandestino. Seu lugar é um outro lugar. Sabe-se aqui, ou em qualquer lugar, sendo sempre outro o seu lugar de origem. O lugar do eu é um outro lugar. O lugar do eu é um não lugar.

Atividades

1. Ao sondar em si mesmo os seus sentimentos, em suas infindáveis variações, busque descrever algum sentimento que ainda não foi denominado ou que a denominação usualmente empregada não o expresse devidamente. Isso deve ser feito nos intervalos da sequência mecânica do dia a dia, observando a si mesmo em relação aos acontecimentos. Exige uma escuta de si paralela à escuta do mundo. Não se trata de inventar um sentimento novo, mas de perceber os já existentes bem de perto, para além das palavras que usualmente empregamos para denominá-los.

2. Ao perceber um sentimento que você não deseja em você mesmo, busque substituí-lo por outro. Imagine esse outro sentimento. Sinta-o de forma crescente. Descreva os resultados. Ou, então, tente pensar no porquê da impossibilidade de se obter resultados em determinada situação...

3. Escolha algo para observar. Pode ser uma árvore, um animal, um objeto qualquer ou você mesmo. Procure esquecer os nomes ou o que você sabe acerca disso que você observa, como se fosse a primeira vez que você se depara com esse ser, e observe-o como se você recentemente tivesse chegado ao planeta Terra. Talvez seja preciso também esquecer, ao menos durante algum tempo, o que você vai fazer logo em seguida. Busque identificar, assim, algum aspecto desse ser que você ainda não havia percebido. Pode ser um detalhe em sua forma ou em seu modo de agir, ou alguma característica ainda não vista por você. Mas pode ser também algo mais abrangente, seja pela relação entre esse ser e outros, ou com o todo do mundo, ou o significado de sua própria relação com ele, ou ainda...

Dados

Andrea Bieri

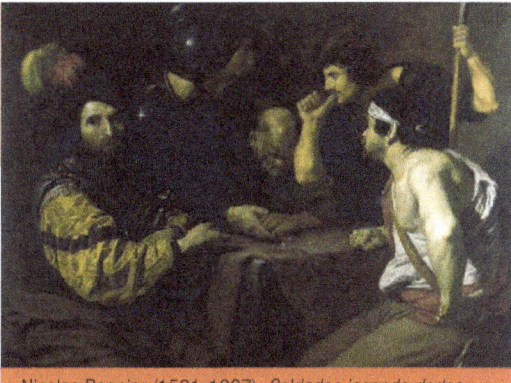

Nicolas Regnier (1591-1667). *Soldados jogando dados*.

> Todo pensamento é um lance de dados.
> MALLARMÉ

Os fragmentos que compõem este texto foram dispostos nas páginas seguintes de maneira aleatória. Podem ser lidos em qualquer sequência (determinada, por exemplo, por lances de dados).

1. "Nenhum jogador deve ser maior que o próprio jogo"(*Rollerball*) [1]

Se em um lance de dados o acaso jamais será abolido, o mesmo vale para a impotência do jogador.

Ao contrário dos jogos competitivos, nos quais habilidade, disciplina, experiência, estratégia, sagacidade, controle, memória, rapidez e outras tantas qualidades são recursos com os quais se espera obter vantagem sobre o adversário, os jogos de azar impõem àqueles que os jogam apenas uma condição além da obediência às regras: abandonar-se incondicionalmente ao destino (ou seja lá qual for o nome atribuído à potência oculta que se julga comandar a partida).

A vertigem que toma conta de quem se entrega ao jogo talvez advenha muito menos do teor das apostas envolvidas, dos resultados e suas respectivas consequências na vida "real" do que do continuado estado de instabilidade proporcionado pela sujeição absoluta ao caráter aleatório do jogo. Lançado em uma situação que se furta a toda possibilidade de intervenção ou controle, é o jogador, mais do que os próprios dados, o objeto chacoalhado pelos reveses da fortuna.

---

[1] *Rollerball*: Filme dirigido por Norman Jewison. Produção norte-americana de 1975.

O abandono ao jogo implica também a experiência de uma temporalidade singular, caracterizada pelo condensamento, em um breve período de tempo, de emoções que durante toda uma vida costumam se apresentar de forma esparsa. Não raro, o ânimo do jogador afigura um padrão ciclotímico. Contudo, essa conversão brusca de um estado de espírito em seu extremo oposto é experimentada como um prazer intenso que demanda "doses" crescentes (algumas explicações para o desenvolvimento do vício localizam aí sua origem).

Daquele que joga pode-se dizer então que ele é sujeito **ao** jogo, mas não sujeito **do** jogo. A sujeição ao acaso do jogo evidencia que nele o único sujeito é o próprio jogo, embora a existência deste dependa da do(s) jogador(es).

Duas formulações, em épocas distintas:

Hans Gadamer (séc. XX): "Os jogadores não são o sujeito do jogo, mas através dos jogadores é o próprio jogo que acede à presentação" (*Verdade e método*, Parte I, 2, 1.).

"Lamento do jogador" (*Rig Veda*, Livro X, hino 34): "desprovidos de mãos, os dados dominam aquele que tem mãos".

O trapaceiro, por isso, não só é um mau jogador (ou um jogador mau), mas alguém que, não **se** pondo em jogo, por isso mesmo não joga, apenas simula. E dissimula que trabalha: do jogo – em que ele não entra – retira seus dividendos. Seu gozo não advém – ao contrário daqueles que se perdem no jogo – de entregar-se ao acaso, mas de programá-lo, ou seja, eliminá-lo sem deixar vestígios (a menos que os dados viciados não funcionem como deveriam). Prestidigitador: de um só lance surrupia e pantomima o acaso. Jogo de cena, portanto. Mimodrama no lugar de *alea*.

A bipolaridade do humor do jogador – oscilação que varia do arrebatamento mais delirante à mais pesada prostração, sem excluir a alucinada mistura de revolta, fé e desespero, ofereceu farto material à literatura (Balzac, Dante, Dostoievsky, Anatole France, Artur Schnitzler).

> Lancei-me a apostar novamente, ao acaso e sem cálculos! Não compreendo o que me salvou! Aliás, às vezes a ideia do cálculo passava-me pela cabeça. Aferrava-me a certos números e chances, mas logo os abandonava e tornava a apostar, quase inconscientemente. [...] Eu cometia erros grosseiros. Tinha as têmporas alagadas de suor e as mãos trêmulas. [...] Dir-se-ia que o destino me impelia. [...] Apoderou-se de mim uma ânsia terrível de risco. É possível que, tendo passado por tantas sensações, a alma não se satisfaça, mas apenas se irrite com ela e exija novas sensações, cada vez mais intensas, até ficar definitivamente extenuada. E, realmente, não estou mentindo: se o regulamento do jogo permitisse apostar de uma vez cinquenta mil florins, fa-lo-ia, certamente. Em torno de mim, gritavam que era um loucura [...].
> (Dostoievski, 1960)

2. Agón e alea

Nos jogos agonísticos – e neles o elemento aleatório não deixa de estar presente, porém com a atuação circunscrita por outras variáveis –, a partida se decide sobretudo pelo confronto das competências dos adversários. Supõe-se que, igualmente limitados pelas regras do jogo, todos contam com as mesmas possibilidades de provar seu valor, e assim, no decorrer da partida, um deles acaba se sobrepondo ao(s) outro(s).

Nos jogos de azar evidentemente também há ganhadores e perdedores. Mas aí as chances já não são distribuídas proporcionalmente ao mérito ou à obstinação de quem joga: o jogo ignora as superioridades naturais ou adquiridas dos respectivos adversários para colocá-los em um mesmo nível diante do veredicto cego do acaso.

O desenrolar e o resultado da partida, contudo, podem receber outras interpretações. Entre elas, a de que o acaso é, além de cego, caprichoso e passível de sedução. Nesse caso, a vitória de um dos jogadores, se não o distingue dos outros por seu empenho ou pela maestria de habilidades evidentes, nem por isso deixa de revelá-lo como detentor de um dom incultivável e talvez até então desconhecido do próprio vencedor: ele tem sorte.

O sortudo é o indivíduo a quem é dado receber (talvez pela determinação de alguma espécie de justiça divina ou como resposta ao seu recôndito poder de persuasão) os favores do acaso. Os jogos de azar então são menos uma disputa travada entre rivais humanos do que uma apaixonada provocação endereçada a uma instância extra-humana, o acaso, que, forçado a se manifestar, toma o partido de um ou de outro de seus pretendentes.

Ao felizardo no jogo é comum que se vaticine – quer por despeito, quer por superstição – uma espécie de "lei de compensação", cuja fórmula foi imortalizada no desgastado adágio "sorte no jogo, azar no amor".

Ao fazer uma comparação entre a felicidade advinda do jogo e a felicidade do amor, Walter Benjamin (2006) reitera a ideia de que há incompatibilidade entre ambas:

> O sentimento particular de felicidade do ganhador é caracterizado pelo fato de que dinheiro e bens, que costumam ser as coisas mais maciças e pesadas do mundo, chegam-lhe através do destino como um abraço feliz plenamente retribuído. Elas podem ser comparadas ao testemunho de amor de uma mulher plenamente satisfeita pelo homem. Jogadores são tipos aos quais não é dado satisfazer a mulher. Não seria Don Juan um jogador?

Sorte ou azar, fortuna ou desdita, sucesso ou fracasso: nomes com os quais o acaso é rebatizado quando considerado desde uma perspectiva antropocêntrica. Despojado de sua neutralidade e impessoalidade, ele é transformado em parceiro, amante ou adversário de jogo. Em casos extremos, até mesmo em um deus diabólico, sádico e incondicionalmente adorado...

> O jogo é um corpo a corpo com o destino. [...] Se pelo menos ele desse apenas esperanças infinitas, se mostrasse apenas o sorriso de seus olhos verdes, talvez não o amássemos tão ardorosamente. Mas ele tem unhas de diamante, é terrível; proporciona quando lhe apraz, a miséria e a vergonha; é por isso que o adoramos. [...] O que há de mais terrível que o jogo? Ele dá e ele tira, suas razões não são absolutamente as nossas razões. Ele é mudo, cego e surdo. Pode tudo. É um deus...Tem seus devotos e seus santos que o amam pelo que ele é, não pelo que promete, e que o adoram quando os atinge. Se os despoja cruelmente, atribuem a falta a si mesmos, não a ele: "Joguei mal" dizem. Eles se acusam e não blasfemam. (ANATOLE FRANCE *apud* BENJAMIN, 2006)

3. "Pé de pato, mangalô, três vezes"

Alguns jogadores enxergam na repetição de determinadas configurações numéricas a existência não de meras conexões aleatórias ou "co-incidências" incríveis, nem a expressão de probabilidades calculáveis, mas antes a prova de que, para além de uma suposta ordem causal da qual o acaso participaria como resíduo, entrelaçam-se no mundo relações simbólicas ocultas.

A ideia de que esses encadeamentos são desvendáveis e passíveis de evocação excita a imaginação dos supersticiosos.

Intuitivamente, sabe-se que, embora seja possível estipular probabilidades para o aparecimento dos números (das faces dos dados ou da roleta), não é possível prever em que ordem eles aparecerão (embora seja possível fazer aproximações). Do ponto de vista lógico, trata-se de uma situação em que a dedução do estado posterior não pode ser feita pela análise do estado antecedente. São eventos não representáveis por um esquema do tipo causa/efeito: por isso se diz que os números aparecem aleatoriamente. O acaso dos jogos de dados e de roleta residiria sobretudo nessa imprevisibilidade das séries.

Para o supersticioso, tanto quanto para o trapaceiro, trata-se de interferir nessa imprevisibilidade, forçando o aparecimento das configurações favoráveis. Mas, enquanto o trapaceiro age utilizando táticas ofensivas (adulterando os dados ou a roleta), o supersticioso crê em seus poderes de sedução para operar a transmutação do acaso em sorte.

Aos santos e aos deuses são feitas promessas e oferendas, mas com que estratégias se seduz o acaso?

Muitas vezes é com meios que mais se assemelham à magia que se espera incitar o aparecimento da sequência "encantada" que "traz" o resultado desejado:

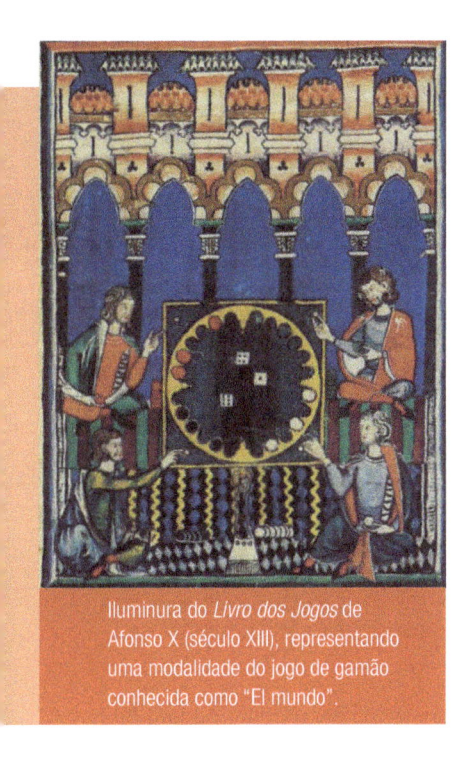

a determinados objetos, pessoas, datas, peças de roupas, fórmulas verbais, números e gestos são atribuídos poderes especiais. Eles deixam de habitar o universo do supersticioso como objetos ordinários e, inseridos no ritual do jogo, adquirem um valor simbólico. Alçados à categoria de talismãs, possuem a inestimável virtude de imantar a sorte, persuadir o acaso.

A consagração de um objeto como talismã não raro está ligada à sua participação na cena de uma jogada bem-sucedida. Como elemento da constelação vitoriosa da qual fazem parte não só os números apostados, mas ainda todo um conjunto de circunstâncias (hora do dia ou dia da semana, cores, sons, cheiros, posições dos outros jogadores, quantia apostada), o objeto adquire uma aura mágica. Sua presença passa a ser considerada indispensável para que se produza a mesma constelação (ou pelo menos uma que favoreça o jogador).

Iluminura do *Livro dos Jogos* de Afonso X (século XIII), representando uma modalidade do jogo de gamão conhecida como "El mundo".

É contando com o retorno do "lance simbólico" que, para Baudrillard, não só os supersticiosos, mas "todo mundo" joga:

> A vertigem ideal é a da jogada dos dados que acaba por "abolir o acaso", quando, contra qualquer probabilidade, o zero sai várias vezes seguidas, por exemplo. Êxtase do acaso bloqueado, cativo de uma série definitiva; é o fantasma ideal do jogo: ver, sob o impacto do desafio, repetir-se a mesma jogada, abolindo-se ao mesmo tempo a lei e o acaso. É na expectativa desse lance simbólico, isto é, de um fato que põe fim ao processo aleatório sem recair sob o peso de uma lei objetiva, que todo o mundo joga. Cada jogada específica causa apenas uma vertigem medíocre, mas, quando o destino aposta – o que é sinal de que ele se entrega de verdade ao jogo –, quando ele próprio parece lançar um desafio à ordem natural das coisas e entrar num delírio ou numa vertigem ritual, é então que a paixão se desencadeia, e um fascínio verdadeiramente mortal apodera-se dos espíritos. (BAUDRILLARD, 1992)

Daí o fascínio da história encontrada na saga de Santo Olavo (rei Olaf Haraldsson, da Noruega, sec. XI), em que o acaso parece zombar dos esquemas matemáticos abstratos que o encerram nos limites das "probabilidades".

Trata-se de uma contenda entre o rei da Noruega e o rei da Suécia por um burgo que, considerado de pouca importância, não merecia ser disputado em um combate: a questão seria resolvida no jogo de dados.

O rei da Suécia abre o jogo tirando um 6. Alegra-se pensando já ser vitorioso. Mas o rei da Noruega obtém o mesmo resultado. Recomeçam. O rei da Suécia tira outro 6 e interpela o rei da Noruega: "para que continuar? Não vais tirar outro 6." E o rei da Noruega responde: "Há ainda um 6 nos dados, e Deus meu senhor é bem capaz de fazê-lo aparecer mais uma vez". Ele lança o dado. Mas o faz com tanta força que o dado se quebra, mostrando um 6 e um 1, somando 7.[2]

4. *Kúbos*

Origem determinada dos dados não há (estima-se que ele já existia entre 5000 e 3000 anos antes de Cristo). Foram encontrados vestígios de sua utilização e peças em materiais diversos (marfim, ossos, mármore) em quase todas as civilizações antigas.

Egípcios, gregos e romanos (e há indícios arqueológicos de que também os sumérios) jogavam dados e, antes da existência dos cubos com pontos, usavam *astrágalos* (ossinhos de forma cúbica situados entre o calcanhar e o tarso de ovelhas e cabras).

Em grego, "dado" = *kúbos*. Na maioria das línguas latinas, a palavra "acaso" origina-se de dado: *azar, azzardo, hasard* são todas derivadas do árabe *az-zahr* (o dado). Há também uma origem controversa (Houaiss): o vocábulo, presente em todas as línguas românicas ora teria como fonte básica *dadu* – do árabe *dad* (dado de jogo), do persa *dada* (o jogo) –, ora estaria relacionada ao particípio passado neutro substantivado do verbo latino *dare* (dar).

Aquiles e Ajax jogando dados.

Com um sentido próximo (ou às vezes idêntico) a "acaso", têm-se *aleatório* e seus derivados, oriundos do latim *alea* (jogo de dados). Outros jogos em que não se utilizam dados para sortear os números (roletas, loterias), mas que possuem características semelhantes (o caráter aleatório, sobretudo), têm no jogo de dados sua matriz e dele herdaram a designação genérica de "jogos de azar".

É bastante comum o emprego do vocábulo *dado(s)* ou "jogo de dados" ou "lance de dados" como metáfora para designar – tanto no discurso informal quanto no filosófico e também no jargão científico – o acaso em todas suas variantes (sorte, probabilidade, aleatoriedade, desordem, contingência, coincidência, fatalidade, imprevisibilidade, incerteza, indeterminação), mesmo que muitas vezes o tipo de acaso em questão pouco ou nada tenha a ver com o tipo de acaso concernente ao jogo de dados.

---

[2] Narrado por Ivar Ekeland em "A matematização do acaso" (entrevista a Émile Noel em *O acaso hoje*).

Na filosofia de Nietzsche (2004, parág. 130), os dados são uma imagem abreviada do mundo e do eterno retorno. No grande jogo cósmico, os lances se repetem:

> Então há apenas um reino, o dos acasos e estupidez? – devemos acrescentar: sim, talvez haja apenas um reino, talvez não exista vontade nem finalidade e nós apenas as imaginamos. As mãos férreas da necessidade, que agitam o copo de dados do acaso, prosseguem jogando por um tempo infinito: têm de surgir lances que semelham inteiramente a adequação aos fins e a racionalidade.

Com o advento da mecânica quântica e da matemática do caos, instaura-se uma ruptura fundamental na compreensão das irregularidades da natureza. O acaso passa a integrar as descrições dos fenômenos do universo. No modo como o jogo cósmico então é pensado, há aqueles que o preferem antes como regido por leis (Deus) do que por processos aleatórios (dados):

> Você acredita no Deus que joga dados, e eu em lei e ordem absolutas, num mundo que existe objetivamente, e que eu, de uma maneira toscamente especulativa, estou tentando apreender [...]. Nem mesmo os grandes êxitos da mecânica quântica me fazem crer no jogo de dados essencial, embora tenha plena consciência de que seus jovens colegas interpretam isto como uma conseqüência da senilidade. (Carta de Albert Einstein a Max Born publicada em BORN, 2005)

Algumas décadas mais tarde, o astrofísico Stephen Hawking chegava a conclusões opostas, a partir de pesquisas sobre os buracos negros e teorias sobre a indeterminação acrescentada por eles:

> Parece que Einstein estava duplamente errado quando disse que Deus não joga dados. Deus definitivamente não apenas joga dados como muitas vezes confunde-nos jogando-os onde eles não podem ser vistos.[3]

5. Presente de um deus ou invenção do diabo?

Um dos mitos gregos sobre a origem do jogo de dados (*kubeía*) atribui sua invenção ao herói grego Palamedes (PAUSÂNIAS, *Descrição da Grécia*, II, 20, 3), durante o cerco de Troia.

No *Fedro*, porém, Platão a atribui a Thot (ou Theuth), deus egípcio que teria inventado também o cálculo, a astronomia, a geometria, o calendário, o gamão e os caracteres da escrita. Apesar dessa origem divina da escrita e do jogo, o ajuizamento de Platão sobre ambos é ambivalente: há a boa (genuína, natural) e a má (artificiosa, técnica) escrita, assim como há jogos mais ou menos úteis à *paidéia*. A escrita sensível é simulacro, cópia decaída do "discurso verdadeiro" e invisível

---

[3] Disponível em <http://www.hawking.org.uk>.

que se encontra inscrito na alma. Quanto aos jogos, estes são admitidos – como as artes miméticas – sob certas condições. Em *A República*, há os jogos frívolos, meros passatempos lúdicos e "jogos governados por regras" (*ennomotérou paidiá*), estes em consonância e a serviço do *télos* político (Cf. IV 424e; cf. também VII 536d-537a). Em *As Leis*, a distinção entre o que é sério e o que não é acaba por fraturar a própria noção de jogo (atividade livre, improdutiva, oposta ao trabalho, etc...), ao fazer deste coisa muita séria...

> É preciso aplicar-se com seriedade ao que é sério, não ao que não o é; que por natureza Deus merece todo nosso afortunado zelo, mas que o homem, como já o dissemos, foi feito para ser apenas um joguete nas mãos de Deus, e está aí, realmente, o melhor de sua parte. Eis, pois, a que papel deve, ao longo de sua vida, conformar-se todo homem e toda mulher, jogando os mais belos jogos que existam, mas num sentido inteiramente diverso aos que eles têm hoje [...]. Ora, a guerra, na verdade, nunca pôde nos oferecer a realidade nem a promessa de um jogo autêntico ou de uma educação digna desse nome, que são precisamente, aos nossos olhos, a tarefa séria por excelência. Além disso, é na paz que é preciso viver, e o melhor que se possa, a maior parte de sua existência. Onde está, pois, o caminho correto? Viver a jogar, jogando jogos tais como os sacrifícios, os cantos, as danças, que nos permitirão ganhar o favor dos deuses, repelir os ataques de nossos inimigos e vencê-los no combate. (*As Leis*, 803b)

As relações do jogo com o plano divino são vistas desde uma perspectiva bem menos complacente no decorrer da Idade Média: com maior frequência, associa-se sua origem às artimanhas do diabo.

Há uma sentença de São Crisóstomo, analisada por Tomás de Aquino, que diz: "a virtude é um dom de Deus, enquanto o jogo é um presente do diabo".

Tomás opõe-se a essa diabolização do jogo e relativiza seu estatuto pecaminoso recorrendo à noção aristotélica de *eutrapelía* (algumas possíveis traduções: virtude da afabilidade, leveza, alegria). Não só o jogo não é necessariamente um vício como também possui uma virtude própria. Do mesmo modo que o descanso corporal é necessário para refazer as forças do corpo e assim permitir o retorno ao trabalho, é preciso que a alma – fatigada pelos esforços excessivos da razão (tanto prática quanto especulativa) em suas obras – seja restaurada pelo repouso espiritual. É pelo deleite que se obtém esse repouso e, no caso, então, o jogo é lícito,

Ilustração de Gustav Doré para *Gargântua e Pantagruel*, de Rabelais.

pois uma dose moderada, proporciona a distensão do espírito e devolve-lhe a agilidade. Contudo, certas precauções são necessárias para que sua prática não exceda os limites da virtude: 1) evitar que esse deleite seja buscado em obras ou palavras torpes ou nocivas; 2) evitar que a gravidade do espírito se perca totalmente no jogo; 3) como em todos os outros atos humanos, procurar fazer com que o jogo se acomode à dignidade da pessoa e ao tempo (Cf. *Summa Teológica* II, II, questão 167, artigo 2).

Entre os séculos XIII e XVIII alguns jogos sofreram, além da recorrente condenação moral e religiosa, perseguições de ordem legal. Por diversas vezes os jogos de azar – e, nas tabernas onde se os praticava, o mais popular era o jogo de dados – foram severamente proibidos em vários países da Europa (França, Espanha, Inglaterra, Alemanha).

Ilustração de Gustav Doré para *Gargântua e Pantagruel*, de Rabelais.

Acrescente-se a isso o furor com que alguns pregadores medievais manifestavam sua aversão pelos jogos, explorando em seus sermões a curiosa coincidência entre o número de pontos existentes nos dados e o número de letras do alfabeto.

A bizarra analogia reintroduz a fraternidade mitológica que outrora ligara escrita e jogo de dados. Mas agora não é por obra de um deus que estes aparecem novamente imbricados e tampouco se trata apenas de cleromancia...

Tanto para Bernardino de Siena quanto para Gabriel Bareletta (ambos pregadores italianos do século XV), os pontos são os caracteres com os quais o diabo escreve e sua Bíblia é o dado.

Um trecho de uma prédica (datada de 1425) na qual Bernardino descreve uma fantasiosa missa do diabo, cujo cenário é composto de signos extraídos de jogos diversos:

> O missal são os dados, pois como vês, o dado tem vinte e um pontos, da mesma forma que o missal cristão é composto pelas vinte e uma letras do alfabeto. As letras do missal do diabo estão gastas. As letras são do esterco do diabo, pois a tinta é seu esterco. Breviários do diabo são as cartas e os naibi. [...] O padre é quem joga. [...] Os naipes são paus, coisa de loucos; copas, coisa de bêbados e taberneiros; ouros, coisa de avaros; espadas, coisas de disputas, briga e assassinatos. As cartas iluminadas são: rei, rei dos ribaldos; rainha, rainha das ribaldas; em cima, sodomita; embaixo luxúria. (*Le prediche volgari*, prédica XII *apud* FRUGONI)

O napolitano Gabriel Bareletta alça o jogo à categoria de pecado mais pródigo em malefícios e deposita nos dados o inventário dos 21 "pecados lúdicos".

> Nenhum pecado é tão abominável para Deus como o pecado do jogo e dificilmente um ato produz tantos males como o faz o jogo: e assim como Deus inventou as 21 letras do alfabeto que depois colocou juntas para compor a Bíblia, onde toda sabedoria é revelada, assim o Diabo inventou a Bíblia conhecida como dado, onde ele colocou 21 pontos como letras negras e em cujo uso podem ser descobertos todos os pecados funestos. Tão numerosos quanto são os pontos em um dado, são os males vindo dele. Logo, vejamos, em ordem, os pecados que dele procedem. A primeira letra é A, assim como o primeiro ponto é o primeiro pecado que é Perder Tempo (Amissio temporis). (*Apud* MERLIN, 1869)

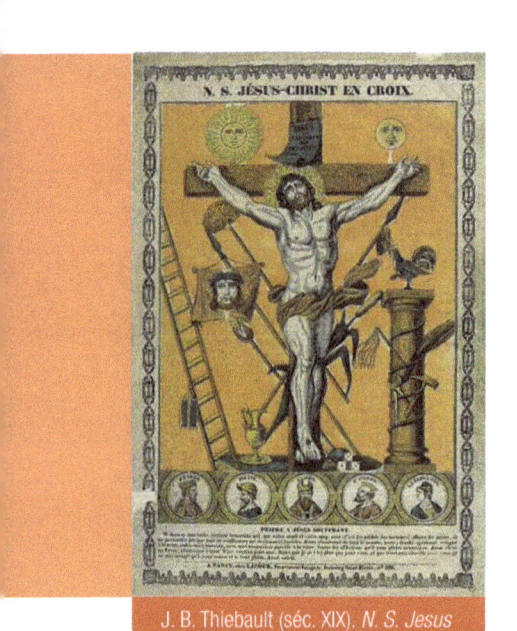

6. Apostas

> O jogo nunca é obsceno e nunca se presta ao riso. Certamente ele é mais sério que a vida, o que se vê no fato paradoxal de que a vida pode tornar-se sua aposta.
> BAUDRILLARD, *Da sedução*

J. B. Thiebault (séc. XIX). *N. S. Jesus Christ en croix*. (Gravura). Aos pés da cruz, no lado direito, três dados.

CENA 1 – *Mahabharata*: Shiva jogando dados com sua esposa Parvati, que perdia. A sorte muda e Shiva perde tudo o que havia apostado no jogo: a lua crescente, seu colar e brincos. Parvati exige os "bens" apostados por Shiva. Eles brigam e ela arranca-lhe a lua crescente e a túnica.

CENA 2 – *Mahabharata*: Usando dados preparados, Shakuni vence a partida de dados contra Yudhishthira, que perde tudo: seu reino, suas riquezas, seus irmãos e a si próprio. No final aposta sua esposa Draupadi e a perde também. Inicia-se a guerra Bhárata.

CENA 3 – Mitologia germânica: em um mundo recém-ordenado, os deuses reúnem-se para jogar dados. Depois de destruído e renascido o mundo, os Ases voltariam a encontrar os tabuleiros de ouro em que outrora jogavam.

CENA 4 – Mitologia egípcia: O deus Thoth obtém, em uma partida de dados com a lua, mais 5 dias para o ano (que antes teria apenas 360).

Cena 5 – *Odisseia*, Homero: os pretendentes de Penélope, em frente ao Palácio real, jogam dados sobre couros de bois.

Cena 6 – Idade Média: hunos decepando seus próprios braços e pernas apostados em jogos de dados.

Cena 7 – Inglaterra, sec. XVI. Henrique VIII perde, em um lance de dados, os sinos da Igreja de São Paulo.

Para ler:

Um lance de dados jamais abolirá o acaso – Mallarmé
Um jogador – Dostoievski
Loteria em Babilônia – Jorge Luis Borges
Aurora – Arthur Schnitzler
Música do acaso – Paul Auster
O homem dos dados – Luke Rinehart
Livro das passagens (verbete jogo e prostituição) – Walter Benjamin
Pantagruel (livro terceiro: capítulos XI, XXXIX e LX) – Rabelais
De segunda a um ano – John Cage

Para ver:

Livro dos Jogos de Afonso X – http://games.rengeekcentral.com/
Zig zag – Raoul Ruiz (curta metragem)
Corra Lola, corra – filme de Tom Tykwer
71 fragmentos de uma cronologia do acaso – filme de Michael Haneke

Para ouvir:

Tumbling dice – Rolling Stones
4'33" – John Cage
Klavierstück XI – Stockhausen

Atividades

Jogue um dado comum, de seis faces. A cada jogada, some o número da face que caiu para cima com o número da face oposta. Compare os resultados.
Se você fizesse o mesmo com um dado transparente, levando em conta a sobreposição dos pontos, que números seriam obtidos?

Se você quisesse ler este livro usando dados para determinar a sequência de sua leitura, como isso poderia ser feito? Os números sorteados indicariam páginas, capítulos ou parágrafos? De quantos dados você precisaria? Com quantas faces cada um?

Durante três dias, experimente usar um ou mais dados (de seis ou mais faces) para determinar algumas pequenas escolhas (sobre o que vestir, sequência de atividades, distribuição do tempo, opções de lazer). Experimente fazer o mesmo com opções programadas por outra pessoa e observe as diferenças

Cena 8 – *Bíblia* (em evangelhos diversos), crucificação de Cristo: soldados romanos disputam nos dados o manto sagrado.

Referências

ANÔNIMO. *Rig Veda*. 2. ed. Paris: Ed. Adrien Maisonneuve, 1984.

AQUINO, Tomás de. *Suma teológica*. São Paulo: Faculdade Sedes Sapientiae, 1944-1961.

BAUDRILLARD. *Da sedução*. 2. ed. Campinas: Papirus, 1992.

BARREAU, H. et al. *O acaso hoje*. Rio de Janeiro: Gryphus, 1993.

BENJAMIN, W. Prostituição, jogo. *Livro das Passagens*. Belo Horizonte: Ed. UFMG; São Paulo: Imprensa Oficial do Estado de São Paulo, 2006.

DOSTOIEVSKI. Um jogador. In: *Obras completas e ilustradas*. Volume V. Rio de Janeiro: José Olympio, 1960. 10v.

BORN, Max. *The Born-Einstein letters*. New York: MacMillan, 2005.

FRUGONI, Chiara. *Invenções da Idade Média*. Rio de Janeiro: Zahar, 2007.

GADAMER, Hans. *Verdade e método*. Petrópolis: Vozes, 1997. Volume I.

HAWKING, Steve. *Does God Play dice?* Disponível em <http://www.hawking.org.uk/>. Acesso em: 20 jun. 2008.

MERLIN, Romain. *Origine des cartes à jouer*. Paris: l'Auteur, 1869.

NIETZSCHE, Friedrich. *Aurora*. São Paulo: Companhia das Letras, 2004.

PLATÃO. *As Leis*. Lisboa: Edições 70, 2004. Volume I.

Dedo

Olga Grau

Tradução: *Filipe Ceppas*

Este membro, que em número de cinco compõe cada mão e cada pé dos seres humanos, deu lugar a muitas expressões, significações e interpretações. Depende da posição e da forma que tenha na particular extremidade em questão. Os nomes dos dedos da mão já informam algo a seu respeito.

Polegar. O dedo pequeno, mas também o mais grosso. Daí vem, sem dúvida, o nome do conto "Pequeno Polegar", que relata as aventuras de uma criança que tem o mesmo tamanho do polegar da mão adulta. E, quando se trata de vinhas, se diz da "parte do ramo que, com algumas gêmulas, se deixa nas vinhas ao podá-las, para que por ela brote a rama"[1] (Dicionário Ideológico..., 1995, p. 1.452).

Apontando para cima, estando os outros dedos da mão dobrados, é desejo de boa sorte ou sinal de que tudo está em ordem, sem problemas. No sentido inverso, orientado para baixo, indica que tudo vai mal ou que se deseja que aquele a quem é feito o gesto se perca nas profundidades da terra e desapareça.

---

[1] Este sentido existem em português, para *pulgar*.

Dedo fundamental para as tarefas preênseis das mãos que, em suas operações complexas e associadas ao trabalho, permitiu a "transformação do macaco em homem", nos termos de Friedrich Engels. A falta desse dedo, em quem o tenha perdido acidentalmente, pode-se fazer sentir como a usurpação de parte de uma história pessoal e social.

Indicador [Índice]. É o dedo que usamos para indicar algo. Usado de modo franco e desinibido pelas crianças, faz com que os adultos o contenham, por parecer-lhes de má educação essa ponta que mostra a torto e a direito cada objeto, evidenciando-o, descobrindo, desnudando. Indicador que as acompanha em suas perguntas "o que é", "por que" e nas chamadas de atenção para algo que ocorre e necessita ser mostrado. Espera-se que este indicador carnal seja substituído, com o tempo, pelas palavras. Dir-se-ia que isso é indício de boa educação.

O dedo indicador pode ganhar um significado judicativo, quando é apontado para alguém declarando sua responsabilidade ou culpa em relação a fatos que prejudicaram outros. Pode ser também sinal de destino incerto, quando se aponta para alguém que se quer eliminar. Usado assim, o dedo indicador não deixa indiferente a quem é indicado, provocando seu medo ou sua cólera. Foi utilizado por quem tem a autoridade ou o poder para sinalizar a direção que alguém deveria seguir até algum lugar. No caso radical de expulsão, significa "Fora daqui!" e, nesse caso, o momento do desejo de expulsão é também o momento de desejar o sem retorno. Podem-se consultar as iconografias da expulsão do Paraíso, onde o dedo de Deus é implacável.

Dedo médio ou "dedo do meio" [Cordial ou do coração]. É o nome que recebe o terceiro dedo. Em que pese sua natureza amigável (como dedo da amizade em castelhano), é possível servir-se dele ereto, destacando-o dos outros dedos da mão, para ofender o orgulho alheio. Quase sempre o gesto estará acompanhado de um movimento convulsivo, que deixará claro seu caráter penetrativo e despeitado.

Está associado ao poder, ao desembaraço, ao obsceno; em definitivo, dá força e torna valente aquele que o mostra, sem disfarces, da maneira anteriormente assinalada, sob risco de causar-lhe alguns problemas.

Anelar [Anular]. Dedo que se costuma preferir para levar o anel e, especialmente, a aliança matrimonial. É o dedo mais institucional de todos, o que dá sinais, no brilho que conduz, de uma aliança ou de um poder que se quer preservar no tempo. É inevitável a associação que podemos fazer, em castelhano, do nome substantivo do dedo, *anular*, com o verbo que significa a invalidação da forma institucional do matrimônio.[2] Desse modo, o dedo anelar dá lugar à

---

[2] No Chile, antes da promulgação da lei do divórcio, a forma jurídica para a separação legal entre um homem e uma mulher era a da anulação, o ato de anular o contrato matrimonial.

manifestação simbólica daquilo que se quer preservar e indica, também, seu possível desaparecimento, seu caráter efêmero. O dedo anelar também tem servido para exibir riqueza e poder, portando tanto o anel papal, o de rei, o de nobres, como igualmente o aristocrático e o burguês. Existem também réplicas mais modestas, que realizam, em outra escala, os imaginários de participação institucional ou de potência econômica.

Mindinho [Mínimo]. O menor e mais frágil de todos, que em algumas pessoas toma uma forma ligeiramente curva, como querendo aproximar-se de seu vizinho anelar. Muitas vezes se utiliza para revolver ou coçar orifícios da cabeça, como orelha ou nariz.

Conhece-se a história de um bom homem que, faltando-lhe o resto dos outros dedos e parte da mão por causa de um acidente com uma serra elétrica, deu uma função muito particular a seu dedo mindinho, treinando-o para golpear mortalmente, e com precisão surpreendente, as moscas que ousavam pousar no tapete de seu cabelo cortado à moda prussiana.

Os nomes dos dedos do pé não coincidirão com seus parentes da mão, salvo em alguns casos, como o do dedo polegar ou dedão do pé, como também se chama.

O dedo gordo do pé *[Dedão do pé]*

O dedão do pé dá origem a um atraente ensaio de Georges Bataille, intitulado "O dedo gordo do pé" (1969). Levando em consideração esse membro, Bataille fará uma análise de nossa cultura metafísica que, por olhar para o alto, esqueceu da absoluta necessidade e do caráter indispensável deste dedo para a nossa posição ereta, aspecto distintivo da condição humana.

Orientação dos dedos da mão

Observe-se a orientação do dedo indicador de Platão e a direção da mão de Aristóteles na pintura de Rafael: gestos opostos que, de acordo com a interpretação do artista, sinalizam aquilo que condensaria o pensamento de ambos os filósofos: o apontar com o dedo indicador para o mundo das ideias, realidade suprassensível, no caso de Platão, e a mão aristotélica chamando a atenção para que não nos esqueçamos da significação da experiência sensível.

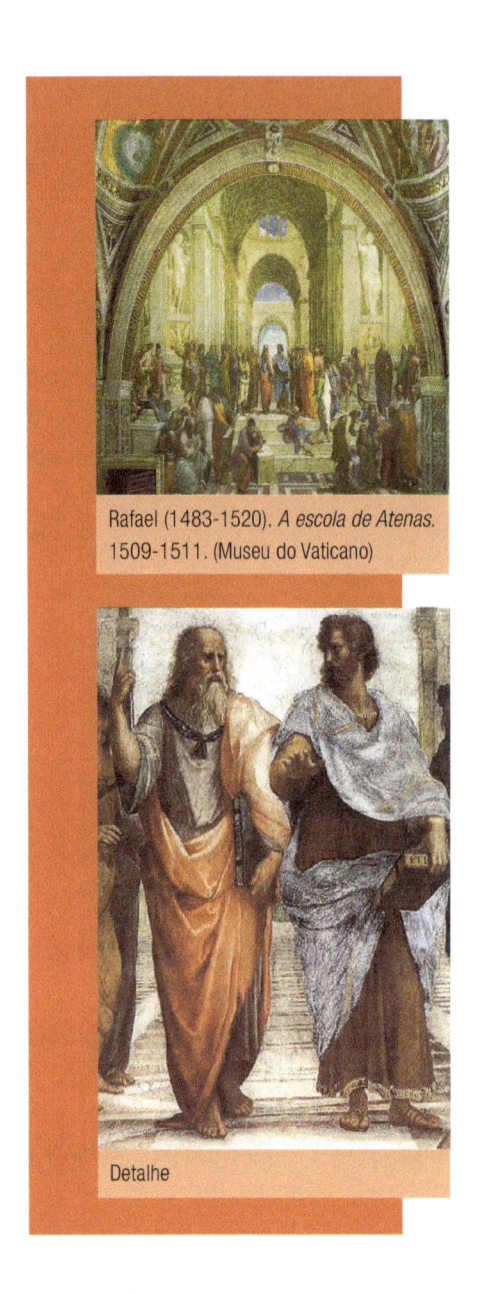

O dedo médio

O dedo médio da mão, em um trabalho alusivo à sua posição atrevida, permitiu ao jovem do bairro La Pintana, de Santiago de Chile, refletir sobre as instituições em que se inscreve nossa identidade: certidão de nascimento, certidão de batismo, álbum de família. A composição, realizada com documentos de sua própria identidade, fragmentados, com as margens queimadas, fragiliza a ordem institucional e interroga os procedimentos legitimadores de nosso nome próprio e das escolhas vinculares que podemos estabelecer enquanto seres sociais. Em seu álbum, Miguel Ángel Pinto aludiu também a uma anedota comum de seu povo que, ao se deparar frequentemente com a falta de papel higiênico nos banheiros populares, diz: "limpa-te com o bilhete da passagem de ônibus!". O que é o mesmo que dizer "limpa-te com o dedo!". Já sabemos de qual dedo se trata!

Rafael (1483-1520). *A escola de Atenas*. 1509-1511. (Museu do Vaticano)

Detalhe

O dedo "intro-metido" num relato d'*As mil e uma noites*.

(931ª NOITE)

Quando todo mundo lavou as mãos, levaram as garrafas de vinho. O *sheik* Eblis aproximou-se de Tohfa e lhe disse: "Ó, minha senhora, alegra esta sala, ilumine-a e embeleze-a com sua presença! Mas a que exaltação não chegaríamos, nós, rainhas e reis, se quiseres fazer-nos ouvir algo tocado por seu alaúde, acompanhando-o com a tua voz?! Pois a noite já abriu suas asas para ir-se e não tardará muito em fazê-lo. Antes, pois, que nos deixe, favoreça-nos, Obra Prima dos Corações!"

Tohfa respondeu: "Ouvir é obedecer!". Correu ao alaúde e o tocou tão maravilhosamente que a todos que a escutavam parecia que o palácio bailava com eles, como um navio ancorado, efeito de sua música. E ela cantou esses versos:

> A paz esteja convosco, que haveis jurado guardar-me fidelidade!
>
> Não havia dito que me encontraria convosco, vós, os que se encontram comigo!?
>
> Eu vos recriminarei com uma voz mais doce que a brisa da manhã, mais fresca que a água pura e cristalina!
>
> Porque tenho destroçadas minhas pálpebras, fiéis às lágrimas, por mais que a sinceridade essencial de minha alma seja um remédio para os que a veem, ó meus amigos!

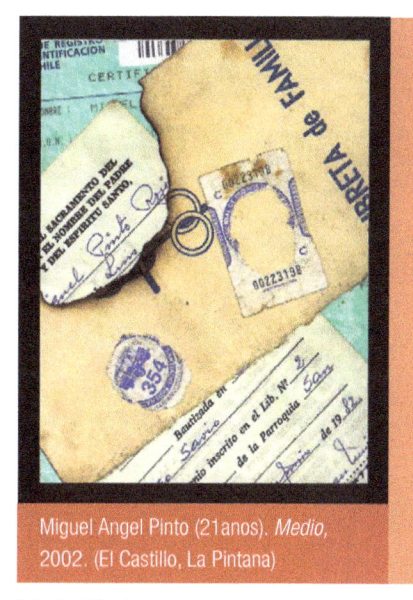

Miguel Angel Pinto (21anos). *Medio*, 2002. (El Castillo, La Pintana)

Ao ouvir esses versos e sua música, os chefes dos *genn* chegaram ao êxtase do gozo. E aquele perverso e feio Maimún entusiasmou-se tanto que se pôs a bailar com o dedo metido no ânus. O *sheik* Eblis disse a Tohfa: "Por favor, muda de tom, porque, ao entrar no meu coração, o prazer fez parar meu sangue e minha respiração!" E a rainha Kamariya se levantou e foi beijá-la entre os olhos, dizendo-lhe: "Ó frescura da alma! Ó coração de meu coração!", exortando-a para que tocasse mais. Tohfa respondeu: "Ouvir é obedecer!". E cantou isso com acompanhamento:

> Com frequência, quando aumenta a languidez, consolo minha alma com a esperança!
>
> Maleáveis como a cera serão as coisas difíceis, se tua alma conhece a paciência; e quando está longe se aproximará, se te resignares!

E foi cantando com tamanha formosura que todos os chefes dos *genn* se puseram a bailar.

Podemos imaginar de que modo.

(Fragmento de "História da mocinha obra-prima dos corações lugar-tenente dos pássaros". In: BLASCO IBÁÑEZ, Vicente, 1950, p. 843-844).[3]

---

[3] O texto foi transcrito por Pilar Jarpa, mestre em Estudos de Gênero na Universidade do Chile, onde desenvolveu tese com o título *Sherezade o las rutas del deseo. Palabra, género y subversión en el cuento marco de Las mil y una noches*, estudo crítico e criativo desta obra de origem persa, desde uma perspectiva de gênero.

Outra vez o dedo do meio: o dedo de Diógenes

O filósofo Pablo Oyarzún publicou no Chile, há alguns anos, *El dedo de Diógenes*, obra provocadora que investiga o pensamento de Diógenes, o cão. A partir de uma anedota que se conta sobre esse pensador cínico, relativa ao dedo médio, refletir-se-á, de modo original e rigoroso, sobre o poder.

Cito a anedota e alguns dos desenvolvimentos de Pablo Oyarzún a propósito dela:

> 34 s. Como, em certa ocasião, uns estrangeiros queriam ver Demóstenes, [Diógenes] lhes disse, estendendo o dedo do meio: "Este é o condutor do povo ateniense!".
>
> O que acontece com esse pedaço de esplêndida desenvoltura? O que se indica? Como o faz? Ou, antes ainda: há alguma indicação aqui? Ao desdobrar o dedo médio e não o indicador? Nenhuma dessas perguntas poderia ser respondida satisfatoriamente de primeira, e isso em função da *árdua simplicidade* da anedota.
>
> [...] essa anedota contém uma série de *deslocamentos*, os quais configuram a total operação indicativa que nela tem lugar e que nessa mesma medida devem ser concebidas como fases de um mesmo movimento de extensão (*ekteíno*) que, assim como libera toda a força indicativa do dedo médio, está no centro da anedota. Com isso podemos advertir, no mesmo passo, como nela se encontra *in nuce* algo assim como uma teoria da ostensão. Examinaremos a série de tais deslocamentos.
>
> 1. O dedo indicador, indicativo pelo nome e pela excelência, quer dizer, por antonomasia, é substituído nessa função pelo dedo médio.
>
> 2. Mas o dedo médio não indica nada do modo como o faz o indicador, conforme seu emprego convencional, quer dizer: não sinaliza nada que se encontre em *outro lugar* que não aquele em que se segue o dedo exibido: o que se mostra é o próprio dedo. Ele se constitui e se oferece como o lugar para o qual os olhares devem se dirigir, desnudando a pré-história ilegitimamente pressuposta pela instituição do modo convencional da ostensão.
>
> 3. A função ostensiva usualmente cumprida pelo dedo (indicador), que é função referencial e remitente, é deslocada para a linguagem, mediante recurso a um díctico nele previsto ("este", "este que temos na nossa frente"), que indica o dedo do meio, o sinaliza como o propriamente ostensivo.
>
> 4. O dedo *no* meio, que substituiu o indicador em sua função indicativa antonomástica, apoiado no suplemento da indicação linguística, *indica-se a si mesmo*: a saber, como símbolo obsceno, como índice do falo. O dedo do meio, como o propriamente ostensivo, remete ostensivamente àquele outro que se torna manifesto *no* mesmo; nele e não meramente através dele.

5. Mas o falo é o *índice do poder*, posto que é seu lugar privilegiado. A intervenção de Diógenes diz: não procureis em Demóstenes o chefe do poder político; se o que desejais é falar e ver o verdadeiro poder, ao qual inclusive este dominador se submete, sabeis (e vejais) que é o falo.

6. E, entretanto, o falo – esta anedota não o diz imediatamente, mas o implica –, o falo mesmo não é o verdadeiro poder, senão, por sua vez, apenas seu indício: o próprio falo está sujeito ao *desejo imoderado* e, por essa via, a quem são suas admiradoras: as *rameiras*. (OYARZÚN, 1996, p. 330-332)

Atividades

1. Teatro de mão:

1.1. Num teatro de títeres, veem-se atuar duas mãos com o roteiro que se cria para os propósitos almejados.

Esta atividade inspira-se numa peça teatral de Espina, dramaturgo argentino. Nela, uma mão acusa a outra de "ser", usando o dedo indicador. O diálogo transcorre insistindo na afirmação acustória "Vós sois" e na negativa da outra mão, "Não, eu não sou". O que muda é o sentido e os significados desses enunciados simples, de acordo com os tons, a emotividade, as inflexões, a intensidade, a articulação da voz.

Pode-se fazer atuar as mãos da maneira que se queira, inventando um roteiro de acordo com os objetivos visados.

1.2. Fazer figuras de animais ou de coisas com a projeção das sombras das mãos numa parede. Pode-se utilizar esse recurso para fazer uma interpretação livre da Alegoria da Caverna narrada por Platão no Livro VII de *A República*.

1.3. Dedos personagens: através de desenho, pintura, utilização de diversos materiais sobre os dedos, construir personagens que tenham rostos e expressões sobre as almofadas dos dedos. Produzir entre eles um diálogo que tenha caráter filosófico.

2. Desenhar o contorno das próprias mãos. No interior delas, escrever um relato autobiográfico relacionado com uma experiência da escola que tenha te dado força. No interior da outra, uma experiência que tenha tido um caráter inibidor.

3. Investigar sobre a importância das mãos em rituais, danças e celebrações, em estudos antropológicos ou de história cultural.

4. Fazer leitura e comentários sobre o texto de Engels, "O papel da mão na transformação do macaco em homem" encontrado em *Obras Completas* (MARX, K., ENGELS, F.).

5. Investigar, na área das artes visuais, obras nas quais as mãos e os dedos tenham tido uma significação particular.

Referências

BATAILLE, Georges. El dedo gordo del pié. *Documentos*. Caracas: Monte Avila, 1969.

BLASCO IBÁÑEZ, Vicente. *El Libro de las Mil noches y una Noche*. Tradução direta e literal do árabe pelo Doutor J. C. Mardrus. Buenos Aires: El Ateneo, 1950.

DICIONÁRIO IDEOLÓGICO DE LA LENGUA ESPAÑOLA. Barcelona: Bibliograf, 1995.

OYARZÚN, Pablo. *El dedo de Diógenes*. Santiago: Dolmen Ediciones, 1996.

Escrache

Andrea Pac

Tradução: *Ingrid Müller Xavier e Walter Omar Kohan*

I

Um mau dicionário poderia dizer simplesmente: "Ação e efeito de escrachar". Mas, nem todos os dicionários de castelhano trazem os termos "escrachar" ou "escrache"![1] Por exemplo, María Moliner[2] passou por alto – e não se pode dizer que seja por uma questão de espaço (se há algo com o que María Moliner não se preocupa é com o espaço que o seu dicionário ocupa...). E mais, o corretor do *Word* em castelhano empenha-se em trocar "escrache" por "escarche" cada vez que o escrevo.[3] No entanto, na Argentina, as donas de casa, os verdureiros, os taxistas, os estudantes, as manchetes dos jornais... todos falam dos escraches.

Voltemos a olhar o dicionário de María Moliner com mais atenção: o espaço que, segundo a ordem alfabética, a palavra "escrache" deixa vazio é intermediário entre "*escozor*" e "*escriba*". E, pouco a pouco, vou abandonando a ideia de escrachar María Moliner e até me permito orgulhar-me de ser uma leitora atenta do dicionário porque, onde havia um espaço vazio, aparece claramente o significado de "escrache": *escozor* é algo assim como ardência, e "escriba" é o nome antigo para o notário ou o escrevente, é "o que deixa constância de um ato, uma promessa, um patrimônio". Pois bem, embora não esteja escrito, lê-se claramente que um escrache é o constar de uma ardência, de uma coceira que, figurativamente, é como um enfado e um descontentamento.

---

[1] O *Diccionario de la Real Academia Española* diz: "escrachar. 1. tr. coloq. Arg. y Ur. Romper, destruir, aplastar. 2. tr. coloq. Arg. y Ur. Fotografiar a una persona".

[2] Trata-se de um famoso dicionário de uso do espanhol.

[3] Em português o *Word* dá "escachar" para "escrachar".

Os dicionários de português incluem a palavra "escracho". Por exemplo, o Houaiss diz de "escracho": "s.m. 1 ato ou efeito de escrachar 2 retrato tirado na polícia 3 admoestação feita de maneira ultrajante; esculhambação, bronca 4 bagunça, confusão, esculhambação <a festa estava um e.> etim regr. de escrachar."

E, "**escrachar**: v. (a1958 cf. MS10) B infrm. 1 t.d. fichar (alguém) na polícia após fotografá-lo 2 t.d. desmoralizar (alguém) revelando seus desígnios ocultos 3 t.d. repreender, passar descompostura em; esculachar, esculhambar, etim orig. contrv.; JM deriva de crachá; Nasc., em NascGir, deriva do plat. e este, do ing. (to) scratch 'arranhar'".

Escreverei sobre um dos sentidos específicos de "escrachar". Na Argentina, não faz muito tempo, todos falavam de um escrache que teve lugar na cidade onde vivo, ou seja, todos falavam do registro[4] plasmado nas ruas sobre o profundo descontentamento que muitos cidadãos tinham a respeito das atitudes de certos ministros e membros do governo em geral. Mais concretamente: a cidadania inteira estava alterada por um conflito social e uma ministra saiu para comer em um restaurante como se nada estivesse acontecendo. Em poucos minutos, metade do povo (trabalhadores, donas de casa, mães com seus filhos, professores, aposentados, adolescentes) estava reunida do lado de fora do restaurante, cantando, dançando e fazendo muito barulho com bumbos, panelas, apitos, bandeiras, para fazer constar seu aborrecimento com a indiferença que o gesto da ministra manifestava. E isso já revela algo estranho sobre os escraches, porque se fazem para manifestar um descontentamento, mas aqueles que os realizam os vivem quase como uma festa.

---

[4] Em castelhano, *constancia*: fazer com que algo conste, registrar, anotar.

Assim, os escraches são ações geralmente espontâneas dos cidadãos e que têm um conteúdo político porque os escrachados são na maioria das vezes pessoas que desempenham ou desempenharam cargos públicos que os cidadãos consideram terem sido mal desempenhados (se bem que, a essas alturas do desenvolvimento da vida dos escraches, eles podem ter outros conteúdos). Os que sem dúvidas tornaram os escraches populares na Argentina foram os membros do grupo H.I.J.O.S. (*Hijos y Hijas por la Identidad y la Justicia contra el Olvido y el Silencio*), que se manifestavam diante das casas dos repressores responsáveis por torturas, desaparecimento de pessoas e apropriação ilegítima de bebês. Ou seja, os que tornaram os escraches populares foram os filhos dessas pessoas sequestradas, torturadas e mortas ou desaparecidas. E, com isso, fixaram não apenas um sentido original para uma palavra que parece também original, mas também uma nova modalidade de expressar o descontentamento.

De alguma maneira, pode-se pensar que os escraches são primos-irmãos dos piquetes. Assim como os piquetes, os escraches se fazem na rua e ambos são uma manifestação ou uma passeata que se centra em um lugar. O que os diferencia das outras formas de expressão de cidadania nas ruas é que os escraches têm lugar onde vive ou, circunstancialmente, está alguma pessoa à qual se quer escrachar. É como se o barulho que provocam os que fazem o escrache estivesse apontando, para todos os demais, a pessoa escrachada e estivesse dizendo: "Vejam, há aí uma pessoa indesejável, há uma pessoa injusta, há uma pessoa que se faz passar por distraída e esconde que fez algo terrível; se não a conheciam, aí está, é ela; se sabiam o que ela fez, mas não conheciam a sua cara, aí está, é ela; se sempre pensaram que uma pessoa que fez determinados atos condenáveis não merece viver tranquila como qualquer outro cidadão, não merece misturar-se com todos os demais, aí está, é ela". Porque um escrache, além de ser a manifestação de um protesto, é uma condenação. Uma condenação da sociedade quando a justiça não condena.

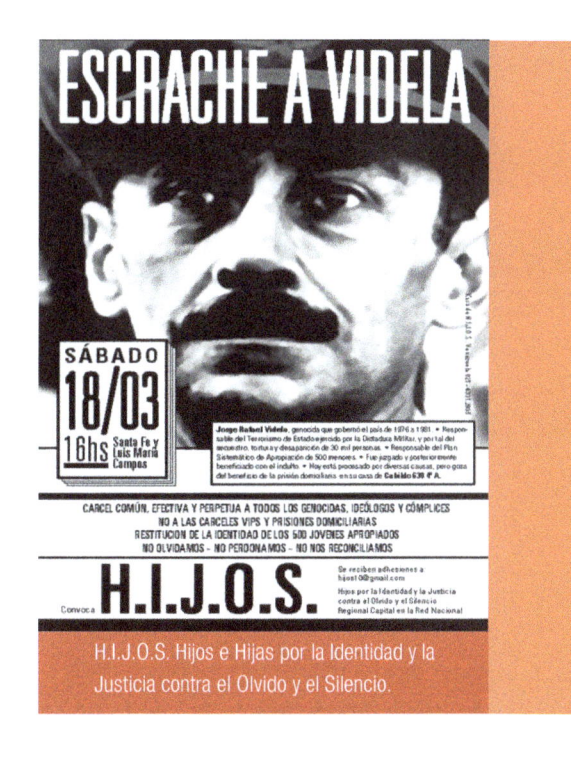

Releio o que acabo de escrever. É isso o que estou dizendo? Estou dizendo tudo isso tranquilamente, sem que me trema a mão? Estou dizendo que na minha cidade a metade do povo saiu com bumbos, panelas e apitos para *condenar* uma ministra? Estou dizendo que se fazem "festas" populares de condenação a algumas pessoas? Supõe-se que condenar é tarefa dos juízes. De modo que, se os cidadãos condenam alguma personalidade com seus escraches, estão tomando o lugar dos juízes, estão tomando a atribuição do juiz e aplicando algum tipo de justiça. Existem outros mecanismos para que se faça justiça quando um funcionário não cumpre corretamente com seu dever? Em que situações as pessoas comuns decidem assumir o lugar dos juízes? É legítimo que o façam?

Em princípio, nas democracias existem instituições e procedimentos mediante os quais o Poder Judicial condena os funcionários públicos que descumpram suas tarefas ou que cometem algum abuso de sua posição ou inclusive um delito. Mas há situações nas quais esses mecanismos tampouco funcionam bem. Os povos têm direito a fazer justiça por si mesmos? Esse é um problema diferente daquele que se coloca quando um indivíduo se vinga de outro por uma ofensa ou quando um indivíduo decide por si mesmo castigar a outro que tenha cometido um delito, ignorando os mecanismos institucionais para fazer justiça. Nestes últimos casos, a sociedade continuaria tendo sua função de contenção e as instituições manteriam a sua de mediação entre os indivíduos (reconhecemos, não obstante, que às vezes as instituições não restabelecem – por motivos de índole diversa – o equilíbrio uma vez rompido entre os indivíduos; mas isso nos levaria a outro tema). No entanto, os escraches não são atos individuais e sim atos coletivos, a partir de um conflito que se gera quando o povo reclama para si o exercício do poder.

Nesse sentido, alguns filósofos coincidem em que, se o poder que os funcionários detêm tem sua fonte última e legítima no povo e por esse motivo a obediência ao povo é obrigatória, é igualmente legítimo que o povo reclame que esse mesmo poder não seja exercido em seu prejuízo. Mas isso implica que o povo pode fazer uso por si mesmo desse poder? Como? Com que limites, se é que deve ter algum? Essa questão do exercício popular do poder é, justamente, um dos interessantíssimos problemas que contém o conceito de escrache.

Retornemos aos dois exemplos de escraches dados acima. No caso dos filhos de desaparecidos que escracham os captores e torturadores diretos ou indiretos de seus pais, aqueles o fazem porque consideram injusto que estes vivam "tranquilamente" em suas casas em vez de estarem detidos em uma prisão pelos delitos que cometeram. É que, após terem sido julgados pelos tribunais da democracia, estes indivíduos foram ou indultados ou então beneficiados com o regime de prisão domiciliar. E muitos cidadãos consideram que isso não é justo, embora seja legal. Aqui encontramos outro dos problemas contido no conceito de escrache: o da coincidência (ou a falta dela) entre o justo e o legal. Se o parâmetro único do justo fosse a lei (como alguns pensam), então este problema não seria tal porque sempre haveria coincidência entre o justo e o legal. Não necessariamente a lei é o parâmetro único da justiça, e até se poderia argumentar que é o contrário, isto é, que o justo é o parâmetro segundo o qual deve ditar-se a lei. Consequentemente, surgem mais algumas perguntas para refletir: qual é o parâmetro do justo para além da lei? A lei deve ajustar-se a esse parâmetro do justo ou a algum outro (ou a nenhum parâmetro além de si mesma)? O que acontece quando o parâmetro do justo e o da lei não coincidem? O que ocorre quando a compreensão do justo difere entre os indivíduos?

No caso de minha cidade, a ministra não havia cometido nenhum delito, nem era o caso de que ela tivesse tomado alguma medida legal a favor de si contrariando algum parâmetro do justo que não coincidisse com a lei. Mas haviam ocorrido fatos de violência que tendiam a intimidar o povo que estava levando a cabo um protesto, e o governo do qual ela fazia parte minimizava a situação ao não tomar medidas claras para investigá-los. Por isso, quando ela saiu pelas ruas como se nada estivesse acontecendo, o povo se reunião para escrachá-la, para chamar a atenção dos demais e condenar essa indiferença da ministra, para fazê-la ver-se a si mesma.

Em seu momento, o fato de haver interrompido seu almoço e o dos demais clientes do restaurante foi visto também como um ato de violência. Aqui encontramos um terceiro elemento importante no conceito de escrache: a violência. Por um lado, os atos que provocam os escraches costumam ser violentos, como o sequestro e a tortura, como a indiferença a uma reivindicação popular. Por sua vez, os escraches costumam ser vistos eles mesmos como atos violentos. Apesar de não consistirem em machucar nenhuma pessoa, nem em destruir casas nem vitrines (isso já está fora do conceito de escrache), ele é, ao seu modo, violento ou é ao menos ameaçador que um grande grupo de pessoas se reúna diante de uma casa ou de um restaurante a fazer barulho, gritar, cantar, tudo isso com a finalidade de apontar a outro como culpado, desonesto ou delinquente e condená-lo por isso.

Os filósofos – e os juristas também – pensaram sobre a violência, em particular, sobre a violência no âmbito do Estado. Uma vez mais, é necessário diferenciar a violência que um indivíduo pode exercer contra outro indivíduo ou aquela que um Estado pode exercer contra outro Estado, da que resulta do enfrentamento entre os funcionários das instituições e o povo no interior de uma sociedade. Todos coincidem que não é a mesma coisa o uso de a força pública contra o povo, por parte daqueles que dispõem dos meios das forças armadas do Estado, e a violência com a qual um povo manifesta seu descontentamento ou denuncia uma injustiça cometida contra ele por algum membro do governo. No primeiro caso, a superioridade da força e a responsabilidade do governante ou funcionário por deter seu cargo agravam a violência perpetrada. Talvez em tudo isso se suponha, também, que os povos não se levantam "porque sim", mas ao cabo de longos padecimentos e que, consequentemente, quando se sublevam, assiste-os a justiça. É possível, desde já, introduzir uma pergunta para pensar: por acaso algum parâmetro do justo (porque sem dúvida não é a lei a que legitima estas reações) autoriza algum tipo de ameaça ou de violência? Pensando nos escraches, antes que nos levantes armados, podemos somar outras perguntas: pode o povo se manifestar de alguma maneira não violenta ou menos ameaçadora? Pode fazê-lo sem barulho, sem interromper ruas, sem "perseguir" os personagens em suas atividades cotidianas? Será que os povos fazem coisas como os escraches por não tomarem as armas? Por outro lado, se invertemos a perspectiva, podemos perguntar por que é ameaçador que uma multidão bata panelas, cante e grite pelas ruas? Será que, por supormos seu desagrado, tememos que se "descontrole" e, por seu grande número, provoque algum dano?

Eis que, quase por casualidade, mais um traço dos escraches se assoma – um traço silencioso, mas não menos importante. E mais, eu me atreveria a dizer que é o mais interessante de todos. Trata-se do medo. Alguns filósofos se ocuparam do delicado equilíbrio do medo mútuo entre os governantes e os funcionários, por um lado, e o povo, por outro. Muitos concordam que a pior de todas as formas de vida política é aquela em que impera o medo, aquela em que pessoas se guiam pelo medo em suas vidas cotidianas. A razão é que o medo é das coisas mais opostas à liberdade. Daí que a liberdade dependa de uma cuidadosa arquitetura do medo – ainda que talvez a melhor vida de todas não seja aquela em que o medo está bem equilibrado, mas uma vida em que não haja medo para nada e este seja substituído, por exemplo, pelo respeito mútuo, por um sentido de solidariedade coletiva.

No presente momento, o medo é um ingrediente em nossa vida social e política e, como dissemos, é mútuo: não só os cidadãos podem chegar a temer seus governantes, mas os governantes e funcionários também podem temer os povos. Talvez devessem temer as consequências de sua falta de respeito ao povo. Alguns, no entanto, esquecem esse medo, pensam que estão para além das sanções que as instituições ou os povos lhes possam aplicar. Os escraches, então, "lembram" a funcionários e personagens públicos, por um lado, que não podem conduzir-se o tempo todo como se não tivessem nada a temer e, por outro, que o povo é consciente de sua liberdade. Ou, ao menos, que a consciência que têm de sua liberdade supera seu próprio medo de sair às ruas e expressar seu descontentamento armado de bumbos e panelas.

II

Há muitas formas de expressão e protesto que têm algumas semelhanças e, também, diferenças com os escraches que propusemos neste texto. Por exemplo, as pichações. Entre as diferenças mais óbvias, as pichações podem ser anônimas e feitas por grupos menores ou, inclusive, por um indivíduo só. E elas costumam ser planejadas, enquanto os escraches costumam ser mais espontâneos. Muitas pichações parecem ter apenas uma finalidade estética. Contudo, as semelhanças mais evidentes são que elas também podem ser a expressão política de uma insatisfação contra o uso injusto do poder.

Por exemplo, a meados de abril de 2006 circulava – imagens o atestam – a informação segundo a qual o avião *Air Force One* do presidente americano havia sido alvo de grafiteiros. Um vídeo os mostrava desafiando os serviços de segurança, escalando arames farpados e grafitando as palavras "*Still Free*"[5] no reator do Boeing 747 de G. Bush.[6]

Embora se tratasse de pura ficção – o avião era alugado, maquilado e os militares eram atores –, esse acontecimento não constitui uma fantasia midiática, mas mostra uma representação contemporânea carregada de violência política, que em inglês é designada pelo termo *graffiti attack*; esse ataque à tinta ao avião presidencial, ao corpo em que tinha se refugiado Bush no dia 11 de setembro, seria uma forma moderna do regicídio. O ato gráfico seria percebido como um ato violento. Em outras palavras, grafar no espaço público e, mais ainda, sobre determinadas instituições seria hoje percebido como uma forme de violência política. No caso *Tagging Air Force One*, a farsa teve um ar tão verídico que a força aérea americana acreditou que o avião de George W. Bush havia sido realmente alvo de um ataque gráfico.

Muitas outras formas de expressão popular contra a injustiça poderiam ser relacionadas com os escraches. E também parecem ter caído no esquecimento outras ideias da família do escrache, algumas não incluídas nos sentidos que dá o dicionário Houiass. Em outras épocas, das pessoas muito feias na Argentina, dizia-se "é um escracho". Igualmente, quando alguém batia fortemente contra uma parede (como nos desenhos animados que ficam "colados" na parede depois de chocar contra ela) dizia-se "ficou escrachado contra a parede". Provavelmente, com isso se queria dizer que as pessoas seriam feias como uma pancada ou como depois de haver recebido uma pancada muito forte em plena cara. Por outro lado, com pancadas muito fortes, a parede costuma ficar rachada ou com alguma marca deixada pelo que se escracha contra ela.

É uma palavra estranha, "escrache", faz muito barulho com esse "cr" e esse "ch". Será por isso que é usada para dar pancadas e protestar contra pessoas feias?

---

[5] Cf. o video de Mark Ecko "Tagging Air Force One" (2006) no YouTube.
[6] Este exemplo nos foi proporcionado por Philippe Artières.

Atividades

1. Há escraches em seus países ou cidades? Em caso negativo, há algum tipo de protesto similar?

2. Apontamos diferentes traços dos escraches: seu caráter político; a intenção de condenar; o sentido de justiça popular que supõem; seu caráter violento ou pelo menos ameaçador. Você tiraria algum desses traços? Acrescentaria algum outro? Qual? Por quê?

3. Indicamos também que são traços problemáticos. Que perguntas podem ser acrescentadas às que foram sugeridas em cada caso? Como responderias a alguma delas?

4. Alguma vez você participou de um protesto ou de uma manifestação? Qual? Sentiu medo? De quê? Por quê?

5. Que outras palavras você conhece que se usavam em outros tempos e agora já não se usam mais?

6. Que outras palavras fazem "barulho" como "escrache"?

7. Há alguma relação entre o som que uma palavra faz e o que significa? Qual?

Referências

DICCIONARIO de la Real Academia Española. Disponível em: < http://www.rae.es/rae.html>.

HOUAISS, A.; VILLAR, M. S. *Dicionário Houaiss da Língua Portuguesa*. Rio de Janeiro: Objetiva, 2001.

MOLINER, María. *Diccionario de usos del español*. 3. ed. 2 Vols. Madrid: Gredos, 2007, 3.400 pp.

Espelho

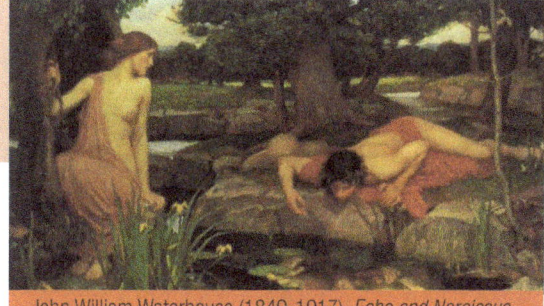

John William Waterhouse (1849-1917). *Echo and Narcissus*, 1903. (Walker Art Gallery, Liverpool)

Mário Bruno

> Quando eu te encarei frente a frente e não vi o meu rosto
> Chamei de mau gosto o que vi de mau gosto, mau gosto
> É que Narciso acha feio o que não é espelho
> E a mente apavora o que ainda não é mesmo velho
> CAETANO VELOSO

É certo que o uso da palavra "espelho" se confunde com a história do homem na busca de uma consciência de si. E, quando falamos do conhecimento de si, é impossível dizer em que momento essa interrogação começou. Podemos recordar o oráculo grego de Delfos recomendando a exploração da alma; passar pela fundação do cristianismo nas palavras de Paulo aos Romanos "Tornei-me um enigma para mim mesmo" (*Romanos* 7; 15) e chegar aos ensinamentos de Freud e aos diferentes narcisismos de nosso tempo. E quantas vezes, nessa busca de si, a palavra "espelho" foi retomada? Talvez, milhares de vezes. São muitos os espelhos na filosofia, na literatura, nas letras de música, na pintura, nas ciências, nos jogos...

"Tu és isto"

Comecemos com um livro contemporâneo, *Roland Barthes por Roland Barthes*. Trata-se de uma notável "autobiografia" do pensador francês Barthes, aberta com uma frase muito marcante: "Eu nunca me pareço comigo" (1977, p. 27). O que seria essa não-semelhança consigo? Para Barthes, a própria impossibilidade de falar de um "eu" coerente e centrado. Aqui, a biografia se mostra como um paradoxo. A escrita, nos conduz para além de representações produtoras de indivíduos civis. Assim sendo, essa obra de Barthes é iniciada por um discurso de fascinações perante imagens-lembrança que retornam, recortadas aparentemente de forma aleatória.

Roland Barthes por Roland Barthes é uma "autobiografia" expressando verdades possíveis na linguagem: o que a linguagem nos diz e finge dizer nos seus códigos. Essa biografia é também um complexo jogo intersubjetivo. Barthes nos apresenta uma suposta foto em que ele, ainda bebê, está no colo da mãe. A foto é bastante sugestiva, parece-nos uma imagem no espelho. E Barthes nos diz: "o estágio do espelho: tu és isto".

O leitor abre a página e vê o autor no espelho. Mas essa imagem especular é também daquele que lê, pois se trata supostamente de um espelho. É sempre isso que ocorre num ato de leitura. Olhamos um texto e nos vemos e aí dizemos para o texto: "tu és isto". O texto é sempre um outro que só existe numa relação intersubjetiva quando o olhamos.

Imagem extraída do livro *Roland Barthes por Roland Barthes*.

E quando começamos a pensar essa relação intersubjetiva? O outro, como um espelho, que nos diz: "tu és isto"? Não temos como localizar a origem dessa indagação, mas vale voltarmos no tempo.

O espelho de Platão

Numa obra menos conhecida de Platão, *Alcibíades*, há um diálogo muito interessante entre Sócrates e Alcibíades. Nesse diálogo, temos frente a frente o mestre da ética, com a sua arte das perguntas, e o discípulo audaz e ambicioso. Alcibíades é aquele que tem a sedutora ideia de construir um império sob a direção de Atenas, a primeira potência do Mediterrâneo. Não obstante, Alcibíades era também um discípulo muito amado por Sócrates e, nesse diálogo, ele possuía apenas vinte anos. O diálogo é irônico e às vezes picante. Sócrates recomenda ao seu discípulo serenidade e sensatez, pois a ausência dessas qualidades prejudicaria qualquer ação política. O diálogo insiste num ponto fundamental, os governantes do Estado têm de ser antes governantes de si. Trata-se de um cuidado de si. E, no desdobramento de sua argumentação, Sócrates diz: "[...] o olho que quer ver a si mesmo, há de dirigir seu olhar a um outro olho [...]" (PLATÃO, *Alcibíades I*, 132e-133a). Essa sentença pode ter muitos sentidos, mas com certeza complementa a máxima do oráculo de Delfos: "Conhece-te a ti mesmo". Porém, de acordo com Sócrates, só nos conhecemos verdadeiramente olhando-nos numa outra pupila. O que Sócrates vê no olhar de Alcibíades é a alma de Alcibíades. Sócrates ama algo que é mais do que Alcibíades. Ele ama o humano que há em Alcibíades. Fora isso, além de termos nos olhos o espelho da alma, temos também ao olhar nos olhos do outro o nosso próprio espelho. Esse jogo duplamente especular é a condição socrática essencial para união e o acordo entre as almas. Pelo olhar do outro conhecemos a nós mesmos, tarefa necessária a nossa natureza racional. E, com isso, chegamos à virtude, complementa Sócrates: "a perversidade é própria do escravo [...], a virtude é patrimônio do homem livre" (PLATÃO, *Alcibíades* I, 135c).

Nesse livro de Platão, Sócrates antecipa um certo humanismo. O mestre diz para o discípulo narcisista que ele não pode conhecer a si mesmo olhando-se apenas no espelho. É preciso que o olhar do outro lhe sirva também de espelho, pois só há um verdadeiro conhecimento da alma nessa relação "eu e outro". E não seria essa uma das grandes questões atuais do humanismo?

Ao longo da história do humanismo ocidental, muitos são os espelhos e muitas as teorias sobre a relação "eu e outro". Focalizaremos algumas e creio que há uma espécie de linha invisível que une essas problematizações especulares.

O espelho de Velásquez

Em um belíssimo livro, *As palavras e as coisas*, o filósofo Michel Foucault analisa minuciosamente o quadro *As meninas*, do pintor Velásquez.

Em linhas gerais, Foucault narra que no centro da sala há vários personagens, um espelho e no espelho duas silhuetas: o rei e a rainha (os modelos do pintor). Nessa análise, o rei é espetáculo mais do que espectador, porém presente apenas como um reflexo especular no quadro. A partir dessa descrição, o filósofo estabelece um curioso paralelo entre o rei refletido no espelho e a figura do homem no século XVII. A tese de Foucault é que, no humanismo da Idade Clássica, a figura do homem (o sujeito) estava ausente, era apenas como uma representação no espelho que presentificava de modo especular sua própria ausência.

De acordo com Foucault, Descartes construiu no século XVII uma teoria do sujeito, mas era somente uma abstração, faltava empiricidade. O sujeito cartesiano era semelhante ao rei no quadro de Velásquez: uma imagem no espelho. E o que tornaria empírico esse sujeito?

Hegel com Platão

No século XIX, Hegel tentou dar uma resposta para esse problema

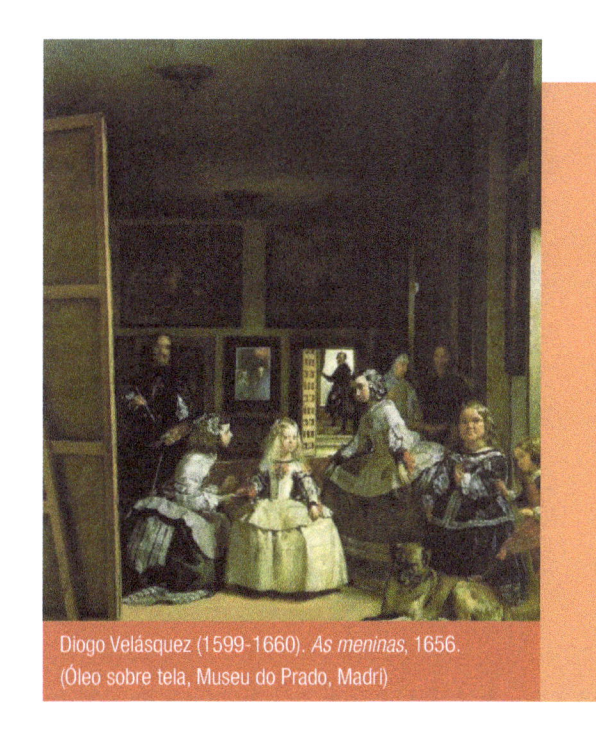

Diogo Velásquez (1599-1660). *As meninas*, 1656. (Óleo sobre tela, Museu do Prado, Madri)

cartesiano. Segundo ele, o que torna concreto o sujeito é o seu percurso dialético na história e, com isso, Hegel traz novamente a relação "eu e outro". Só nos tornamos sujeitos pelo reconhecimento do outro. A autoconsciência não se dá apenas numa relação de si para consigo, é preciso para me conhecer que eu me veja a partir do olhar de um outro. Sendo assim, Hegel retoma pela teoria do reconhecimento o tema platônico da pupila do outro como espelho. É essa dramatização que nos apresenta na sua famosa dialética do senhor e do escravo.

Para Hegel, o primeiro momento da humanidade caracterizava-se por uma consciência ingênua e passiva. Não havia um verdadeiro conhecimento de si. Foi preciso que ultrapassássemos essa fase. Isso se deu a partir de um confronto por reconhecimento. Hegel teatraliza essa passagem falando de uma luta entre dois indivíduos que arriscam a vida. Nessa luta "de morte", um deles torna o reconhecimento possível. Ele olha para o outro e o reconhece como seu Senhor. Essa luta é denominada "dialética do senhor e do escravo". Parece que Hegel retoma o tema do *Alcibíades*: só nos conhecemos (ou somos reconhecidos) a partir do olhar do outro como espelho.

Os estágios do espelho

Seguindo o fio que nos guiou nessa trama, retomamos a relação "eu e outro" a partir dos famosos estágios do espelho.

De acordo com o psicólogo Henri Wallon, não nascemos completamente maduros, o que nos situa num estado de dependência em relação às pessoas que nos cercam. No primeiro ano de vida, eliminamos os comportamentos que não nos são proveitosos. Num contexto relacional, estabelecemos ligações entre movimento e sensibilidade. Aos dezoito meses, acedemos ao "estágio do espelho", esse é o período das personalidades intercambiáveis e das identificações sucessivas. Na análise de Wallon, esse é o "episódio do espelho". Para Wallon, o reconhecimento do próprio corpo a partir de uma imagem especular não se dá como junção de um corpo fragmentado, mas é proveniente de um amadurecimento progressivo tônico-postural ou neurofisiológico.

O psicanalista Jacques Lacan, retomando o tema do "estágio do espelho", afirma que a experiência analítica se opõe "a qualquer filosofia proveniente do Cogito (Descartes), mas também à primazia do Eu (*Moi*) nas doutrinas oficiais da psicanálise" (LACAN, 1998, p. 96). De acordo com Lacan, a imagem da criança no espelho é um reconhecimento e um engodo. A criança vê essa imagem rindo e brincando. É uma identificação e uma alienação. Pois o corpo da criança só pode assumir o sentido que a linguagem lhe vier conferir. A criança tem que se fazer ouvir e reconhecer pelo outro (pelos outros). E Lacan nos diz (p. 103), em tom oracular, que nessa experiência diante do espelho, ou ao dizer "tu és isto", esta é a "cifra de nosso destino mortal" e também o início de nossa "verdadeira viagem".

Contemplação

Uma vez mais, a questão do espelho. Em *Diferença e repetição*, o filósofo Gilles Deleuze retoma a terceira *Enêada*, de Plotino, e nos diz que "ninguém determina sua própria imagem nem a goza a não ser retornando, para contemplá-la, àquilo de que procede" (DELEUZE, 1985, p. 102). E cabe dizer que não se trata de nenhuma hipótese mística ou bárbara, mas de uma retomada do problema do estágio do espelho a partir de uma teoria do hábito. Há, para Deleuze, duas dimensões do hábito. A primeira são os nossos hábitos conscientes, os quais a psicologia observa, as nossas atividades. Os psicólogos têm obsessão pelas atividades e temem a introspecção. Porém, há uma outra dimensão do hábito, o *habitus* passivo e inconsciente. Essa dimensão está para além dos hábitos sensório-motores que temos (psicologicamente). Poderíamos, sem dificuldades, chamar essa dimensão de hábitos primários, milhares de sínteses inconscientes que nos compõem organicamente. É como se pudéssemos atribuir almas contemplativas ao coração, aos músculos, aos nervos, às células (p. 101-102). Dizemos "eu", ou "tu és isto" a partir de milhares de "testemunhas" que contemplam em nós. Mesmo quando a psicologia analisa um rato no labirinto, é preciso ver, em cada músculo do rato, *habitus* ou almas contemplativas, usando as palavras do filósofo Plotino. Nesse sentido, somos narcisos pelo prazer que sentimos em contemplar; os psicanalistas chamam isso de autossatisfação, o que é a base do princípio do prazer. Todavia, a condição para que o prazer seja um princípio é a contemplação transbordante, que está para além do princípio do prazer. Assim, como no mito de Acteon, contemplamos sempre outras coisas, a água, Diana (p. 102). Aqui se proclama, para o escândalo dos atentos positivistas, que temem qualquer introspecção, o caráter contemplativo de toda e qualquer existência. Plotino ultrapassa Platão? Narciso liberta-se de sua própria imagem e Acteon contempla, afinal: "tudo é contemplação" (p. 102).

Conclusão

Em que espelho nos contemplamos? Dizia o poeta Rimbaud "*j'est un autre*" ("eu é um outro"), ou poderíamos citar o poeta Fernando Pessoa: "Sou um nômade da consciência de mim".

Alguns pensadores repetem por caminhos diversos o mito de Narciso, todos conhecem esse mito. Narciso era muito belo, e a ninfa Eco se apaixonou por ele. Porém, Narciso não deu importância para tal ninfa. Ela se ofendeu e se queixou com a deusa do silêncio Nêmesis e esta resolveu punir Narciso. Enfeitiçado por Nêmesis, Narciso sente sede diante de um lago e vê a sua imagem espelhada. Ele olha essa imagem se apaixona e fica aprisionado a ela.

Narciso se parece muito com Alcibíades, por isso Sócrates vivia lhe advertindo: é preciso conhecer a si olhando para o outro. De certo modo, é isso que nos diz o filósofo Hegel: se não for pelo olhar do outro, ficamos como Narciso, aprisionados a nossa própria imagem no espelho.

Por uma outra via, Lacan nos afirma algo semelhante, pois quando nos olhamos no espelho e dizemos "tu és isto"; começamos nossa aventura humana. Serão os outros que nos serviram de espelho e teremos de nos reconhecer, refletidos em olhos que nos olham. Dessa forma, esse seria o início da viagem humana.

Seria essa a essência humana? Noutras palavras: se não formos reconhecidos pelo olhar do outro, ficaremos como Narciso condenados pela deusa do silêncio?

É que, na realidade, "tu és isto" é uma viagem; porém, não há um roteiro prévio. A fase do espelho não é uma estrutura ou uma cifra mortal. Eis a dificuldade para alguns, Narciso não está necessariamente preso a sua própria imagem. Será pedir-lhes demais que retomem um outro mito?

Vale considerar de mais perto a história de Acteon, a narrativa mítica que se refere à visibilidade permitida pela luz. Em meio às folhagens do monte Cíteron, inadvertidamente Acteon viu a bela deusa Diana despida, mas também deixou-se ver. Giordano Bruno e Gilles Deleuze utilizaram esse mito para retomar Plotino e para falar da contemplação.

Somos Acteon, antes de nos tornarmos Narciso, por isso olhamos Diana, o lago, os bosques. Tudo é contemplação. Porque mesmo constituindo hábitos sensório-motores, ou um esquema tônico-postural (o estágio do espelho), cada célula de nosso corpo é uma "alma" contemplativa. E, em cada minúscula partícula do universo, há o espelho de um todo em permanente construção.

Atividades

1. Jogo dos espelhos ou do "tu és isto?"

Esse jogo poderá ser realizado em qualquer lugar com um grupo de amigos. Cada participante deverá buscar algo que julgue ser semelhante a si. Poderá ser uma foto ou desenho de um animal, de uma fruta, de uma peça de roupa ou apenas uma palavra. Depois de escolhidas as imagens (desenhos ou fotos) ou palavras, alguém, que não está jogando, deverá recebê-los sem que o grupo veja. Essa pessoa deverá mostrar o que recebeu ao grupo para que os participantes identifiquem a quem pertence cada imagem ou palavra.

Uma variação do jogo poderá ser feita com um grupo de pessoas em que os componentes não se conheçam, cada um escolherá uma imagem ou palavra e dirá por que julga que lhe é semelhante.

2. Ouça a música "Último adeus", de Paulinho Moska, e realize um debate sobre o seguinte fragmento, relacionando-o com o texto "Espelho".

*Mas chegou a hora
De acertar as contas
Com a sua própria vida
Se olhar no espelho
E encarar seu medo
Beco sem saída*

Atividades

3. Procure informações sobre obras literárias que fazem referência à palavra "espelho". Veja se há possibilidade de estabelecer relações entre essas obras e o texto lido.

4. Procure, numa biblioteca ou na Internet, pinturas em que apareçam representados os mitos de Narciso e de Acteon.

5. Em grupo, escrevam um conto a partir do tema "o espelho".

6. Pesquisar em diferentes mídias (jornais, revistas, televisão e cinema) exemplos de tipos de narcisismos (vaidades) nos dias atuais. A partir dessa pesquisa, realizar um debate no qual cada um deverá dizer se se encontra incluído ou não nesses narcisismos.

7. Busque informações sobre os filósofos Plotino e Giordano Bruno.

8. Para saber mais sobre a vida de Giordano Bruno, assista ao filme *Giordano Bruno*, do diretor Giuliano Montaldo.

Atividades mais complexas

9. Faça uma pesquisa num dicionário de mitologia ou na Internet sobre detalhes e diferentes versões dos mitos de Narciso e Acteon. A partir dessas narrativas, analise: a) a importância desses mitos para a compreensão do texto "Espelho"; b) as relações entre esses mitos e os sentidos, no texto "Espelho", das palavras "espelho" e "contemplação".

10. Procure o poema "Eros e Psique", de Fernando Pessoa, e considere uma possível relação especular nessa poesia.

11- O texto "Espelho" tem como epígrafe um fragmento da música de Caetano Veloso "Sampa". Explique o sentido dessa epígrafe em relação ao texto. Procure outras músicas em que apareça a palavra "espelho" e falar sobre os diferentes sentidos dessa palavra nas músicas encontradas.

12. Na obra de Platão, pesquise o sentido da expressão "Conhece-te a ti mesmo".

13. Pesquise sobre o guerreiro grego Alcibíades. A partir daí, descubra os motivos pelos quais o filósofo Platão fala dele uma personagem em vários *diálogos*, até mesmo num dos mais famosos, *O banquete*.

14. Procure, nos livros de introdução à filosofia, a expressão "dialética do senhor e do escravo". Esse trabalho também poderá ser realizado a partir de uma leitura do capítulo 4 do livro de Hegel *A fenomenologia do espírito*, citado na bibliografia. A partir dessa pesquisa, explique a questão do "reconhecimento" nessa dialética.

Referências

BARTHES, Roland. *Roland Barthes por Roland Barthes*. São Paulo: Cultura, 1977.

DELEUZE, Gilles. *Diferença e repetição*. Rio de Janeiro: Ed. Graal, 1985, p. 102.

FOUCAULT, Michel. *As palavras e as coisas*. 8. ed. São Paulo, Martins Fontes, 1999.

HEGEL. *Fenomenologia do Espírito*. Petrópolis, RJ: Vozes, 2008.

LACAN, Jacques. *Seminário 7. A ética da psicanalise*. Rio de Janeiro: Zahar, 1998.

PLATÃO. *Diálogos*. Belem, PA: Universidade Federal do Pará, 2007.

Et cetera

Rosana Fernandes

> Porque és pó e ao pó retornarás.
> Gênese, 3, 19

No princípio era *et cetema*. Tudo foi feito por ele, e sem ele nada foi feito. Esse *et cetera* diluvial e cósmico, do qual participamos e pelo qual nos tornamos inomináveis e intermináveis, é o princípio de tudo. O princípio é incerto, ilimitado, improvável. A forma do princípio é o talvez. O talvez comporta um mar de possibilidades, inclusive as impossíveis, as incompossíveis, e as incompatíveis.

No princípio a terra estava informe e insone: cheia de nada e cheia de tudo. A primeira voz que se fez ouvir era como uma trombeta que falava, dizendo coisas obscuras e roucas, tanta era a sede que tinha de que viesse a Noite.[1] A voz se calou. Depois tornou a falar, e um eco estridente – mas também volátil – espalhou-se por toda terra, chamando um povo por vir, não um povo imagem e semelhança, mas um povo *et cetera*, um povo que é feito de pó cósmico, que vem do pó e ao pó *revertere*.[2]

Anoiteceu.

E a Noite foi enviada pela voz que falava, dizendo coisas obscuras e roucas, tanta era a ânsia que tinha de, enfim, poder anoitecer também. A voz era tão cheia

---

[1] Na mitologia grega, Nyx é a deusa da Noite, irmã de Caos, e uma das primeiras criaturas a emergir do vazio. Isso significa que Nyx é irmã de algumas das mais antigas divindades da mitologia grega, incluindo Érebo (a Escuridão), Gaia (a mãe Terra), Tártaro (o Inferno) e Eros (o Amor da criação). Dessas forças primordiais sobreveio o resto dos deuses e deusas gregas. Uma das melhores fontes de informação sobre essa deusa provém da *Teogonia* de Hesíodo. Muitas referências são feitas a Nyx nesse poema que descreve o nascimento dos deuses e deusas gregas. No Brasil, a *Teogonia* foi publicada pela editora Iluminuras.

[2] *Revertere ad locum tuum* (voltarás ao teu lugar).

de informidades, tão *et cetera* e embrionária, tão cheia de *quase* e *talvez*, que não poderia viver só à luz do dia. Então veio a Noite, e a Noite se fez rasa, e bem rente a esse pó *et cetera* de que são feitos os jovens, o velho, as crianças, as mulheres.

O dia é coisa que não se afina com *et cetera*. O dia é claro, preciso, e absolutamente explícito. Às vezes chove. E, quando chove, o dia anoitece, e experimenta do próprio *et cetera*. Quando é domingo, chove *et cetera*. E se chove *et cetera*, as horas fazem o dia virar domingo. O domingo é imenso como a Noite. O domingo imensa os corpos, o firmamento e os instantes de fazer nada.

A luz do dia é excessiva e impositiva, ela confere ao mundo e à vida um ritmo, uma ordem. A luz do dia não se ajusta com o informe, ela agride o ofuscamento e torna tudo visível demais, claro demais, descoberto por demais. A Noite não prolonga o dia. A Noite é secreção de *et cetera*, é imprecisa e vasta como *et cetera*.

A Noite é amorfa, amorífera. A Noite é antropófaga. A Noite gosta de gente *et cetera*. A Noite bebe, lambe, sorve e *eteceteriza* o que por ela passa. A Noite corrói as formas consumadas, concluídas. A Noite corrói as certezas e perturba as vidas estáveis, inalteráveis. A Noite corrói, rói, dói, faz doer os ossos e as identidades definitivas. A Noite libera os corpos e os enunciados de toda paranoia unitária e totalizadora. A Noite interrompe o dia. E as afirmações convenientes à luz do dia de nada servem depois que a Noite inicia.

A Noite infecta os corpos com uma certa afasia.

Quem nunca se sentiu, ao menos uma Noite na vida, um completo imbecil? Quem nunca se sentiu medíocre, tolo e insuficiente, diante da escuridão noturna? A Noite traz o sono ou faz os corpos saírem do sono, do estado dormente? E o que quer dizer não poder estar sozinho durante a Noite? Existe algo mais afrontador que o silêncio da madrugada? Por que as novelas, os telejornais e os programas humorísticos são tão requeridos, noite a noite?

A Noite tira o chão dos corpos e devolve os corpos ao *et cetera*, ao cosmos. A Noite cala as convicções e dá aos corpos um espelho cru, e impiedoso. O espelho ri, zomba e trinca as frases cotidianas, as demandas cotidianas e o vaivém cotidiano, o vaivém que, não raramente, está certo de sua imprescindibilidade.

E quantas coisas ficam por fazer... É possível livrar-se dessa sensação de não ter feito algo que se devia? O que pode o corpo que hoje, exatamente hoje, fez-se pó? Como fica a agenda do dia de amanhã do corpo que hoje ao pó retornou? Será a morte o maior dos insultos à imprescindibilidade e a tudo que se diz imprescindível? Se porventura existe algo que, imprescindivelmente, cada um deve criar e fazer funcionar na própria vida, somente cada um pode perguntar, continuamente, o que vem a ser. Não estará aí, também, uma das problemáticas levantadas por Michael Cunningham no livro *As horas* (1999)? Afinal, o que se passou com Laura, o que a fez sair de casa para ficar sozinha em um quarto de hotel, longe do filho, da casa, e da festinha que ela daria mais tarde? Laura sabia que não se pode passar as horas, e ir de outono a outono, sem indagar se as relações já estabelecidas continuam intensificando a vida. Laura precisava encontrar uma saída, uma janela, uma abertura qualquer, por onde pudesse entrar um pouco de ar. E aquele quarto de hotel, naquele momento, foi a saída que ela engendrou na própria vida, foi *um buraco na atmosfera* que a sufocava.

É incrível como as atribulações e o tumulto do dia a dia nos fazem perder a capacidade de avaliar a vida. Talvez o grande empecilho esteja no fato de que estamos demasiadamente presos ao visível, de modo que a visibilidade não significa outra coisa senão uma grande cegueira. E para perguntar o que se faz imprescindível nessa hora da existência, é preciso se desprender do visível, do óbvio. É preciso percorrer as linhas que fazem o coração bater mais forte e questionar o que é, de fato, imprescindível nessa ou naquela ocasião da vida. Tudo passa, as horas passam, os tempos de escola passam, o desejo de ter um filho passa. E tanta coisa se passa nas relações. Pode ocorrer da relação que, outrora, fazia o corpo sorrir, expandir-se, criar e desejar, transformar-se em outra coisa, e, de repente, não configurar mais um bom encontro. É por isso que não dá para seguir as agendas sem avaliar, seguidamente, se os encontros agendados ainda trazem alegria, se aquela rotina ainda dá gana de viver. Uma vida que se avalia nela mesma não cessa de colocar em questão o emprego, a profissão, a mesa posta para o jantar, *et cetera*. As escolhas são ativas e temporárias, nunca definitivas.

Francis Bacon (1909-1992). *Study for self-portrait*. 1973.

Laura foi àquele hotel porque precisava do branco de que eram feitas as paredes e o teto daquele quarto. Ela precisava daquele vazio, da possibilidade do vazio, e do vazio como possibilidade. A rotina de Laura pedia um pouco de vazio. As agendas pedem um pouco de vazio, de lisura, de espaços por onde se pode correr solto, livre de amarras e estradas estriadas. As agendas anseiam por espaços em branco e encontros escritos a lápis. Seguir a agenda à risca, como se isso fosse absolutamente necessário e indubitável, é coisa que se faz durante o dia, contaminado pela cegueira que a luz do dia provoca ao agredir retina e ventre. Limitar é coisa que se faz durante o dia. *Et cetera* é coisa para depois, depois da luz, dentro da caverna, das cavernas que se comunicam entre si, e se comunicam de uma maneira totalmente diferente da dos indivíduos, numa outra lógica que não a da contiguidade ou da imediatidade. A não ser que seja uma contiguidade à maneira de Kafka[3], uma contiguidade que, em vez de coincidir com o contrário do contínuo, indica um contínuo composto por contiguidades. E aí uma casa tem infindáveis cavernas, quartos contíguos e não divulgados. Uma casa sempre tem um quarto aberto ao *et cetera*, um canto onde se pode estar longe da luz e da exigência de aparecer, falar e se expor. Toda casa precisa ter o seu biombo verde (MELVILLE, 2003), suas paredes brancas e seus tetos brancos.

> Uma caverna ainda mais profunda por trás de cada caverna — um mundo mais amplo, mais rico, mais estranho além da superfície, um abismo atrás de cada chão, cada razão, por baixo de toda "fundamentação". (NIETZSCHE, 1977)

A Noite gosta do eco das cavernas, a Noite ecoa, faz ecoar. A Noite ri das agendas. E não cansa de mostrar que o mundo prossegue, ainda que o pé torça, a gripe pegue, o cachorro morda ou a casa caia. A Noite abre, consente, nela tudo cabe, tudo é permitido. A Noite é tão cheia de secreções e insinuações. A Noite não gosta das agendas. Ela gosta das listas abertas, cheias de *et cetera*, cheias de asterisco. E talvez seja exatamente do tom crepuscular das cavernas que as agendas mais tenham necessidade, talvez as agendas possam vir a falar dos ecos, das cavernas e dos anoiteceres de cada corpo. Talvez, um dia, as agendam aprendam a anoitecer. Talvez, um dia, as agendas se abram para uma nova função, uma função diagramática, em que as agendas sirvam para orientar a vida, para mapear o que faz um corpo andar, entrar, sair, fechar portas, abrir janelas, *et cetera*. Afinal, o que quer um corpo? Encontros? Uma agenda marca encontros, agenda-os, estabelece contatos, leva um corpo daqui para lá, convida outros corpos para estarem juntos, encerra contatos e abre novos contatos. E se um encontro não apetece, as agendas podem aprender a resistir, negar, recusar, refazer os trajetos, os horários, e experimentar outras rotinas. Não obstante, há quem as utilize apenas para organizar, posicionar ou significar as horas. E quase se acostumam a acreditar que o mundo é isso.

A Noite é amorífera. A Noite tem cheiro de amoras. A Noite invade as casas, as ruas, e os corpos *et cetera*. O cheiro de amoras se alastra, toma conta de tudo, espalha-se no ar, faz-se vento, e o vento se faz espelho. A Noite ladeia, ronda, e arrasta tudo: amoras, vento, casas, corpos, espelho. E, quando encontra ocasião, a Noite oferece o espelho.

O que um corpo pode ver no espelho que os cavalos negros de *Nyx* trazem?

Amoras, não mais do que amoras.

O espelho que *Nyx* oferece dá visibilidade ao anoitecer das amoras negras, feitas de aroma, doce e escuridão. O espelho que a Noite oferece diz *et cetera* à escuridão das amoras e dos corpos. E, se o corpo não chega a ver amoras, precisa

---

[3] Kafka e as portas de *O Processo*, portas que sempre dão em outras portas, um escritório que sempre tem outro escritório ao lado, os cômodos contíguos, os corredores intermináveis, em longitude e latitude.

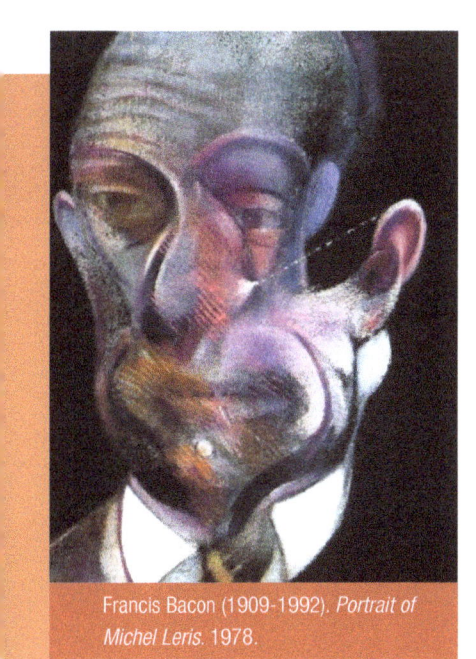

olhar mais o espelho, e só deixar de olhar depois que as amoras desfigurarem as marcas que se alojam no rosto, depois que o dedo indicador se for e não mais insistir em interpretar os traços, depois que no rosto aparecerem amoras e desaparecerem as expressões costumeiras, redundantes e cheias de reconhecimento. Devir-amora dos corpos, corpos que entram em devir-amora, corpos que se tornam amoras, amoras que se espalham ao vento.

Amoras do rosto não vigiam, mas amorenam, avermelham, banham os corpos na sopa cósmica vermelho-escura, quase negra, que, desde o princípio, *eteceteriza* os corpos, o mundo e o resto. Não se prenda a um rosto, nem a pronomes pessoais ou nomes próprios. Não busque um rosto atrás da máscara. *A máscara não esconde o rosto, ela o é* (DELEUZE; GUATTARI, 1995). Atrás de uma máscara, existe outra máscara, e ainda outra e outra, indefinidamente. Esqueça o verbo "amorar" e deixe as amoras te levarem. Para que queres te atar a um rosto, a uma consciência de *si* (Eu = Eu)? Por que queres rochas em vez de asas?

Francis Bacon (1909-1992). *Portrait of Michel Leris.* 1978.

A Noite voa, ressoa, faz o corpo flutuar e se multiplicar.

A Noite diz *et cetera*. E *et cetera* é sempre uma coisa qualquer, quanto mais escassa é a sua capacidade denotativa, mais vastas são as suas conotações e combinações.

Et cetera é um hiato, uma suspensão na continuidade explícita, terminante, clara. Uma vez dito *et cetera*, tudo se torna vago e imenso como um domingo. Uma vez dito *et cetera*, o dia se faz Noite. Os corpos anoitecem, a vida anoitece.

A tudo a Noite diz *et cetera*. E tudo que uma vez foi revolvido pela Noite não volta a querer a si mesmo, a não ser experimentando todo o *et cetera* de que é capaz. Sempre tresnoitado, insone, suspenso, transeunte do *et cetera* de si e do mundo.

A Noite chega sem trazer respostas ou explicações, simplesmente cai sobre os jovens, o velho, as crianças, as mulheres. Se a Noite tem voz é para fazer retumbar o *et cetera*, é para arrancar o corpo da cama, fazê-lo levantar e arrogar-se o direito de silenciar, vagar, lentamente pernoitar. É também para contar mil e uma histórias, cantar cantigas de ninar, cantarolar, interjecionar, mas nunca para explicar. A Noite sabe como ninguém levantar a poeira, sacudir as certezas, dizer coisas obscuras e roucas. A Noite evoca um *et cetera* de si que não é mais do que uma experimentação de vida.

Tudo que é vasto é feito de *et cetera*. A Noite, a matéria, a vida e o mundo são feitos de *et cetera*. O sangue e os ossos são feitos de *et cetera*. O sangue é noturno, é o indiferenciado que não cessa de nos diferenciar, de circular e nos tresnoitar. O sangue circula, jorra vida, não deixa o corpo dormir. A Noite cai sobre os dias, os mares, e se dirige a toda matéria e a toda vida que povoa o mundo. A Noite cai sobre todos, dela não adianta tentar se esconder, sempre chega o instante em que não se pode mais escapar à Noite que todos estão desafiados a viver. A fatalidade de ter nascido é a fatalidade de abrigar o *et cetera* da vida e de si mesmo. Maneira tal que um corpo e uma vida não são mais do que uma matéria *et cetera* em constante variação, uma matéria que varia as próprias forças e experimenta as próprias forças ilimitadamente, combinando-as de mil e um modos, através de uma série que somente tem *et cetera* no princípio e no fim.

O que é *et cetera* senão o limite de uma série, não um termo a mais, mas o limite que expande a série?

– Em uma só Noite bebe-se mate, água, um bocado de prosa, café, *et cetera*.

Aí está uma série, e o seu limite: *et cetera*.

Uma vez dito *et cetera*, as disjunções se tornam inclusas, e não é necessário eleger um termo dentre outros. *Et cetera* não opera por exclusão, mas por disjunções que tratam a conjunção *ou* como potência de afirmação, de inclusão do divergente, do disjunto, do outro. Então o *ou* não exclui uma quantidade de predicados em benefício de um Eu, o *ou* trata das disjunções inclusas, não mais Eu = Eu. *Et cetera* não se diz mais de um Eu, e sim de um desigual que não termina jamais de se modular e se metamorfosear.

Et cetera é um refrão, é uma canção. *Et cetera* é o refrão que entoa todo o enunciado, nunca apenas a si mesmo. A forma da canção é a série: mate, água, um bocado de prosa, café, *et cetera*. *Et cetera* é o ilimitado no limite, é o ilimitado que tensiona a série, desdobrando-a um pouquinho mais, sem deixar de envolver os termos que o antecedem, sem deixar de arrastá-los consigo, de incluí-los, de variá-los.

A mão gosta de *eteceterizar*. E a Noite também. A mão ama, bebe, fecunda. E a Noite? A Noite também. A mão *eteceteriza*, hesita, e os corpos se revolvem no sofá, perguntando que vozes são essas que surgem no meio da madrugada seca, áspera, cálida e retumbante.

Despertada às 3 horas, a mão vacila, sustenta o queixo, coça a barba e o bigode. Ligará a televisão? Talvez... Em busca de quê? É o silêncio que incomoda? É a falta de respostas que cutuca o sono e deixa a mão atrapalhada com os pelos e os lençóis? O que pode um corpo revolvido pela secura do vento e da Noite senão revolver-se também, despertar e pôr-se à escuta? O que ecoa em um corpo *et cetera* nessas horas da Noite? São perguntas, suposições, poesias, canções, mil e uma histórias? Quais são as perguntas que o tomam às 3 da madrugada?

– Como deve orientar-se na vida?

– O que o faz prosseguir, levantar, quando o mais óbvio é não levantar?

– Onde estão os seus? Onde estão os seus filhos? Onde estão os que ainda não nasceram?

– Torna-te *quem* tu és.[4]

– Conhece a ti mesmo.[5]

Por certo, às 3 da madrugada é tarde. Mas é nessa hora que está ele: o mar, o *et cetera*, o princípio, o corpo que se faz, o café... No decorrer do dia tem correria, gente falando sem parar, hora do almoço, hora do lanche, hora do cafezinho, hora de ir e vir, e não há tempo para nada que não esteja na agenda.

O que quer, o que pode uma agenda? Pode uma agenda perguntar pelo que nos move nesses dias da vida? Pode uma agenda sugerir e provocar: torna-te *quem* tu és, conhece a ti mesmo? Caso sim, como se dá o conhecimento de si? O que é conhecer? E quem é *quem*? Existe um *quem* que nos precede?

Não há nada a reconhecer, apenas a inventar. É um equívoco compreender que conhecer é tomar ou ter consciência de alguma coisa que está apenas no aguardo de ser reconhecida e apreendida. Seja qual for a situação, o conhecimento não é um meio ou um instrumento para se chegar à compreensão de dados ou objetos que preexistem. O conhecimento é construído linha por linha e está continuamente sendo traçado, de modo que há sempre uma linha a ser revertida e outra a ser desligada, ou sobreposta. Portanto, a questão levantada pelos dois preceitos acima é, antes de tudo, a invenção de si, a diferenciação de si que nunca tem fim. E aí, "conhece a ti mesmo" não é outra coisa senão "invente a si mesmo". À medida que "conhece a ti mesmo" revoga tudo que se diz uno, idêntico, estático, prescritivo e regulador, evoca um *quem* repleto de *et cetera*. E *quem* é uma multidão impessoal e livre; é uma corrente em movimento contínuo que não se deixa aprisionar por um nome ou qualquer coisa que queira designá-lo; *quem* não se refere a um Eu, em vez disso, diz-se do que difere de si mesmo e está a cada instante fazendo-se, tornando-se; *quem* pode ser um fluxo que nos corta, um vento que nos leva e tantas coisas mais.

É um grande engano crer que viver é reencontrar um Eu que preexiste e identificar os predicados que correspondem a esse Eu. O Eu designa um indivíduo, e não a multiplicidade que nos corta de um lado ao outro. O desafio de viver é o da invenção de si, da experimentação de si. Afinal, "*quem* tu és?", senão um itinerante constantemente na estrada, em contínuo curso e decurso, ambulante de um eterno anoitecer, caminhante que caminha caindo, indo, seguindo em uma estrada cheia de altos e quedas, cheia de chuva e de seca? Ah, e quanta seca! A chuva vem, e vai, mas a seca não, a seca é senhora de tudo, a seca resiste a tudo, e faz

---

[4] Referência a Píndaro e suas *Odes Píticas*.

[5] Referência a Sócrates.

tudo estalar, fender, *vir a ser*. Por acaso, existirá *quem* não tenha sentido, ao menos uma Noite na vida, uma sede infinita, uma sede descontrolada, que tira o centro de qualquer situação, que tira o eixo de qualquer corpo, que persiste através de todos os copos, de todas as garrafas, de todas as taças, interminavelmente? A boca seca e a sede que nunca passam são sinais de seca, de uma seca que se encarnou. E bendito o corpo cuja sede nunca passa. Se a sede passar, os ossos correm o risco de amolecer e perder a vitalidade. É preciso um pouco de sede, e de aridez, para o corpo se manter ativo, à espreita.

A Noite dá sede.

A mão diz *et cetera*.

É Noite e os corpos vagueiam, pernoitam. E buscam encontros muito diferentes: perversos, artísticos, amorosos, políticos e tantos outros.

E, a cada encontro, um *et cetera*.

Pois é somente a cada encontro *et cetera* que um corpo experimenta o *et cetera* de que é capaz. Não há nenhum deus, ou coisa parecida, que poderá dizer o que convém a cada um, somente cada corpo poderá avaliar, continuamente, o que lhe convém e o que não lhe convém, o que lhe alegra e o que lhe entristece.

Se Spinoza (1973) incita – Nós nem sequer sabemos de que é capaz um corpo –, é Nietzsche (1977) quem continua – Pois muito bem! Vamos lá, experimenta-te. Nesse mundo no qual não há nenhum transcendente autorizado a dizer o que é certo e o que é errado, nesse modo de se fazer, no qual tudo é imanente, não cessa de ser composto, recomposto e alterado, é preciso tornar-se capaz de mapear os próprios caminhos, decifrar os próprios signos, fazer de si uma viagem que não termina nunca, tornando-se *um, nenhum e cem mil* (PIRANDELLO, 2001). É também desfazer o Eu para ir atrás das próprias matilhas, seguir vida afora e inventar todo o *quem* que o mundo e as relações nos incitarem a inventar. E isso não se faz senão perambulando, pernoitando, colocando-se na estrada, indo atrás das próprias tribos e dos próprios desertos. Pois, embora não exista "*o caminho*" (NIETZSCHE, 1977), é certo que "muitos caminhos há e modos de superá-lo" (NIETZSCHE, 1977), cabe a cada um a prudência em agendar bons encontros, experimentar-se e aprender a ouvir que vento é bom e favorável à sua navegação.

Como o que alegra um corpo hoje haveria de alegrá-lo em todos os outros dias da vida? Como o que convém a um corpo haveria de convir a todos? O que faz um corpo se aproximar dessa ou daquela tribo? E o que o faz sentir que aquela tribo, em um determinado momento da vida, é sua tribo? Qual o desafio que os preceitos "torna-te *quem* tu és" e "conhece a ti mesmo" impõem? Não será, justamente, o desafio de se perder? E para isso não será preciso buscar as matilhas, mais do que as congregações, e ouvir os ventos, mais do que os conselhos? E aí, a casa não será sempre o mundo, e a voz do pai não será sempre a voz do vento nos mandando para longe, para muito longe?

E a mãe? A mãe desde sempre é a chuva, a chuva que cai e nos cobre, ensinando o anoitecer. Quem nunca adormeceu com o barulho de chuva? Como dizer que a chuva não é a mãe que acalanta e troveja, dando à fome de seu filho o alimento mais apropriado?

Mais uma vez, torna-te *quem* tu és.

E ainda outra vez, e tantas mais...

Torna-te *quem* tu és é o que diz a voz obscura e rouca, a voz que orienta os nossos passos e convoca um *quem* que jamais existiu antes. Torna-te *quem* tu és é um ritornelo, uma canção que nos acompanha. Conhece a ti mesmo é um ritornelo que sempre volta a começar, e a nos começar. *Et cetera* é um ritornelo, é uma canção. *Et cetera* é o refrão que entoa o princípio. *Et cetera* é o nosso nome.

O que é um ritornelo? É uma trilha sonora que nos acompanha enquanto nos tornamos? Não, talvez não. Uma trilha sonora é aguda demais, poderia exercer muita influência sobre o que vamos nos tornando. Um ritornelo voa, ressoa, não é incisivo, antes insufla, flutua, nos faz flutuar, por ele estamos suspensos, suspendidos. Uma trilha sonora está sempre de acordo com a gramática e é sempre tão coerente. Um ritornelo não, um ritornelo é feito de solecismos, de frases truncadas e infinitas como um *Pé de cachimbo*[6]. Um ritornelo é uma colcha de retalhos, feita de blocos de infância, de primaveras e outonos, de instantes que duram, de cantigas que nos rodam, fazem-nos girar, girar, girar, até que giramos em torno de nós mesmos e, refletidos sobre nós mesmos, flexionamo-nos, semiótica e fisicamente, e aí, os enunciados já não nos dizem mais, o Eu foi dissolvido, e os enunciados apenas revelam potencialidades inauditas. Um ritornelo não fala de uma pessoa. Um ritornelo faz vibrar as notas que nos compõem, extraindo delas incomensuráveis composições, projeções e conjunções. Um ritornelo não supõe um Eu que pode ser cantado por uma trilha sonora, que pode ser narrado e designado por ela, em vez disso, ele é um sopro, um sopro que revolve o pó cósmico de que fomos feitos e exprime intensidades puras, entoando não um Eu, não a identidade de uma pessoa, mas sim toda uma tribo, um povo cheio de conotações, de imensidões, de possibilidades *et cetera* e de um amplo poder de metamorfose.

Adriana, Ana, Mariana são ritornelos. Os nomes são ritornelos e não designam uma pessoa, mas exprimem o *et cetera* que nos tornamos e não terminamos nunca de experimentar. E nessa longa experimentação de *si*, cada um deve buscar os próprios ritornelos. Quem não precisa de um refrão que o embale ou de um *trá lá lá* que o acompanhe de casa até o trabalho? Uma criança cantarola para esquecer do escuro. Uma criança brinca com os próprios pés enquanto segue pela calçada, assovia, dobra o corpo e faz uma reverência para a avó que vem logo atrás, convidando-a para o passeio, dando-lhe passagem, aguardando que os passos dela

---

[6] "Hoje é domingo... "Pé de cachimbo"... O cachimbo é de ouro, bate no touro...".

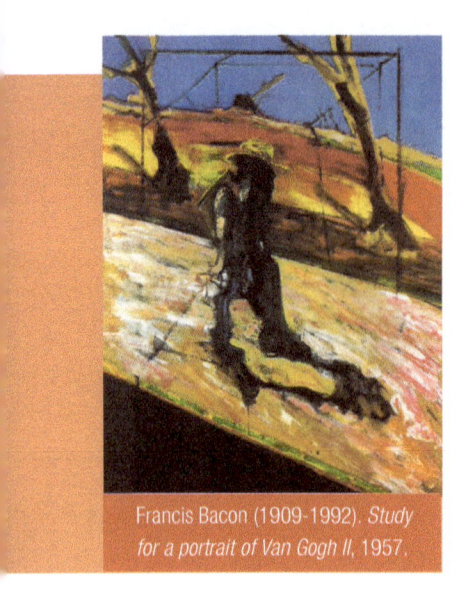

Francis Bacon (1909-1992). *Study for a portrait of Van Gogh II*, 1957.

cheguem e acompanhem os seus. Uma lavadeira canta, geme, acalenta a roupa ressequida, molha, torce, canta e estende ao sol. Os pássaros cantam o alvorecer. A Noite pede e repete *et cetera*. E no princípio o *et cetera* tresnoitava a terra, era o seu ritornelo. No princípio era *et cetera*. "Depois disto olhei, e eis que vi uma porta aberta no céu, e a primeira voz que ouvi era como uma trombeta que falava comigo, dizendo: sobe aqui, e mostrar-te-ei as coisas que devem acontecer depois destas" (*Apocalipse*, IV, 1.). E que coisas eram estas? *Et cetera*. No princípio e no fim: *et cetera*. No meio e no entremeio: *et cetera*. O canto de *et cetera* cruza a terra inteira e o faz de mil e uma maneiras, através dos ritornelos de uma criança, do canto de uma lavadeira, do refrão "torna-te *quem* tu és": *et cetera*.

E agora? Teremos nós condições de dizer *et cetera*? Será que somos capazes de dizer que venha o *et cetera*, que caia sobre nós todo *et cetera*, que tudo se faça *et cetera,* sem temer, com isso, o inesperado, o inusitado? Seremos capazes de querer o eterno princípio, sem começo e sem fim, sem uma continuidade, mas em variação contínua? Teremos condições de nos tornar o que *somos* sem reproduzir o Mesmo? Teremos coragem de nos desfazer de nossas certezas, de problematizar o que *somos*, abrindo-nos, sem pudor, às multiplicidades que nos atravessam? Até onde conseguimos ir, onde se encontram nossos limites e nossas impossibilidades? Não seria aí, onde nos damos conta dos nossos limites, e afirmamos não poder ir adiante que, enfim, começaria a nossa jornada, a nossa partida?

Referências

BÍBLIA SAGRADA. Tradução dos originais mediante a versão dos monges de Maredsous (Bélgica) pelo Centro Bíblico Católico. São Paulo: Ave Maria, 1992.

CUNNINGHAM, Michael. *As horas*. São Paulo: Companhia das Letras, 1999.

DELEUZE, Gilles. *Diferença e Repetição*. Rio de Janeiro: Graal, 1988.

DELEUZE, Gilles. *Conversações*. Rio de Janeiro: Ed. 34, 1992.

DELEUZE, Gilles; GUATTARI, Félix. *Mil Platôs – capitalismo e esquizofrenia*. Rio de Janeiro: Ed. 34, 1995. Volume 2.

DELEUZE, Gilles; GUATTARI, Félix. *Mil Platôs – capitalismo e esquizofrenia*. São Paulo: Ed. 34, 1997a. Volume 4.

DELEUZE, Gilles; GUATTARI, Félix. *Mil Platôs – capitalismo e esquizofrenia*. São Paulo: Ed. 34, 1997b. Volume 5.

FRANZ, Kafka. *O processo*. São Paulo: Abril Cultural, 1979.

HESÍODO. *Teogonia: a origem dos deuses*. São Paulo: Iluminuras, 1991.

MELVILLE, Herman. *Bartleby, o escriturário*. Porto Alegre: L&PM, 2003.

NIETZSCHE, Friedrich Wilhelm. *Assim falou Zaratustra*. São Paulo: Círculo do Livro, 1977.

NIETZSCHE, Friedrich Wilhelm. *A gaia ciência*. São Paulo: Companhia das Letras, 2001.

NIETZSCHE, Friedrich Wilhelm. *Além do bem e do mal: prelúdio a uma filosofia do futuro*. São Paulo: Companhia das Letras, 1992.

PÍNDARO. *Obra Completa*. Madri: Cátedra, 1988.

PIRANDELLO. Luigi. *Um, nenhum e cem mil*. São Paulo: Cosac & Naify Edições, 2001.

SPINOZA, Baruch de. *Ética*. Belo Horizonte: Autêntica, 2007.

Firula

Renato Bonfatti

Quando penso em firula imediatamente me remeto ao futebol, espaço onde a firula se mostra muito bem; além de gerar intermináveis controvérsias entre os defensores do futebol arte, e os que advogam um futebol mais viril, mais objetivo, o tal "futebol de resultados".

O dicionário diz que firula implica um rebuscamento da fala para enunciar algo simples, mais ou menos equivalente a circunlóquio (que beleza de palavra!) ou rodeio. No futebol seria demonstração de virtuosismo com a bola. Nas incertas raízes etimológicas do termo, encontramos possíveis relações com o hispano-americano *firulete* – palavra originária do galego-português *ferolete* que, por sua vez, provém de algum derivado de flor, talvez florete, que vem a ser um adorno rebuscado.

Pergunto-me: por que diabos alguém iria pretender um rebuscamento da fala para dizer algo simples? Mas porque é que se teria que falar sempre do modo mais simples? A busca por um modo rebuscado de se dizer o simples pode estar fundada em várias razões dependentes do contexto que promove a fala. Podemos pensar, por exemplo, em alguém utilizando rebuscamentos na fala para impressionar positivamente um outro, como na paquera, no flerte ou ainda numa atividade de vendas. Também num contexto de celebração, o rebuscamento pode estar a serviço do congraçamento, infundindo um estado de exaltação. A firula ganha então aqui um sentido bem interessante como poderoso artifício retórico, servindo a essa antiga arte de conhecer aquilo que, no discurso, é capaz de produzir persuasão nos ouvintes. Bem, então firula não seria necessariamente uma coisa quase inútil, supérflua?

Não! Muito pelo contrário, pois, como potente artifício de retórica, pode vir a ser um valioso instrumento para conquistar objetivos. A retórica proporciona técnicas visando o embelezamento dos discursos. Mais do que falar bem, a questão passa a ser falar bonito, uma fala que não somente suscite nos ouvintes uma espécie de encanto, mas que também soe quase como um canto. Dizem que um dos melhores de que se tem notícia no domínio do belo falar teria sido Górgias, um famoso rétor da época de Sócrates. A partir dele surge, por exemplo, a palavra "gorjeio" para nos referirmos ao canto dos pássaros – não por acaso podemos utilizá-la em nossa língua. A palavra "firula" contém um claro revoluteio onomatopaico: ouvindo-a somos lançados na imagem de algo que sobe (firu) e desce (la), dando voltas. Ao pronunciarmos a palavra "firula" podemos sentir esse movimento conjugando nossos lábios e língua. Essa especial acoplagem de corpo e som na pronúncia de firula também nos remete a algo de hilário, de pitoresco.

Se retomarmos agora a acepção de firula, advinda do hispano-americano *firulete*, podemos perguntar-nos então: qual o sentido de um adorno rebuscado? Ora, de certa maneira podemos identificar o simples com o chato se pensamos o simples como coisa de pouca variação. Graficamente essa coisa poderia ser representada por uma figura sem rugosidades ou anfractuosidades, uma figura chata! O achatamento elimina as variações e reduz tudo ao plano, ao simples. Como diz Arnaldo Antunes e a banda Titãs na música "Comida": "a gente não quer só comida, a gente quer comida, diversão e arte". A gente quer variações, rugosidades, revoluteios, surpresas. Ninguém procura o chato. A arte do adorno, do enfeite, traduz essa busca por um enriquecimento do espírito no contato com as variedades. Além do que o adorno é algo absolutamente universal entre os humanos. Tribos africanas ou amazônicas, imperadores, filósofos, generais, presidentes, roqueiros e astronautas, ninguém dispensa o seu adornozinho! Ora, parece evidente que qualquer arte apresenta uma tendência natural para a acumulação de alternativas e caminhos ao longo de sua história, ou seja, qualquer arte tende necessariamente ao seu rebuscamento. Não haveria de ser diferente com a arte dos adornos. Mesmo um movimento de simplificação, buscado em algum momento, por um artista em sua arte, já não será nunca algo da ordem de uma simplificação ingênua, um achatamento, mas sim um ato altamente mediado pelas elaborações geradas em um percurso, o que, a meu ver, não deixa de caracterizar uma especial modalidade de rebuscamento.

Não há como dizer, por exemplo, que sejam objetos simples aqueles intencionalmente construídos a partir de uma proposta de desenho baseada principalmente no plano e no reto, como são os da Bauhaus. O próprio mentor do movimento *Bauhaus*, o alemão Walter Gropius, assumia que era preciso permitir ao espírito criativo a construção do novo a partir da tecnologia acumulada pela humanidade. Olhando para os objetos da *Bauhaus* não há como não se ver ali, por mais paradoxal que isso possa parecer, uma espécie de simplicidade rebuscada.

O mesmo tipo de consideração há de valer também para o movimento minimalista da década de sessenta, que nas artes visuais e na música representa o ápice das tendências reducionistas na arte moderna e pretende caracterizar-se pela extrema simplicidade das formas. Mas como não ver um extremo rebuscamento no minimalismo musical de Phillip Glass ou na pintura minimalista de Dorothea Rockburne?

Tal rebuscamento também ocorre na obra do brasileiro Sergio Camargo, na qual reina aparentemente um retorno ao simples, baseado na proposta de uma desmaterialização da obra de arte, cujo objetivo é abdicar de temas para se concentrar na extração de formas puras. Camargo usa ao mesmo tempo volume e linhas de direção do espaço tridimensional que, uma vez pintados de branco, produzem nos volumes intensos efeitos de desmaterialização, gerando espaços de profundidades incertas que vibram e se transformam continuamente numa interação entre os movimentos do observador e da luz. Enfim, uma arte intensamente conceitualizada e distanciada do simples. Na página seguinte, duas obras de Sergio Camargo.

Cadeiras Bauhaus e Rococó: duas modalidades de rebuscamento

Mas voltemos agora ao futebol para tentar encontrar aí alguns outros sentidos próprios para a firula. Nele a performance dos times é fortemente influenciada por fatores que dizemos ser de ordem psicológica. Não à toa o futebol mobiliza milhões de pessoas em todo o planeta. É um jogo cheio de graças, de possibilidades, de variedades. Uma das coisas que doam grande interesse ao futebol é o fato, por exemplo, de que nem sempre ganha o que se apresentou melhor. Muitas vezes uma partida se decide em acidentes ou detalhes fortuitos a favor do time de pior performance, ou ainda por "erro" de arbitragem. Mas a disposição psicológica dos jogadores, o nível da sua motivação para lutar, dando o melhor de si para o bom rendimento do time, pode ser absolutamente decisivo para os resultados. E é mesmo aqui que entra uma importantíssima função da firula. Uma firula bem aplicada produz imediatamente uma espécie de abatimento psicológico que se

Dorothea Rockburne (1932 -). *Capernaum Gate*. 1984. (Óleo sobre tela)

propaga por todo o time adversário, incluindo aí a sua torcida; abatimento suficiente, muitas vezes, para mudar definitivamente um resultado. Num primeiro momento da firula, a eficácia deixa de partir da ação coletiva para morar num tipo de atitude estritamente individual. Mas, num segundo momento, o firulante se reintegra ao seu coletivo pelo forte efeito emulador transmitido aos seus pares.

Isso porque a firula, mais que um simples ato, implica uma atitude sustentada em virtudes como coragem, ousadia, determinação, espírito de luta e autoconfiança. Várias firulas bem aplicadas podem resultar num verdadeiro massacre psicológico dos antagonistas, a ponto de levá-los a "perder a cabeça", apelando para reações violentíssimas. Há que se ter aqui especial cuidado, pois a firula no futebol, dada a sua natureza de adorno rebuscado construído sobre a insuficiência de um outro, tenderá sempre a soar como provocação insuportável.

O já famoso drible da foca, criado pelo jovem jogador Kerlon, em que o jogador corre com a bola equilibrada na cabeça, possui os típicos elementos de uma boa firula. Tem aquele quê de revoluteio pitoresco que caracteriza a firula, exige grande habilidade, produz um forte abalo no moral dos antagonistas, deixando-os geralmente exasperados e pode ser extremamente objetivo para furar bloqueios defensivos. Na última vez em que vi Kerlon executá-lo, um antagonista parou a jogada de forma violenta e foi expulso. O drible da foca é deboche? É um acinte? Deve ser proibido? Brecado com falta violenta?

Obras de Sergio Camargo

Segundo o que pensam alguns juízes, um drible só pode ser considerado uma atitude antidesportiva, a ser punida com falta ou advertência, quando fica claro que a firula com a bola não tinha como objetivo fazer o time avançar rumo ao gol. Tremem os deuses do futebol! Mané Garrincha, o maior driblador de que se tem notícia, revolve-se em seu túmulo! Que essa abstrusa inversão de valores nunca se consume, pois o que seria do futebol sem os grandes dribladores e suas firulas maravilhosas?

Mas, felizmente, há os que defendem a posição de que drible é drible, coisa para quem pode. E nada justifica um jogador ser agredido; nem tampouco punido por aplicar um drible, qualquer que seja a situação. A obrigação do adversário é ignorar qualquer intenção antiesportiva e tentar o desarme sempre nos limites da urbanidade.

Além da função fundada no caráter altamente psicológico, motivacional, que o futebol apresenta, a firula exerce também uma função estética da maior relevância no contexto de uma partida. São frequentes entre os comentaristas de futebol as comparações com a dança e o balé. Só conseguem realizar firulas os que são exímios praticantes da arte. A firula é uma espécie de apoteose, máxima expressão da habilidade futebolística, e apresenta um fortíssimo apelo visual, podendo ensejar momentos de resplandecente beleza plástica, impondo um brilho sensacional às partidas. Diante de uma firula bem aplicada, sentimos uma lufada de ar fresco em nossos espíritos!

Alguns comentaristas e treinadores, no entanto, insistem em criticar a firula, amesquinhando seu campo semântico, pretendendo identificá-la com puro exibicionismo, deboche e falta de objetividade, chegando até mesmo ao cúmulo de querer proibi-la. Como podem não enxergar a firula no que ela tem de altamente objetivo em todos os sentidos que já vimos? O treinamento contínuo de um repertório de firulas deveria ser item obrigatório para os jogadores. Sábio seria o técnico que, sentindo o momento propício durante uma partida, chegasse à beira do campo e gritasse para seus craques: "Hora de soltar as firulas, pessoal!". A firula, como modalidade de máxima expressão de uma habilidade, pode apresentar altíssima eficácia para a criação de alternativas e resolução de problemas. Quantos jogos terminam no zero a zero por falta de um drible criativo bem aplicado, por falta de uma boa firula? Alguém consegue pensar em algo melhor para abrir uma defesa fortemente retrancada do que uma perfeita firula? Só não conseguem mesmo enxergar o valor da firula para o futebol, convenhamos, aqueles que o escritor Nelson Rodrigues chamava, com toda a propriedade, de "idiotas da objetividade".

É claro que podemos encontrar, no futebol, na escrita, na oratória, na pintura ou em qualquer outra arte firulantes que sejam aborrecidos, pretensiosos, arrogantes e pouco objetivos. No entanto, tais atributos também são extremamente encontradiços entre os não firulantes.

A firula, principalmente no âmbito da oratória e no futebol, pode ser um recurso verdadeiramente precioso, mas sua eficácia irá depender sempre de uma arguta avaliação dos contextos. É a partir da noção de contexto que normalmente se pretende colocar uma fronteira entre semântica e pragmática. Diz-se que o campo da semântica se constitui a partir de significações que independem do contexto. Ao contrário, o campo da pragmática vai se constituir exatamente a partir daquela noção. A expressão: "Gabeira é verde", do ponto de vista estritamente semântico, é falsa, pois não existe nenhum homem que seja verde e Gabeira é homem. Porém, do ponto de vista pragmático, considerando o contexto, a expressão passa a ser verdadeira, pois convencionou-se chamar "verdes" os ecologistas do Partido Verde, ao qual Gabeira pertence. Os sentidos emergem do contexto das interações. É tal a força do contexto que um simples gesto como o piscar de olhos pode ser suficiente para inverter o sentido de uma assertiva. Firula boa é a que o contexto põe e não a que o firulante impõe.

Atividades

Procure sentar-se confortavelmente e então comece a pronunciar a palavra "firula", lentamente, seguidas vezes. Enquanto pronuncia, tente perceber o movimento conjugado dos lábios e da língua. Atente também às sensações, ideias e afetos que ocorrerem durante o exercício. Relate por escrito essa experiência.

Faça um inventário dos "adornos rebuscados" da sua casa e escreva um pouco sobre algum, descreva-o, fotografe-o, desenhe firulas!

Digite as palavras "firula" e "firulete" no YouTube e veja o que acontece.

Fotografe alguns firuletes encontráveis em antigas construções da sua cidade. Escreva sobre a foto, nomeie-a.

Caso você nunca tenha exercitado a firula em sua vida, então é hora de começar. Escreva um discurso de uma lauda para ser pronunciado, exaltando alguém de quem você goste muito, procurando utilizar o recurso das firulas de um modo bem elegante.

A firula pode nos levar por vários estilos. Convide-se para visitar o barroco, o rococó e o minimalismo. Escreva sobre o que isso lhe faz pensar.

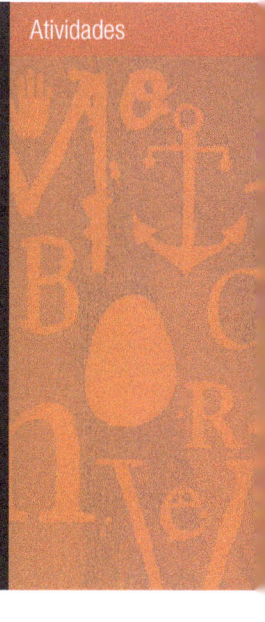

Futebol de várzea (Potreiro)

Maximiliano Durán

Tradução: *Filipe Ceppas e Walter Omar Kohan*

Potreiro: 1. n substantivo masculino. negociante de cavalos e de gado para o exército; 2. Regionalismo: Brasil. m.q. potril; 3. Regionalismo: Sul do Brasil. pasto com água, cercado, onde se conservam animais em segurança; 3.1. Regionalismo: Sul do Brasil. pequeno pasto perto da casa da fazenda, onde descansam os cavalos us. no serviço diário, ou que necessitem cuidados médicos, ou ainda vacas leiteiras; piquete; 4. n adjetivo. Regionalismo: Rio Grande do Sul. coberto de grama, Ex.: campo p." (Dicionário Houaiss da Língua Portuguesa).

Campo potreiro seria o equivalente do "potrero" castelhano, palavra usada na Argentina e no Peru para "terreno sem edificação onde jogam as crianças" (MOLINER, 1999).[1]

Potreiro: substantivo que respira seu ar no plano do abecedário e que faz pontes com os diversos conceitos que o habitam. Em geral, pode ser concebido e utilizado por aqueles que nada sabem de futebol, como sinônimo de terreno baldio. Contudo, pelo menos nas grandes urbes, o baldio costuma ter seu acesso restrito e implicar assim um espaço fixo, vazio, estéril e inútil, que nega ou desconhece os fluxos de duração que o atravessam. O campo da várzea, ao contrário, é um espaço móvel, recorrido por fluxos infinitamente interconectados através

---

[1] "1. m. Hombre que cuida los pastos 2. Pasto o sitio destinado a la cría del ganado caballar. 3. (Hispam) Finca rústica, con árboles, cercada que se destina, a la cría del ganado. Apotrerar, empotrerar. 4 (Arg, Perú) Terreno sin edificar donde juegan los niños" (MOLINER, 1999).

de dribles em zigue-zague, risos, manobras, embaixadas, travas, tiros cruzados, focas, canetas, elásticos, pedaladas, de letra e todo tipo de jogadas rizomáticas.[2]

A jogada Rizomática possui uma série de características:

a) carece de pontos e posições. Quer dizer, não têm nem princípio nem ponto de apoio, nem muito menos posição fixa dentro de um plano.

A jogada rizomática não tem a ver com o gol nem com a origem de uma jogada (se por origem entendemos seu ponto de partida). Dita jogada é justamente aquilo que acontece "entre" o receber a bola e o gol. É um pôr-se dançarino no movimento da bola.

A jogada rizomática desconhece posições. De nada serve ser volante, atacante, zagueiro, goleiro ou lateral.

b) Qualquer ponto da jogada rizomática pode ser conectado com qualquer outro. Isso permite à jogada rizomática agenciamentos com travas, tiros cruzados, risos, assombros, mãos de deuses,[3] brincas, fibras, gorduras, salivas, alegrias, tristezas, conhecimentos, verdades, mentiras, desejo, fome, defesa/ataque, beleza, arte, poder, ciência...

c) A jogada rizomática pode ser quebrada em qualquer de seus pontos sem que isso suponha necessariamente seu fim.

Todo zagueiro antifutebolístico deseja pôr fim a uma jogada rizomática. Emprega nisso seu tempo dentro do espaço do potreiro. Sua maior ambição é converter-se numa "máquina da retranca" interceptora dos fluxos mobilizados pela jogada.

Um Dunga ou um Ricardo Rocha são alguns nomes que a "máquina da retranca" soube encarnar. Muitas vezes a "máquina da retranca" corta a jogada. Contudo, isso não impede que a jogada recomece noutra região do plano potreiril, ou que uma linha de fuga (seja um toque curto, uma tabelinha, o drible em zigue-zague ou a máquina da retranca ela mesma) permita uma nova continuidade. A jogada rizomática nunca deixa de se reinventar, ainda que se a interrompa infinitamente.

d) A jogada rizomática não é uma cópia e não se pode copiar, ainda que muitos acreditem que seja possível fazê-lo.

A esse respeito, nos conta Eduardo Galeano (1996, p. 85):

> São vários os argentinos que juram, com a mão sobre o coração, que foi Enrique Garcia, "el Chueco", ponta esquerda de *Racing*. E vários são os uruguaios que juram, os dedos cruzados sobre os lábios, que foi Pedro Lago, "el Mulero" atacante de *Penarlo*. Foi um, foi outro, ou foram os dois.

---

[2] No texto, o autor alude a diversos conceitos deleuzianos, como rizoma, plano, linha de fuga, agenciamentos, etc.

[3] "Mano de Dios" é uma referência ao famoso gol que Maradona fez com a mão, nas quartas de final do Mundial do México, enfrentando a Inglaterra em 1986.

> Faz meio século ou mais, quando Lago ou Garcia metiam um gol perfeito, desses que deixam os rivais paralisados de raiva ou de admiração, recolhiam a bola no fundo da rede e, com ela debaixo do braço, refaziam sua trajetória, passo a passo, arrastando os pés: assim, levantando os pés, borravam suas marcas, para que ninguém lhes copiasse a jogada. (GALEANO, 1996)

As crianças costumam esquecer sua capacidade rizomática de jogar futebol e fingem desenvolver as mesmas jogadas de um Maradona, um Romário ou o ainda assombroso Ronaldinho e esquecem que esse tipo de jogadas não é uma complexa reprodução fechada em si mesma.

A jogada rizomática é uma construção conectável em todas as suas dimensões, alterável e suscetível de receber uma multiplicidade infinita de modificações. Pode ser iniciada por um indivíduo, uma equipe ou qualquer formação social. E, ao mesmo tempo, é uma singularidade, algo único, irrepetível.

A jogada rizomática é aberta, não pretende circunscrever-se em um domínio fechado. Algumas pessoas pensam que, dada a beleza e absoluta inutilidade que a caracteriza, ela é um tipo de movimento que só é possível no espaço do potreiro. Mas isso não é assim.

As linhas de fuga que irrompem nas jogadas rizomáticas podem sair do espaço potreiro e produzir novos agenciamentos. De fato é possível hoje em dia, ainda que muito de vez em quando, vislumbrar pequenos lampejos rizomáticos nos campos de futebol, nos estádios, nas escolas, nos hospitais, galeria de arte, bibliotecas, livrarias, universidades, etc.

Poderíamos enumerar uma série bastante cômoda de jogadores que costumam apoiar-se em movimentos rizomáticos. Jogadores cujas jogadas irrompem como linhas de fuga com relação a movimentos tático-estratégicos, pensados por técnicos disciplinados. Contudo, não o faremos e nos limitaremos a um burburinho: havia uma vez quando as jogadas de um jogador produziram as maiores intensidades rizomáticas que jamais foram vistas. Poderíamos apresentar seu nome, aquele que reside num espaço determinado, fechado e hierarquizado de uma árvore genealógica. Mas preferimos apresentar seu nome rizomático: Estrela solitária.

> Te convidamos a criar tua própria jogada rizomática e discuti-la: desenhá-la, pintá-la, cantá-la, realizá-la. Sozinho ou com amigos.

A várzea: lugar aberto à hospitalidade?

O potreiro é uma região a ser explorada e construída constantemente pela garotada que aproxima o futebol de seus limites variáveis.

O potreiro não é um espaço preexistente a que se pode chegar para desenvolver diversos tipos de jogos. É um espaço que deve ser criado pelos jogadores a cada vez que se pretende jogar.

A sonoridade do "zerinho ou um" com que as crianças abrem o percurso para determinar as possíveis equipes é um esboço de centro precário, que rompe com o aparente caos inicial do terreno baldio. A partir do "zerinho ou um", as crianças traçam um espaço incerto, mas ilimitado, que constituirá um início de potreiro.

O canto e demais vocalizações emitidas pela garotada transformam-se, então, num tipo de limite que contém, orienta, diverte e abriga seu jogo, como também mantém as forças aparentemente caóticas do terreno baldio fora do espaço potreiril.

Poderíamos dizer que o "zerinho ou um" possui uma função territorial, na medida em que define, marca e organiza os limites territoriais das equipes, assim como também os do jogo que ali acontecerá:

No potreiro:
Não há pelada sem equipes
Não há equipes sem "zerinho ou um"
Sem "zerinho ou um" não há potreiro

O potreiro constitui-se, paulatinamente, através da ação da garotada, num espaço divertido, não sem tensões, mas de cuidado e acolhida.

Enrique González Tuñon (1941) diz acerca do potreiro que:

> [...] é um capítulo de infância desvalida, de infância triste e esfarrapada, antro clandestino, onde o moleque, filho da miséria — flanelinha, catador de papel e engraxate — jogador precoce apaixonado, continua a partida iniciada ao dobrar de uma esquina e interrompida pela ameaça de um vigia, inimigo irreconciliável do bando de malandros que atormentavam o bairro.

O potreiro surge como uma moradia que permite diferenciar um interior (energético e criador, que habita o jogo de futebol, por meio das forças que o atravessam, questionando, pisando e amassando sob a sola de seus calçados a violenta pobreza que o rodeia, e permite criar jogadas rizomáticas que excedam o espaço potreiril em busca de novos agenciamentos, que permitam transformar terrenos baldios em potreiros) de um exterior dominado pelo terreno baldio urbano preexistente (dado, ameaçador e inóspito, regido pelos números de um mercado mundial cada vez mais amplo e inumano).

O potreiro que surge do jogo dos meninos não é como nossa casa, mas antes como a casa dos meninos e meninas que na miséria mais degradante encontram na bola seu único brinquedo. É o refúgio de sua infância de rua, dos infantes catadores de lixo, dos astutos golpes sociais, da indiferença de quem tem, do ódio de todos aqueles que, ignorando sua responsabilidade direta na marginalidade dessas crianças, os veem como delinquentes em miniatura que necessitam da "mão firme" das autoridades.

No interior caseiro do potreiro:

Carlos Alberto jamais teve que clarear seu rosto com pó de arroz, nem Friendenreich teve que alisar o cabelo. Porque as cores convivem e se fundem na palheta multicolor do potreiro.

O Charro José Manuel Moreno não teve necessidade de sair cedo de uma milonga, nem deixar de entornar uma garrafa de vinho. Porque, no potreiro, há sempre tempo para criar e desfrutar da inventividade colorida de seus dribles e fugas clandestinas.

O grande Negro Jefe não teve que demonstrar sua coragem sem igual nem explicar que as partidas são jogados mais abaixo, no campo. Porque todos sabem que os de fora do potreiro "não são de nada",[4] quando a honestidade e a vergonha é compartilhada por todos.

Américo Tesorieri não precisou pedir a sua mãe o tecido de tricô cinza, como as dos zagueiros europeus. Porque, no potreiro, todo mundo joga, pouco importa a vestimenta que usa.

O "técnico" Peregrino Fernández não deveria ter terminado num asilo em Neuilly nem tampouco ter exilado seu futebol nos estádios de Itália, França, Colômbia, Austrália e Rússia. Porque uma maneira de viver o futebol e sua filosofia não são estranhas ao futebol de várzea.

Carlitos Tévez[5] não teve a necessidade de aprender línguas para jogar o futebol e dar entrevistas aos jornalistas. Porque no potreiro não se exige uma língua particular para dar boas vindas.

E ao Pelusa (Diego Maradona)... ao Pelusa jamais um anão de escritório ousou, em nome de uma moral duvidosa, cortar-lhe as pernas. Porque no potreiro se cuida e respeita os que criam e dão alegria.

---

[4] Obdulio Varela, o "chefe negro", capitão da equipe uruguaia que venceu o Brasil na decisão da Copa do Mundo de 1950, após pegar a bola na rede, no gol que calou o Maracanã, teria dito: "Vam'bora, que os de fora não são de nada".

[5] Em uma entrevista televisiva perguntaram-lhe por que não aprendia inglês. Ao que ele respondeu: "me vendem tão rapidamente que não tenho tempo de aprender. Quando comecei a aprender português me venderam para a Inglaterra. E agora novamente vão me vender".

> Segundo seu ponto de vista, que outras coisas acontecem na várzea? Pense nisso, desenha, pinta e discute com teus amigos.

O potreiro é um lugar no qual se procura apreciar a relação com o outro em sua máxima alteridade. Lá a bola tanto corre que nunca se consegue encarar totalmente os outros. Sempre há algo que me escapa. Por mais que eu saiba como se chama, de onde vem ou quem é, há um pedaço do outro que jamais poderei conhecer.

No potreiro isso se sabe, e, para não ficar dando voltas, oferece-se uma hospitalidade que não exige condições prévias, que não demanda filiações, que não se exerce sem violência, mas que às vezes inverte a lógica do mercado: o cara com a melhor vestimenta raramente é quem mais se destaca. O potreiro é um espaço aberto à chegada de novos integrantes. Sempre há lugar para mais um, ainda que as equipes já estejam formadas.

Se alguém tem vontade de jogar, deve apenas aproximar-se do potreiro, sentar-se e esperar.

Logo escutará:

"Ei, amigo! Entra! Vam'bora!"

O convite para participar do potreiro é um convite a um recém-chegado anônimo e desconhecido, a quem se oferece um lugar sem nenhuma exigência prévia.

Certamente, algum distraído, ou amante do futebol society ou dos estádios fará objeções ao parágrafo anterior, dizendo que o estrangeiro deve responder a uma série de requisitos também no potreiro. Uma vez que, se quer participar do espaço do potreiro, deverá, necessariamente, submeter-se à linguagem do futebol falado no potreiro.

Dessa maneira, ao recém-chegado imporiam, através do convite, a mesma série de normas e condições, próprias da linguagem compartilhada e praticada por todos os que compõem ou desejam formar parte do potreiro.

"Se queres entrar, ficar e jogar no potreiro, então terás que falar, jogar e viver futebol", dizem os amantes do terreno baldio. Em outras palavras, para ser recebido no potreiro, tens que falar sua linguagem, ser um deles.

Essa suposta hospitalidade, como se pode ver, o único que faz é negar a estrangeirice do estrangeiro. Posto que, como bem assinala Derrida (2003), seria no mínimo duvidoso que continuássemos a considerar estrangeira uma pessoa da qual se exige falar nossa mesma língua, com tudo que isso implica – e à qual se exige o abandono de seu mundo, seja qual for, como condição para entrar no potreiro.

Quer dizer, "se já compartilhássemos tudo o que se compartilha numa língua, o estrangeiro seria ainda um estrangeiro? E poderíamos falar de acolhida e hospitalidade com respeito e ele?" (DERRIDA, 2003).

O recém-chegado, o estrangeiro que põe seus pés nos limites do potreiro, aquele que simplesmente se senta na beira da pelada, traz consigo a força de um convite. É ele, com sua presença, quem convida os integrantes do potreiro a convidá-lo. Sem sua presença, como vimos, não haveria convite nem nenhum gesto hospitaleiro. Nesse sentido, poderíamos dizer que o estrangeiro torna-se um paradoxo, à medida que, como assinala Derrida, torna-se "anfitrião dos anfitriões e convidado dos convidados" (DERRIDA, 2003).

Desde a perspectiva potreiril, o paradoxo do estrangeiro implica a possibilidade de uma nova relação com o outro, à medida que todos e cada um são suscetíveis de serem o outro do outro.

A presença do estrangeiro, nos limites do potreiro, situa-nos num lugar paradoxal, diante do qual não sabemos bem como atuar, o que dizer, como e o que pensar; posto que o estrangeiro, o que vem de fora, não fala nossa língua, não é um de nós, com o qual podemos nos comunicar.

Diante dessa situação, a hospitalidade potreiril, longe de ser vivida como um ponto final e de clausura, apresenta-se como experiência, potência e abertura para uma nova relação com o outro, que nos força a pensar e a propiciar novos encontros ali onde normalmente costumam interromper-se.

A hospitalidade do potreiro nos conduz a novas formas de nos fazermos perguntas...

Dessa maneira é que, na busca de novos encontros, a boa vinda potreiril esquivar-se-á das exigências, do chamado dos homens, procedências e linguagens comuns. Nem sequer será necessário que o recém-chegado jogue futebol para que se lhe ofereça o acesso ao potreiro.

O gesto de boas-vindas que oferece o potreiro é o mesmo que o de Dom Simón Rodrigues aos párias, filhos de presidiários, indígenas e filhos das prostitutas de Chuquisaca, em sua maravilhosa escola; é o gesto dos alunos de Jacotot que, em sua língua estrangeira, dispõem-se a um novo encontro com o estranho professor; e é o indecifrável primeiro canto de Simón, convidando-me ao encontro da paternidade.

> Quais outros novos gestos você imagina para receber um estrangeiro?
> Que outras novas línguas você pode falar e como as pode habitar?

O potreiro é um lugar construído constantemente pelos próprios habitantes que amam a estrangeirice paradoxal, a qual não cessa de se renovar num movimento de estranhamento constante, que vai do que se é ao que não se é.

Em definitivo, o potreiro é uma instância que nos convida a nos desconhecermos, a desconfiar de nossos próprios saberes e de nossa língua. É um espaço em que a potência paradoxal do estrangeiro nos abre a possibilidade de nos inventarmos como outros a cada instante, de ir ali onde a própria língua não tem ressonâncias, onde se fala outra língua, a língua do outro (KOHAN, 2007).

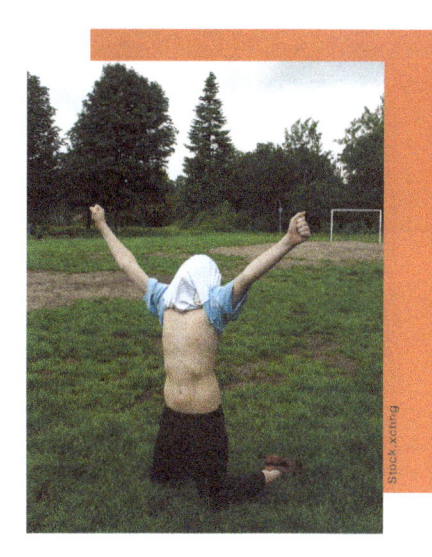

Bem-vindos ao potreiro.

Referências

DERRIDA, J. *Anne Dufourmantelle convida J. Derrida a falar da hospitalidade*. São Paulo: Escuta, 2003.

GALEANO, E. El beso perfecto. In: *El fútbol a sol y sombra*. Santiago de Chile: Catálogos, 1996.

GONZÁLES, Tuñón. Gorriones de la ciudad. In: *La calle de los sueños perdidos*. Buenos Aires: Sociedad Editorial Americana, 1941.

HOUAISS, A.; VILLAR, M. S. *Dicionário Houaiss da Língua Portuguesa*. Rio de Janeiro: Objetiva, 2001.

KOHAN, W. O. *Infância, estrangeiridade e ignorância*. Belo Horizonte: Autêntica, 2007, p. 35 ss.

MOLINER, M. *Diccionario de uso del español*. Madrid: Gredos, 1999.

Grão de areia

Juliana Merçon

A areia aqui surge como um convite para que nos coloquemos à margem, para que marginalizemos nosso pensar, para que pensemos menos dentro da corrente das grandes ideias consensuadas. Um convite para que pisemos fora do rio, do fluxo cotidiano dos sentidos facilmente comunicáveis e dos jeitos prontamente aceitos, e sentemo-nos na areia. Apequenemos o nosso olhar. Será que enxergamos o pequeno que nos rodeia? Insetos, pedacinhos de folhas, fragmentos de pensamentos, farelos de sentimentos, inspirações menores que escapam à monumental rotina de um mundo que se imagina já muito sabido... Deixemos o nosso olhar seguir a trajetória da própria areia, que um dia foi rocha, cheia de tamanho, e depois se tornou minúscula, múltipla. Talvez sua pequenez nos inspire a pensar algo novo. Talvez sua pequenez nos inspire a pensar.

Olhemos para a areia. Que imagem te visita? A de um grão ou a de um conjunto extenso? Pode uma só coisa ser ao mesmo tempo múltipla? O que você imagina quando ouve a palavra "areia"? Deserto, praia, leito de rio? Onde mais encontramos areia?

Ampulheta: tempos e opostos

Tempo é um dos grandes conceitos da filosofia. Vários filósofos e também cientistas há bastante tempo tentam explicar o tempo. Aristóteles (384-322 a.C.), por exemplo, definiu o tempo como "a medida da mudança" ou a "numeração do movimento contínuo" (*Física*, livro IV, 220b, p. 14; 223b, p. 1). Assim, podemos dizer que a areia, ao deslizar do alto à parte inferior da ampulheta, ao mudar ou se movimentar dessa forma, mostra-nos a passagem do tempo. Para Aristóteles, embora tempo não seja sinônimo de mudança, ele não existe sem ela e vice-versa (*Física*, Livro IV, 218b:21-219a). O que você acha dessa ideia?

Seria o tempo sempre único? Na Antiguidade, os gregos costumavam diferenciar entre *Khrónos* e *Aíon*. *Khrónos* seria o tempo objetivo, o tempo astronômico, o tempo dos nossos relógios. Já *aíon* seria o tempo da vida, o período limitado de uma vida humana. Heráclito (535-475 a.C.) escreveu, ainda antes de Sócrates, que "o tempo da vida (*aíon*) é uma criança que joga um jogo de oposições. De uma criança, seu reino" (fragmento 52). Esse e outros fragmentos enigmáticos escritos por Heráclito foram interpretados de maneiras distintas ao longo da história. Friedrich Nietzsche (1844-1900), por exemplo, compreendeu o *aíon* de Heráclito como algo que nomeia a duração "da impermanência de tudo o que é atual, de tudo o que constantemente age e vem a ser mas nunca é" (do livro "A filosofia na idade trágica dos gregos", 54). Para Nietzsche, enquanto *khrónos* designa o tempo permanente daquilo que é, *aíon* seria o tempo do devir ou de um tornar-se sempre em fluxo. O que você pensa destes dois tempos? Há relação entre eles? Haveria outras maneiras de pensar e nomear o tempo?

Antes de Albert Einstein (1879-1955), muitos acreditavam que o tempo era independente do seu quadro de referência, ou seja, do lugar e circunstâncias a partir dos quais se observa um evento. Por exemplo, se o intervalo de tempo entre dois relâmpagos é de 100 segundos, marcados por um relógio de alta precisão, então, pensava-se que este intervalo também seria de 100 segundos se marcados por um outro relógio de igual precisão mesmo se a pessoa com esse relógio estivesse viajando a uma velocidade incrível. Einstein mostrou com sua teoria da relatividade especial que a medida do tempo depende de onde e como se encontra o observador. Ele demonstrou, matematicamente, como, "a não ser que nos seja apresentado o quadro de referência ao qual se relaciona a descrição do tempo, não há sentido em falar do tempo de um evento" (do ensaio "Sobre a eletrodinâmica de corpos em movimento", de 1905). Que perguntas podem nos ajudar a seguir investigando o tempo?

Você já pensou que o vidro da ampulheta que contém a areia que marca o tempo (ou um certo tempo) é ele próprio feito de areia? A sílica, matéria prima essencial na fabricação do vidro, apresenta-se sob a forma de areia. É encontrada no leito dos rios, no deserto e nas pedreiras. O vidro que contém a areia, no caso da ampulheta, partilha com seu conteúdo as mesmas propriedades básicas. Você consegue pensar em outras coisas presentes ao mesmo tempo naquilo que contém e no que é contido?

Grão de areia

Uma lenda conta que, há cerca de 4.000 anos, uma caravana de mercadores fenícios (povo que habitava a região que hoje chamamos de Líbano, parte da Síria e norte de Israel), quando retornava do Egito, acampou às margens do Rio Belus. Lá colocaram ao chão seus sacos cheios de natrão, um carbonato de sódio natural que usavam para tingir lã. Acenderam o fogo com lenha e usaram pedaços de natrão para apoiar as panelas. Quando acordaram, encontraram, no lugar das rochas de natrão, blocos brilhantes e transparentes que pareciam pedras preciosas. Um dos mercadores percebeu então que parte da areia abaixo de onde estava o natrão também havia desaparecido. Assim, conta essa lenda, foi descoberto o vidro.

Vários estudiosos ainda debatem se o vidro deve ser classificado como líquido ou sólido. Embora o senso comum nos mostre que o vidro é sólido, a forma como suas moléculas se agrupam e seus aspectos termodinâmicos permitem que o caracterizemos como um líquido viscoso, como um sólido amorfo ou até mesmo como um estado da matéria que não é nem líquido nem sólido. O que você pensa disso? Pode uma coisa ser e não ser ao mesmo tempo? Se você acredita ser preciso resolver essa "contradição", onde pensa estar seu problema ou limite? Na linguagem que usamos, na nossa percepção, no entendimento que temos das coisas ou em algum outro lugar?

A areia em sua opacidade, aqui contrastada com o vidro e sua transparência, talvez nos inspire também a explorar as metáforas ópticas que construímos para o pensar. Muitas vezes usamos a visão como equivalente ao pensamento. Vejamos. Bem, quando escrevo "vejamos", é certo que não convido-os apenas a "ver" palavras que vão formando este texto, mas para que "pense" com elas. Assim, usamos termos como "clareza", "lucidez", "reflexão" para caracterizar ou indicar processos ligados à razão, conhecimento ou entendimento. Está claro? O que "é claro" é aquilo que pode ser "visto" ou "pensado". Historicamente, a associação entre luz e pensamento se torna ainda mais evidente com o Iluminismo, um movimento intelectual europeu, que teve como principal representante o filósofo Immanuel Kant (1724-1804). Os iluministas de então, e seus herdeiros de agora, são caracterizados por uma forte crença no progresso, a ser atingido através do uso da razão e da rejeição de tradicionalismos, autoritarismos e obscurantismos. Hoje talvez esteja mais "claro" para nós que os rumos de um tal progresso, almejado através da "luz da razão" projetaram sombras de não pensamento, inseparáveis da própria noção de progresso. Se considerarmos, por exemplo, o desenvolvimento tecnológico e econômico dos últimos dois séculos como resultantes do emprego de uma razão iluminadora, o que você veria como sombras desse processo, como seus aspectos menos óbvios, aos quais pouco ou menos pensar foi destinado? O que mais pode ser "visto" a partir das imagens da luz e da sombra, do visível e do escondido, do pensado e do impensado? Onde mais são criadas opacidades quando iluminamos com o pensar alguns aspectos de nossa experiência?

Assim como a ampulheta nos levou a imaginar o opaco da areia e o transparente do vidro, quando recrio a imagem de um castelo de areia também aparecem reunidos alguns opostos: a fortaleza que a ideia de um castelo nos inspira e a fragilidade de seu pequeno edifício em uma praia, tão vulnerável à mais mansa onda do mar; a lembrança dos castelos que permanecem através de séculos e séculos, robustos na paisagem, e o curto tempo em que se mantêm os castelos de areia, tão efêmeros... Que outras imagens também abrigariam opostos?

Deserto: espaços e diferenças

Iniciamos a seção anterior investigando brevemente a noção de tempo, deixando-a enlaçar-se e desdobrar-se com a noção de areia. O tempo, dizíamos, é um conceito maior para a filosofia. Já o espaço... bem, a noção de espaço parece ter interessado menos aos filósofos. Talvez possamos então resgatá-lo, recriá-lo em associações trazidas pela areia. Não para torná-lo maior ou para elevá-lo a um *status* que não possui, mas para que, com ele, exploremos conexões menos comuns e caminhemos por algum lugar menos pensado. Convido-o então a um passeio pela imensidão dos desertos. Quem sabe encontremos por lá algo que nos faça pensar?

Noites muito frias e dias muito quentes. Céu com azul intenso e areia marrom ou bege por toda parte. Ventos quentes, tempestades de areia e muito pouca água: menos de 250 mm de chuva por ano. Esse é o ambiente onde encontramos diferentes comunidades beduínas, ou *badawī* (▨▨▨▨) em árabe, termo que significa "habitantes do deserto". Os beduínos são povos nômades, errantes, que se deslocam em caravanas, com seus camelos, ovelhas ou cabras por diversas áreas do Oriente Médio e norte da África. Não se dedicam à agricultura ou a qualquer outra atividade que implique sua fixação por muito tempo em um só lugar. Viajam com suas famílias extensas, liderados por um *sheik* ou ancião. São, em sua grande maioria, muçulmanos e falam árabe. Partilham uma cultura riquíssima, com muita poesia, música (as *ghinnawas* ou pequenas canções) e dança. Alguns dizem que o modo de vida beduíno constitui "um mundo sem tempo" – em que o deserto, tornado lar, abriga tradições que resistem à cronologia que conhecemos ou às nossas noções de progresso.

A hospitalidade ou *diiafa* é, para os beduínos, a mais valiosa das virtudes. Mesmo sendo seus recursos escassos, qualquer visitante e até mesmo um inimigo que se aproxime de suas tendas terá acomodação e proteção garantidas por pelo menos três dias. Ao hóspede será oferecida uma refeição substanciosa – se preciso, matarão sua última ovelha ou tomarão um animal emprestado dos vizinhos. A generosidade beduína é um traço marcante de seu modo de vida.

Se durante séculos os beduínos constituíram uma ampla porcentagem da população árabe e possuíam especial reputação, hoje formam menos de 5 por cento dessa população e vêm sendo fortemente marginalizados. Como resultado de medidas de privatização da terra e da intensificação do controle dos governos sobre as populações por meio de suas instituições (escola, hospitais, exército, etc.), o nomadismo beduíno vem sofrendo um acentuado declínio e grandes comunidades são forçadas a tornarem-se sedentárias. A anexação dessas comunidades às cidades fortalece a política predominante e jeitos de viver guiados por ideais de produtividade e competitividade. A sabedoria nômade que extrai do deserto o suficiente para viver, cuidando dele para que volte a prover no futuro, costuma ser desconsiderada pelas sociedades fixas que se mantêm através de relações insustentáveis de exploração da terra. A diferença trazida pelos nômades recém-fixados é depreciada, tratada como um modo de ser primitivo. Assim, aqueles e aquelas que tanto poderiam nos ensinar sobre como viver sem danificar os espaços dos quais dependemos são tratados como inferiores – suas vozes silenciadas. Assim, aqueles e aquelas que, na relação com os diferentes, praticam a hospitalidade e a generosidade como sua mais bela virtude são tratados com hostilidade e desrespeito pelos governos e cidadãos "anfitriões".

Emmanuel Levinas (1906-1995) colocou a questão do encontro com o Outro no centro de sua filosofia. Ele criticou as diferentes correntes filosóficas por terem privilegiado o conhecimento em detrimento da ética, o pensamento que tem como ponto de partida o sujeito, o si ou o mesmo, e não o Outro ou a diferença. Levinas buscou denunciar a aniquilação da alteridade através das relações de apropriação, assimilação ou re-conhecimento. Você conseguiria imaginar outros exemplos de situações em que o Outro é reduzido ao mesmo, em que diferenças são capturadas por saberes e poderes? É possível relacionarmo-nos com o Outro sem destruir sua outridade?

Processos similares a esses de assimilação sofridos pelos beduínos ocorrem com outros grupos minoritários, principalmente com as populações indígenas, em todos os continentes do planeta. Os jeitos de viver de uma multiplicidade de povos são alterados, muitas vezes de forma irreversível, naquilo que possuem de muito distinto em suas relações com o espaço, com o tempo e com os outros. O conflito entre, de um lado, os interesses políticos e econômicos das sociedades de base europeia e, de outro, as tradições culturais milenares de comunidades indígenas é o tema do filme *Onde sonham as formigas verdes* (1984), do cineasta Werner Herzog. Tendo como cenário o deserto australiano (o deserto!), o filme mostra a relação de cuidado dos grupos aborígenes para com o espaço enquanto lutam para impedir que uma empresa mineradora de urânio destrua o lugar que para eles é sagrado. Você já assistiu a esse filme? E você conhece outros filmes ou expressões artísticas que abordam essa temática do encontro com o Outro? Que tal você mesmo usar a arte para mostrar como vê essa questão? Pode a arte nos ajudar a pensar?

Quão distintos são os desertos? Há desertos gigantescos e outros menores, alguns com oásis e animais, outros sem vida alguma... Como mais são os desertos? Pode um deserto ser verde? "Deserto verde" é o nome dado a áreas muito extensas de monocultivo do eucalipto no Brasil, Uruguai, Argentina e Chile. Empresas produtoras de celulose, matéria-prima para a fabricação do papel, há décadas, vêm ampliando as plantações de eucalipto nestes países, modificando os ecossistemas locais de maneiras dramáticas. Por necessitar de um volume de água muito superior ao de outras plantas do mesmo porte, o eucalipto resseca o solo e impede que a vegetação típica se mantenha. Animais nativos não mais encontram recursos para a sua sobrevivência e são muitas vezes extintos. Além da drástica diminuição da biodiversidade, que é um efeito característico das monoculturas em geral, o deserto verde também vem alterando paisagens culturais preciosas, que abrigam modos de vida únicos. No Brasil, milhares de hectares onde antes habitavam indígenas dos povos Tupi e Guarani e famílias de camponeses negros, remanescentes dos quilombolas (comunidades de escravos fugitivos ou libertos),

Grão de areia

foram apropriados para o plantio do eucalipto. Expulsos do campo e absorvidos pelas cidades, muitos laços comunitários, tradições e jeitos de ser sustentáveis são anulados em sua diferença.

Talvez a desertificação possa ser pensada como um processo cujo sentido é ainda mais vasto... um processo de diminuição da vida e de sua diversidade. Faço, então, o meu último convite: para que pensemos sobre os vários terrenos – físicos, culturais, intelectuais, emocionais, etc. – que, em nosso mundo, estão sendo desertificados... O que seria "água" ou "oásis" em cada um dos casos?

Homem/animal

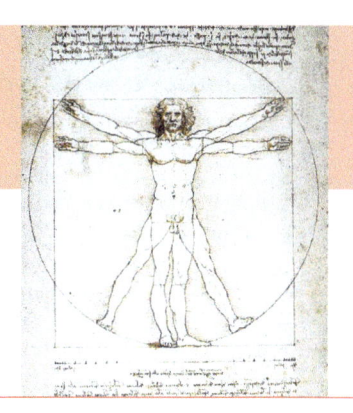

Catarina Pombo Nabais[1]

O Homem é um animal racional. Desde Aristóteles que essa definição, incessantemente retomada, nos persegue e nos enaltece. Ela constitui uma tentativa quase obsessiva de distanciar o Homem em face do animal, de o expulsar do mundo opaco e mudo da animalidade. O Homem seria detentor de uma característica única, a racionalidade, que irremediavelmente o elevava acima de todos os outros animais. Ao Homem ficava reservada a possibilidade de fazer Filosofia, Ciência, Arte. Curiosamente, também foi Aristóteles quem primeiro definiu a Arte como mimésis da Natureza. A arte é uma atividade exclusivamente humana, mas em profunda relação com o mundo natural. A obra de arte imita a Natureza porque, em primeiro lugar, desdobra-a nos seus duplos, replica-a, e porque, em segundo lugar, é pensada a partir do estatuto de um ser vivo, como totalidade orgânica, como a articulação funcional das partes de um todo à semelhança de um organismo. Isso significa que, para Aristóteles, a arte é uma técnica do orgânico artificial, daquilo que, criado pela habilidade humana (*téchne*), tem todas as características do ser vivo – singularidade, totalidade, autonomia, finalidade interna.

No século XX, Deleuze foi o filósofo que mais profundamente rompeu com a visão aristotélica do Homem. Em vez de pensar a essência do Homem como o único animal racional, Deleuze explora os lugares de indeterminação e de indiscernabilidade entre o Homem e o animal. Uma vez mais, é a arte que serve de operador. Ela é o exemplo por excelência, o lugar que melhor deixa perceber essa indistinção. De fato, para Deleuze, a arte é expressão de um mundo que existe por si, de um espaço no qual o Homem e o animal se tornam indiscerníveis.

---

[1] As citações de Deleuze foram retiradas das versões originais e traduzidas pela autora deste artigo.

Deleuze faz assim da arte o denominador máximo de um anti-humanismo cerrado contra a tradição aristotélica.

Como Deleuze (1980, p. 389) afirma: "A arte não é privilégio do homem. Messiaen tem razão em dizer que muitos pássaros são, não só virtuosos, mas artistas, e são-no em primeiro lugar pelos seus cantos territoriais" (tradução nossa). Segundo Deleuze, a arte começa com impressões territoriais que não reenviam a nenhum sujeito humano que as capte. Ela deve, por isso, ser pensada a partir das marcas constituintes de domínios estabelecidos por animais nas suas demarcações de territórios, de moradas, de marcas expressivas, de assinaturas. "As qualidades expressivas – escreve Deleuze em *Mil Planaltos* – as cores dos corais, são auto-objetivas, ou seja, elas encontram uma objectividade no território que elas traçam" (1980, p. 390). É nesse sentido que Deleuze (1991, p. 174) insiste na tese segundo a qual o gesto primordial da arte é recortar, talhar, delimitar um território, para nele fazer surgir as sensações. "A arte começa com o animal, pelo menos com o animal que talha um território e faz uma casa" (tradução nossa). Demarcar um território é o primeiro momento da criação artística. "Eis tudo o que é necessário para fazer arte: uma casa, posturas, cores e cantos" (1991, p. 175). No limite, a arte é o acontecimento primordial das próprias formas da Natureza, o movimento autoexpressivo do sensível, uma epifania de formas de vida.

Segundo Deleuze, a arte reenvia a uma teoria dos estratos e da estratificação do mundo, nos seus códigos, meios e ritmos, a uma tópica dos códigos a partir dos quais a expressão emerge. É portanto uma Filosofia da Natureza que este hiper-realismo, não do Homem, mas da Natureza, convoca. Conceitos que pertencem à geologia, à biologia, à psicoquímica – como coagulação, sedimentação, ou conjuntos moleculares – misturam-se com categorias semiológicas para descrever o fenómeno da obra de arte. A criação artística, atravessada por forças não humanas, projeta-se no universo, no cosmos, na vida inorgânica. O anti-humanismo de Deleuze apresenta-se, pois, como um programa cosmológico, um estudo das forças que trabalham no artista, seja ele Homem, animal ou planta.

Para melhor perceber a relação do artista com as forças inumanas, Deleuze propõe o conceito de devir. Devir é a experiência da absoluta alteridade, do absoluto desnudamento de si mesmo, de todos os traços que caracterizam alguém como um indivíduo particular e estratificado. O artista, como aquele que entra em processo de devir, é um ser de absorção, de captação, de assimilação, em suma, é uma esponja do mundo. Nessa captação do mundo, o artista descobre uma multidão que o constitui, pré-individualidades e singularidades anteriores a toda a forma constituída como indivíduo ou sujeito. No estado a-subjetivo, a existência acontece entre a singularidade e a multidão: como único e singular, o artista em devir existe como uma multidão, e essa multidão faz dele um elemento da Natureza.

Devir é então tornar-se Natureza, é popular-se com a Natureza, é tornar o seu corpo um fragmento do cosmos universal: animal, flor ou rio. O devir, segundo Deleuze, é um fenómeno que pertence ao mundo dos afetos e dos perceptos puros, em que uma vida se manifesta como vida imanente e liberta das suas amarras subjetivas, uma vida independente das vivências pessoais. Devir é romper as coordenadas subjetivas, é desenraizar as referências humanas. O mundo do devir está para lá de toda a esfera pessoal e subjetiva: lembranças, imaginações, viagens, sonhos, opiniões, estados perceptivos e passagens afetivas das vivências. Como Deleuze (1991, p. 159-160) explica:

> O percepto é a paisagem antes do homem, na ausência do homem [...]. Os afetos são precisamente esses devires não humanos do homem, *como os perceptos (incluindo a cidade)* são as paisagens não humanas da natureza.

O devir é então esse estado não humano do Homem, essa paisagem não humana da Natureza, em que os afetos e os perceptos existem por si, em si, como devires, na ausência do Homem.

O artista é aquele que entra em devir, isto é, que encontra e se junta ao mundo, que se mistura com a Natureza, que entra numa zona de indiscernabilidade com o universo. Van Gogh entra no devir-girassol, Kafka no devir-escaravelho, Melville no devir-baleia de *Moby Dick*, Messiaen no devir-ritmo e melodia. Essa zona de indiscernabilidade, esse ponto de indistinção entre o Homem e o animal ou o mundo inteiro, isto é, o devir, dá-se no afeto. Por isso, como Deleuze (p. 166) escreve:

> O artista é o mostrador de afetos, o inventor de afetos, o criador de afetos, em relação com os perceptos ou as visões que ele nos dá. E não é só na sua obra que ele os cria. Ele também nos dá afetos e faz-nos devir com eles [...]. A flor vê [...]. A arte é a linguagem das sensações, que o artista passa pelas palavras, pelas cores, pelos sons e pelas pedras.

O afeto, explica Deleuze (p. 164), "é uma zona de indeterminação, de indiscernabilidade, como se as coisas, os animais, e as pessoas (Achab e Moby Dick, Pentesileia e a cadela) tivessem atingido, em cada caso, esse ponto que, apesar de infinito, precede imediatamente a sua diferenciação natural". O afeto é o estado de uma vida que precede a diferenciação natural entre os seres formados, o estado onde toda a forma se dissolve. Ele pertence a um estado pré-individual, em que o homem não se distingue do animal ou do vegetal, em que todos os seres são a-subjetivos. O afeto é o grau zero do mundo, sem ser, por isso, um retorno ao estado primitivo da vida. É antes a sua recriação, o recomeço do mundo. Nas palavras de Deleuze (p. 164-165): "Não se trata senão de nós, aqui e agora; mas aquilo que em nós é animal, vegetal, mineral ou humano já não se distingue".

A radicalização do programa anti-humanista é ainda mais forte quando Deleuze afirma que o pensamento – aquilo que, como vimos, constituía para Aristoteles o que há de mais específico no Homem – tem a forma de um rizoma. Para o modelo clássico, o pensamento é como uma árvore, organizado segundo a lógica dicotômica da oposição, e constitui-se a partir da ideia de verticalidade e totalidade segundo a qual os pontos ramificam-se e unem-se a outros que são da mesma dimensão. A árvore define um centro, hierarquiza. Mas, para Deleuze, o pensamento tem um funcionamento diferente. Pelo transbordamento, pela intersecção, pela simbiose, ele escapa constantemente a uma organização segundo a imagem-árvore, isto é, ele ultrapassa toda a dualidade. Num rizoma, um ponto qualquer pode ser ligado a todos os outros. À dicotomia, à oposição, à ordem arborescente, o rizoma opõe cadeias de conexão múltiplas e heterogêneas, sem eixo ou estrutura central. E, porque ele é descentrado, o rizoma torna possível o cruzamento de diversas dimensões. Ao contrário de uma árvore, um rizoma não tem rupturas marcadas e significantes, que separam segmentos ou estruturas. Num rizoma, o que está bloqueado, partido, interrompido retoma as suas conexões através de outras das suas linhas, nomeadamente as linhas de fuga ou de desterritorialização, sem cortes abruptos, definitivos e significantes. No rizoma não existem senão linhas, as quais fazem proliferar o pensamento na sua multiplicidade. Em lugar da dupla sujeito/objecto, o que existe são intensidades e singularidades, existências a-subjetivas que, funcionando como rizomas, encontram-se, cruzam-se por meros acasos e formam uma multiplicidade heterogênea.

Definir o pensamento como rizoma significa portanto descentrar o pensamento das faculdades que lhe estão desde sempre associadas: razão, imaginação, entendimento, sensibilidade. No lugar das faculdades, Deleuze propõe o conceito de cérebro, de microcérebro, como existência de um pensamento presente em todas as formas da Natureza, mesmo ao nível das plantas e dos rochedos. O pensamento deixa portanto de ser exclusivo do Homem. O pensamento encontra-se nas existências mais elementares, nas mais embrionárias, como pura faculdade de sentir. Esse vitalismo essencial a toda e qualquer forma de existência, esse pensamento tanto do Homem como das plantas e dos rochedos, Deleuze (1991, p. 200) condensa-o numa expressão: a vida inorgânica das coisas. "Nem todo o organismo é cerebrado, e nem toda a vida é orgânica, mas há por todo o lado forças que constituem microcérebros, ou uma vida inorgânica das coisas". No momento de pensar o cérebro, Deleuze (p. 197-198) faz a sua afirmação mais radical do seu programa anti-humanista: "É o cérebro que pensa e não o homem, o homem é só uma cristalização cerebral [...]. A filosofia, a arte, a ciência não são objetos mentais de um cérebro objetivado, mas os três aspectos segundo os quais o cérebro se torna sujeito, Pensamento-cérebro". Nessa perspectiva, a arte é experimentação cerebral, isto é, criação artística de uma vida inorgânica imanente ao Homem, ao animal, às plantas e aos minerais. Por outras palavras, a arte é, para Deleuze, um exercício inorgânico do microcérebro como uma nova forma de pensamento.

* * *

Na imanência do cérebro em todas as formas de existência, desde os organismos vivos até ao inorgânicos, podemos, pois, perceber que a arte, como dispositivo de delimitação de território – cores dos peixes, posturas e cantos dos pássaros, tropismos botânicos – e como processo de devir-mundo, não é senão a expressão de um Pensamento-cérebro. Trata-se, pois, de uma nova experiência do pensamento, já não como racionalidade exclusiva do Homem, mas como conexão rizomática com o mundo.

Deleuze transformou por completo a nossa compreensão do Homem, forçando-nos a entrar na escola da Etologia, da Geodesia, da Topologia, da Neurologia, qualquer coisa como uma Biologia do inorgânico. Como ele escreve: "não há mais distinção homem-natureza: a essência humana da natureza e a essência natural do Homem identificam-se na natureza [...]. Não o homem como rei da criação, mas antes aquele que é tocado pela vida profunda de todas as formas ou de todos os gêneros, que está carregada de estrelas e mesmo de animais [...]. Homem e natureza não são como dois termos [...], mas uma única e mesma realidade (DELEUZE, 1972, p. 10). Mais de dois mil anos depois de Aristóteles, a fronteira entre o Homem e o animal é assim dissolvida. *Homo Natura* em vez de *Homo Sapiens*.

Atividades

Para além dos peixes, dos corais ou do canto dos pássaros, encontre outros exemplos da Natureza em que a expressão pode ser entendida como um ato de criação artística.

Leia "A Metamorfose", de Kafka, e tente perceber em que medida a transformação do Gregor Samsa em escaravelho é um devir-animal e não uma mímesis. Também pode, se preferir, ler outros contos de Kafka em que há devires-animal: "O povo dos ratos", "Um relatório para uma academia", "Josefina, a cantora", ou ainda "Investigações de um cão".

Repita a operação anterior com o devir-baleia da obra clássica de Herman Melville intitulada *Moby Dick*.

Descreva o mundo segundo a diferença "homem/animal" frisando a separação aristotélica pela racionalidade.

Tente depois fazer outra descrição do mundo segundo a perspectiva de Deleuze, a partir agora do conceito de "rizoma", sublinhando, portanto, a indiscernibilidade entre o homem e o animal.

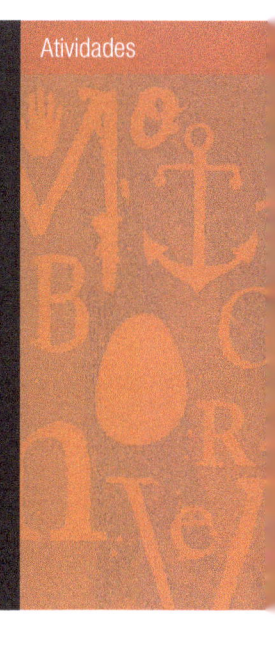

Referências

DELEUZE, G. *L'Anti-Oedipe*. Paris: Minuit, 1972.

DELEUZE, G. *Mille Plateaux*. Paris: Minuit, 1980, p. 389.

DELEUZE, G. *Qu'est-ce que la Philosophie*. Paris: Minuit, 1972.

Índio[1]

Mauricio Langón

Tradução: *Ingrid Müller Xavier*

I de índio

O índio é branco azulado, muito tóxico, dúctil, mas muito resistente, possivelmente perigoso para o meio ambiente. Indígena da Índia, mas da América, o índio (e a índia) é um insulto, um modelo de automóvel, um vocalista de *reggae* do Havaí, uma cidade, uma companhia de *software*, um território, um meio de transporte, um país, uma constelação...[2] Embora não sejam indo-europeus, nem indo-germânicos, nem sequer indianos, embora sejam indolentes, indinos [mesmo que indigno] e indigentes, o índio e a índia estão no dia,[3] acima, muito próximos do sol.

Índio, como uma cor: azul

O *Diccionario de la Real Academia Española* (DRAE) indica que "**indio, india**" é um adjetivo que provém de *índigo* e significa: "de cor azul." O índigo é um corante azul. Como é obtida de uma planta que é indígena da Índia, chama-se "índigo". Por isso, em castelhano, *indio/a* é "azul".

---

[1] Algumas passagens deste verbete estão baseadas no *Diccionario de la Real Academia Española* (DRAE). Ainda que determinadas acepções em castelhano não encontrem correspondentes no português, a pedido do autor, foram mantidas as acepções da língua de origem.

[2] Em português, a palavra "índio" tem algumas outras acepções, como: um tipo de papagaio de papel; peão de estância; indivíduo corajoso, decidido; valentão. (N.T.)

[3] No original do texto de Guamán Poma, índio peruano do início do século XVII, a expressão é "los indios estan en el día", i.e, insiste que estão no dia e não na noite. (N.T.)

Índio, como um metal; In, 49.

O índio em seu espectro apresenta uma linha azul característica, e dizem que seus derivados produzem na chama um intenso brilho azul índigo. Daí o seu nome, uma vez que a substância da qual o corante índigo era extraído provinha da Índia. É utilizado para soldar arames de chumbo em transistores de germânio e como componente dos semicondutores intermetálicos empregados nesses transistores. É também usado na produção de capeamentos para reduzir a corrosão e o desgaste (é muito durável), bem como nas ligas para vedar vidro e em materiais odontológicos. Eu não deixaria que o pusessem na minha boca.

O elemento índio foi descoberto por Ferdinand Reich em 1863. Seu símbolo é In, o seu número atômico, 49, e com peso atômico relativo: 114.82. Qualquer um pode consultar suas propriedades químicas na Internet. Sua configuração eletrônica é $[Kr]4d^{10}5s^{2}5p^{1}$.

Em pequenas doses estimula o metabolismo, mas... Cuidado com o índio! Todos os seus compostos são venenosos e provocam danos ao coração, rins e fígado e podem ser teratógenos. Assim que mais vale a pena tomar extremas precauções com seu uso em seres humanos (falando sério, você deixaria que o colocassem nos buracos dos seus dentes?).

Os efeitos ambientais do índio não foram ainda investigados. E olha que são de lascar... No entanto, veja o quadro:

O índio é saudável para o meio ambiente

Estas são as opiniões de dirigentes *índios* mbya em uma reunião na *opy* do ñanderú Narciso Acevedo Portillo, compiladas e traduzidas por Miguel Chase-Sardi:

"Por que não nos deixam viver como nós queremos? Por que têm que interferir em nossas vidas e fazer-nos fazer o que nós não queremos fazer? Queremos que vocês expliquem isso aos brancos. Expliquem que nós escolhemos viver como pobres.

Nós vivemos em harmonia com a natureza, com a floresta. Nela, Nosso Pai Grande (*Ñanderuvusu*) nos dá todo o necessário para comer e nos ensinou como nos relacionarmos com ela para não destruí-la, para que as árvores e os animais que nos dão o sustento não se aborreçam e para que possam continuar se reproduzindo e nos ofereçam os alimentos que nós, com respeito, tomamos agradecidos. Mas chegaram *vocês*, os *brancos*, que são muito 'vivos', muito inteligentes, muito orgulhosos do que sabem fazer e não se dão conta que o homem, todos os homens, *indígenas* ou *brancos*, somos ignorantes, somos bobos se não fizermos o que Aquele que sustenta o mundo quer que se faça. E *vocês* chegaram e nos enganaram e ainda nos é difícil compreender por que. É difícil para nós compreender o sistema de vida dos *brancos*. Por isso, a *vocês*, os poucos *brancos* que nos escutam e são nossos amigos, pedimos-lhe que tenham paciência conosco. [...]

Nosso Pai Grande nos criou para resguardar a floresta selva. Para isso nos deixou a floresta, o mel e todos os animais que nela estão. Para viver em harmonia com eles. Estamos para preservar a mata, para que ela não seja destruída. Nós somos os homens da floresta.[...] Fomos destinados a conhecer a lei da floresta. Nossa sabedoria está em compreender o ciclo da renovação das plantas e respeitá-lo. Nossa sabedoria está em saber o que uma planta nos oferece para nos alimentar, para curar um mal ou para quebrar um feitiço. Nossa sabedoria está no conhecimento que temos do idioma dos pássaros, do idioma dos animais, que nos contam as coisas que acontecem à nossa volta, as que acontecem muito longe, onde nossa vista não alcança nem nossos ouvidos percebem. No dia que acabar a raça guarani, acaba-se tudo. Nossa missão é manter o mundo vivo. [...] Antes vivíamos somente na floresta, não necessitávamos de dinheiro. Hoje não podemos comer os animais que *Ñanderuvusu* nos deu, porque o *branco* cortou as matas, tirou-nos nosso meio de subsistência. Os animais fugiram, se foram para outras regiões onde, talvez, existam bosques. Os *brancos* se acham muito orgulhosos, muito inteligentes; mas agora devem retornar a nós para receber o pior dos castigos para o seu orgulho. Um castigo de *Ñanderuvusu* por terem destruído a natureza. Chegam as secas, as tormentas, os cataclismos. Os *brancos* são tão bobos, tão bobos, que se convenceram da força de sua inteligência sem se darem conta de que o homem, na essência, é ignorante. E modificaram todas as condições, acreditando-se deuses. Agora já não sabem o que fazer. Ao cortarem as florestas, parou de chover. Ao colocarem em latas os alimentos que nos roubam dos bosques, lançam venenos em nossos rios e arroios. Os peixes morrem e não podemos sequer pescar nos poucos arroios que ainda têm água. É que *Ñanderuvusu* enviou-lhes um castigo por seu orgulho, para que aprendam *conosco*, que eles creem que somos ignorantes, a escutar uma lição de humildade. Infelizmente, o castigo também nos atinge, porque estávamos na floresta e *eles* a tiraram de nós."

Notas e comentários:

Índio. Nome que os *brancos* dão a todos os *indígenas* da América e a seus descendentes, sem fazer distinção entre eles.

Branco. Nome que os *índios* dão a todos os *invasores* da América e a seus descendentes, sem fazer distinção entre eles.

Os **mbya** empregam o termo **jorua** (literalmente, "bigodudos") para referirem-se aos *brancos*. Os *brancos* empregam o termo **mbya** (gente) para se referirem a esta etnia de *índios*.

Índio, como o rio Indo?

Há um rio na Ásia, de 3180 quilômetros de longitude, que se chama Indo, nasce nos montes *Kailas* (Tibete), passa pela China, Índia e Paquistão e desemboca no mar Arábico. Bah! Chama-se Sindh, mas em português se chama Indo. Vá lá alguém saber o que quer dizer *Sindh*... Será que quer dizer "Rio Azul"? Mas, como qualquer um sabe, *azul* é o Danúbio. Dá-lhe raçudo! Bicampeão uruguaio na temporada 2006-2007. Camisa branca, faixa diagonal negra; nada de azul...

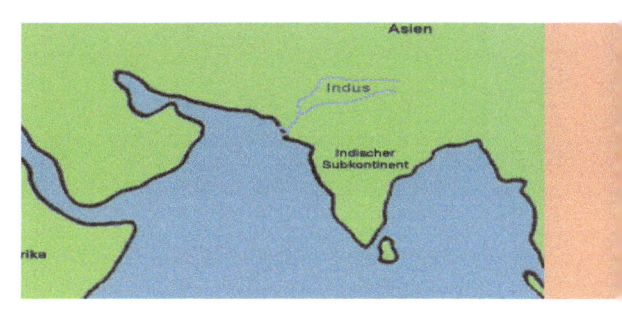

O rio Indo deu seu nome à Índia? Ou foi o contrário? O não tem nada a ver?

Índia como um país com índios e índias

Quase me esquecia de dizer que há um país que se chama Índia. Poupo-me de dar informações. Procure-a você mesmo em uma enciclopédia, na Internet ou na Embaixada da Índia.

Segundo o DRAE: "índio/a" é um adjetivo: "Natural da Índia. U. t. c. s." Eu toparia apostar o que essas últimas quatro misteriosas letras querem dizer: "Usado também como substantivo". Ou seja que se chama "índio" ou "índia" ao ser humano indígena da Índia. Um sinônimo: "indo/a". Do latim *indus*.

Indus é também uma constelação austral do grupo de Bayer e que, casualmente, em castelhano se chama **Índio**. No Uruguai, INDA é o Instituto Nacional de Alimentação.

Indígena, como se fosse índio

> Uma observação interessante: o DRAE (e, seguindo-o, os outros) fala de *índio* como "natural da Índia" e de *índio* como "indígena de América, ou seja, das Índias Ocidentais". Por um lado, é notável a aclaração final, ainda bem que nos avisam que é a América, se não, não o saberíamos. Por outro lado, os índios da Índia são "naturais"; os de "as Índias Ocidentais" são "**indí**genas". Por que não seriam ambos "naturais" e "indígenas"?

Disso surgem **indi**gnações compreensíveis, como a de um colega que dias atrás me repreendeu porque eu havia empregado o termo "**indí**gena" para referir-me a não me lembro qual grupo aborígene ou "natural" da América, pois achava que eu estava reafirmando a terminologia **colon**izadora. E talvez eu pudesse ter concordado com ele, se eu não estivesse lendo dicionários para preparar este verbete.

Índio, que não é indígena

Os dicionários da língua espanhola dizem que a etimologia de **Indígena** vem do latim *ingenerare*, "fazer nascer", "engendrar", "criar", do latim *indigena*, de "inde" = "de aí" e *genus* "origem, nação, raça". *Genus* deriva de *ginere*: engendrar. Assim que **indígena** (latim *indigena*) seria "originário de aí", "nascido aí", "engendrado aí", nesse lugar. Segundo a Real Academia Espanhola: "Originário do país do qual se trata". É mais ou menos sinônimo de "nativo", "natural", "aborígene" o "autóctone".

Claríssimo, não é? "Indígena", pois, não tem nada a ver com "índio". Mas, e agora, como fazer para que se entenda? Os últimos charruas, em Paris, não eram indígenas. Meu avô francês, na França, sim; mas, em Montevidéu, não. Creiam-me que é certo que os indígenas da Bretanha (França, Europa) brindam em sua língua indígena (ou bretão) dizendo: *Yec'hed mat*! (que mais ou menos quer dizer "¡Saúde!"), e para dizer "Pedra Branca", dizem *Genroc*, que é o nome de um simpático vilarejo. Não confundir os bretões com os britânicos, indígenas de uma ilha chamada Grã Bretanha.

O Convênio nº 169 da Organização Internacional do Trabalho (OIT) "Sobre povos indígenas e tribais", de 1989, aplica-se

> [...] aos povos em países independentes considerados indígenas pelo fato de descenderem de populações que habitavam no país ou em uma região geográfica à qual pertencia o país na época da conquista ou da colonização ou do estabelecimento das atuais fronteiras estatais e que, qualquer que seja sua situação jurídica, conservam todas as suas próprias instituições sociais, econômicas, culturais e políticas, ou parte delas. (art. 1º, n. 1, alínea b)

Notemos que o Convênio não se refere a "os indígenas", mas a "os povos indígenas". Usar o adjetivo "indígena", nesse sentido que se procura definir estritamente, não deve ter sido fácil... E deve incluir povos como os bascos, os catalães, os mapuches, os esquimós, os *watusi*, os judeus, os palestinos... me parece. Ou não? O que acontece se não houve conquista ou colonização: deixa de haver indígenas? A colonização os torna indígenas? Em todo caso, o Convênio, pensado para defender os direitos dos povos indígenas, precisa: "A consciência de sua identidade indígena ou tribal deverá ser considerada um critério fundamental para determinar os grupos aos quais se aplicam as disposições do presente Convênio" (art.1º, parágrafo 2).

Os "povos indígenas" da América são aqueles que os espanhóis e os portugueses chamaram "índios" e nós, habitualmente, continuamos chamando-os com esse nome. E seus problemas não são substancialmente diferentes aos de outros povos indígenas do mundo "em risco de extinção", isto é, em risco de genocídio e etnocídio.[4] Isso explica e justifica convênios como o que mencionamos e a aceitação

---

[4] Remeto ao meu artigo *Genocidio y etnocidio*, disponível em <http://www.mundializaciones.org>.

de um termo comum que os englobe ("povos indígenas"). Essa similitude não só não vai contra a imensa diversidade cultural dos povos indígenas do mundo, mas se baseia nela. No entanto, a aplicação pelo dominador de um termo indiscriminado como "índio", o primeiro que faz é negar essa diversidade...

São estranhos os dicionários que tenho. Um deles (bastante antigo) sente a necessidade de acrescentar esta "observação" sobre a palavra "indígena": "é um erro considerar esta palavra como sinônimo de 'índio'". E outro (bem novo) coloca duas fotos de "indígenas": casualmente, ambas de "índios" do Peru... No entanto, para ilustrar "índio", coloca fotos de um *arapajo* e de um *sioux*, da América do Norte. Com penas...

Indígena, como não turista

O *turista* é o contrário do "indígena". O turista (como o descobridor, ou conquistador, ou invasor, ou antropólogo...) sai do país onde nasceu e vai descobrir outros lugares, outros costumes, outras pessoas. Paixão pela aventura, o exótico, o estranho. Escape. Paul Ricoeur dizia – há mais ou menos 50 anos – que podia prever que as pessoas medianamente ricas pudessem "despaisar-se" indefinidamente fazendo turismo durante toda a sua vida, sem ficar em lugar algum. Tendo visto muitos outros costumes, sociedades e valores, apenas ganharia a perda de seus próprios pontos de referência, sem aceitar o outro. E via nisso, como sinal da sociedade de consumo que surgia, um perigo maior que o da bomba atômica.

Uma anedota situa o típico turista em um verde prado em uma escarpa dos Andes, com a magnífica paisagem da encosta e as colinas a seus pés, conversando com um *aymara* que, sentado no chão, vigia suas ovelhas. O turista lhe sugere mil negócios possíveis com elas. O autóctone vai perguntando "E pa' que?". E o turista se entusiasma imaginando indústrias, corporações, monopólios, sempre perseguido pelo "E pa' que?", até dizer finalmente: "Para que então você possa ter muito

Tupac Amaru, último inca de Vilcabamba, executado em 1572

Índia da Amazônia

dinheiro e fazer como eu, que agora tenho o prêmio de viajar até este lugar e contemplar este maravilhoso panorama". E o índio lhe diz: "E o que estou fazendo?".

O mesmo relato ouvi contado com mais graça pelo humorista Landriscina. Um amigo me disse que havia lido o mesmo conto, no entanto o personagem não era um índio, mas um camponês da Alemanha... A historieta é contada no Brasil tendo por personagem o caipira, o jeca, o matuto.

Entre ser indígena e ser turista vão estes dois textos contrapostos:

> No te duermas, por Dios, no hagas tu nido
> en el vil escalón donde has nacido
> (ALMAFUERTE. Sin tregua)[5]

> No andés cambiando de cueva.
> Hacé lo que hace el ratón:
> Conservate en el rincón
> en que empezó tu esistencia:
> Vaca que cambia querencia
> se atrasa en la parición
> (HERNÁNDEZ, José. Martín Fierro. 2ª parte, XV, 761)[6]

> "**Indigência**" é falta de recursos, pobreza extrema, miséria. Não tem nada a ver com os indígenas nem com os índios. Que estranho, não? Por que será que essas palavras nos soam tão parecidas? Deveras não têm nada a ver? Então: de onde vêm as palavras "indigência" e "indigente"? Meus dicionários não o dizem. Haveria que consultar o Corominas...[7]

I, como "índio": ou de verdade, aquele da peninha...

Segundo o *Diccionario de la Real Academia Española (DRAE)*[8]
índio, dia.
1. adj. Natural da Índia. U. t. c. s.
2. adj. Pertencente ou relativo a esse país da Ásia.
3. adj. Diz-se do indígena da América, ou seja, das Índias Ocidentais, aquele que se considera descendente daquele sem mistura de outra raça. U. t. c. s.
4. adj. Pertencente ou relativo a esses **índios.** *Traje índio. Língua índia.*

---

[5] "Não durmas, por Deus, não faça teu ninho/ no vil degrau onde nasceste".

[6] "Não andes mudando de toca. / Faz o que o rato faz: / Conserva-te no rincão / onde tua existência começou: / Vaca que muda de querência / se atrasa na parição".

[7] Joan Corominas é o autor do clássico dicionário de etimologia da língua castelhana, o *Diccionario crítico etimológico castellano e hispánico*. (Gredos: Madrid, 6v., 1980-1991).

[8] Uma vez que o texto original é em castelhano, mantivemos os exercícios considerando as fontes originais. (N. T.)

> **Atividade**
>
> Veja que interessante comparar a acepção 1 com a 3. Porque, embora se pudesse ter utilizado as mesmas palavras com referência à Índia ou à América, no primeiro caso se fala de "natural" e em outro se opta pelo sinônimo "indígena". No primeiro caso, a referência é um lugar (em qualquer época), enquanto que, no segundo, introduzimos um critério "racial"... Este torna suculento comparar os sentidos 2 e 4: enquanto o 2 fala de "pertencente ou relativo" a um lugar, no 4 a referência são as pessoas, não o lugar... No 4º significado podem ser **índios** as pessoas, os trajes ou línguas... mas não a terra! Que relações de força estão dissimuladas ao chamar de "índios" os habitantes de nosso continente?

Quando Colombo chegou a uma ilhota, "que na língua de Índios se chamava Guanahaní" e que ele chamou de São Salvador, pensava ter chegado às "Índias" (nome com o qual se conhecia então as regiões do Sul e Sudeste da Ásia) e se referiu aos seus habitantes como "índios". O termo logo foi generalizado para todos aqueles que então habitavam este continente e para seus descendentes. E, hoje, esse é o sentido que todos nós entendemos e usamos o termo "índio".

O Almirante "tomou possessão da referida Ilha pelo Rei e pela Rainha, seus senhores". E depois veio o que sabemos. Em um piscar de olhos: retirou o nome das terras e deu-lhe outro; não reconheceu o nome dos indígenas, deu-lhes outro. Dar nome é apropriar-se. De terras e pessoas. E o fez cumprindo as normas jurídicas válidas na Espanha, com escreventes e tudo o mais. Esse trabalho "conceitual" continua dominando nosso pensamento quando pensamos: esses atos como "descobrimento"; as terras usurpadas como propriedade daqueles que delas despojaram os indígenas; os aborígenes deste continente, em geral, como "índios"...

Imagem extraída do livro *Duas viagens ao Brasil*, de Hans Staden.

> "Quando uma pessoa não encontra dentro de si palavras para dizer o que lhe acontece, para descrever uma paisagem ou formular uma opinião, essa pessoa é cada vez mais um objeto de dominação, perde sua capacidade subjetiva de construir mecanismos autônomos..." (RICARDO FORSTER)
>
> E eu não encontro palavra para nomear o continente em que nasci e vivo! Ganharia com chamá-lo "América"? Nós nos chamaríamos "Americanos"... hispano-americanos..., ibero-americanos..., latino-americanos..., indo-americanos..., nosso-americanos...? Somente os do Norte são "americanos"?
>
> "Deixaram-nos as palavras", diz Neruda dos conquistadores torvos. Mas também nos roubaram tudo: nos roubaram nossas palavras.
>
> Poderemos resgatar outras? *Abya Yala*...? Criar outras?
>
> Quem somos? Como nos chamamos?

Colombo também criou dois "personagens conceituais" com os quais os conquistadores podem pensar sua conquista e com os quais nós não podemos pensar a libertação. Mais tarde esses "personagens" foram chamados o "bom selvagem" (termo que Colombo não emprega), facilmente dominável, e o "canibal" (termo criado por Colombo), selvagem feroz digno de ser exterminado. Vejamos como ele os descreve:

Índio, como bom selvagem

A respeito dos *índios* que conheceu em sua primeira viagem, Colombo diz:

> Eu, porque nos tinham muita amizade, porque conheci que era gente que melhor se livraria e se converteria à Nossa Santa Fé com Amor sem ser por força, dei a alguns deles uns gorros coloridos e umas contas de vidro que eles colocavam no pescoço, e outras coisas muitas de pouco valor, com as quais tiveram muito prazer e ficaram tão nossos que era uma maravilha. Os quais depois vinham, nadando, às barcas dos navios onde estávamos. E nos traziam papagaios e fio de algodão em novelos e azagaias e outras coisas muitas, e eles as trocavam por outras coisas que nós lhes dávamos, como continhas de vidro e guizos. Enfim, de boa vontade tudo pegavam e davam daquilo que tinham. Mas pareceu-me que era gente muito pobre de tudo. Eles andavam todos desnudos como sua mãe os pariu, e também as mulheres, embora não tenha visto mais de uma muito jovem. E todos os que eu vi eram todos mancebos, que nenhum vi com mais idade que 30 anos. Muito bem feitos, de muito formosos corpos e muito boas caras. [...] E são eles da cor dos canários, nem negros nem brancos [...] Eles não trazem armas nem as conhecem, porque lhes mostrei espadas e as pegavam pelo gume e se cortavam com ignorância. Não têm qualquer ferro. Suas azagaias com umas varas sem ferro, e algumas delas têm no cabo um dente de peixe, e outras de outras coisas. Eles todos eles, sem exceção, são de boa estatura de grandeza e bons gestos, bem feitos. [...] Eles devem ser bons servidores e de bom engenho, que vejo que muito presto dizem tudo o que se lhes dizia. E creio que facilmente se fariam cristãos, que me pareceu que nenhuma seita tinham. Eu, aprazendo a Nosso Senhor, levarei daqui, na hora de minha partida, seis a Vossas Alteza para que aprendam a falar".[9]

> Bartomeu Meliá diz que nesse texto Colombo *encobre* o idioma dos índios, sua religião, sua economia..., ou seja, sua cultura. Que sentido terá a descrição que Colombo faz dos corpos dos índios? E de suas armas?

---

[9] Texto registrado (por B. de las Casas, copista) no *Diario de navegación de Colón* [Diário de navegação de Colombo], em 12 de outubro de 1492. Coincide com o da carta de Colombo anunciando sua descoberta.

Índio, como canibal

- O texto anterior diz: "Eu vi alguns que tinham sinais de feridas em seus corpos, e lhes fiz gestos de o que era aquilo, e eles me mostraram como ali vinha gente de outras ilhas que estavam perto e queriam tomá-los e eles se defendiam. E eu cri e creio que aqui vêm de terra firme para pegá-los como cativos".
- "Entendeu também que longe dali havia homens de um olho, e outros com focinhos de cães, que comiam carne de homens".[10]
- "[...] diziam que era muito grande (a ilha de Haiti), e que havia nela gente que tinha um olho na frente, e outros que se chamavam canibais, aos quais mostravam ter grande medo".[11]
- "que *caniba* não é outra cosa senão gente do grande Can".[12]
- "Assim que, monstros não encontrei, nem notícia, salvo de uma ilha (de *Quarives*), a segunda à entrada das Índias, que é povoada de uma gente que é tida, em todas as ilhas, por muito ferozes, e que comem carne humana", mas aos quais não temo porque têm as mesmas armas de cana que os outros.[13]

Imagens extraídas do livro *Duas viagens ao Brasil*, de Hans Staden.

> Você sabia que "canibal" foi uma palavra criada por Colombo para se referir a alguns grupos de índios, ou você os relacionava com africanos com uma tíbia humana no cabelo e cozinhando algum explorador ou missionário em um grande caldeirão de ferro? Nota essencial, do *canibal*: come carne humana.
>
> Juan Ginés de Sepúlveda, em 1550, sustentou ser lícito exterminar os índios por serem "canibais". Miguel Eyquem de Montaigne, no entanto, em seu ensaio "Dos canibais", de 1588, dizia: "Não há nada de bárbaro nem de selvagem nessa nação – de acordo com o que se me refere – a não ser que cada um chama **barbárie** àquilo que não é próprio de seus costumes". O que você acha?[14]

---

[10] *Diario de Navegación*, 4/11/1492.

[11] *Diario de Navegación*, 23/22/1492.

[12] *Diario de Navegación*, 11/12/1492

[13] Carta de Colombo anunciando a descoberta do novo mundo. 15/2/1943.

[14] O texto de Montaigne refere-se aos índios do Brasil. Talvez por ter visto o livro de de Hans Staden: *Duas viagens ao Brasil*, 1557.

Índio, como indigno

Há muitíssimas expressões de linguagem em que "índio" é utilizado como insulto ou algo parecido. Em todo caso, "índio" alude a um ser inferior, desprezível, bobo, etc. em expressões tais como: "cair de índio" (na República Dominicana: cair em um engodo por ingenuidade); "fazer o índio" (fazer algo desacertado, prejudicial para quem o faz); "por acaso somos índios?" (expressão para censurar alguém quando nos quer enganar o crê que não o entendemos); "fazer como os índios" (dar-se mal; no Rio de la Plata); "programa de índio" (expressão para designar uma atividade aborrecida e desagradável). Seguramente há muitas outras...

Quando eu ia à escola e meu país, o Uruguai, acabara de ganhar o Campeonato Mundial de Futebol, um livro de texto – o mesmo em que havia estudado minha mãe – dizia: "Há quatro séculos e meio nosso país era completamente desconhecido. Era habitado por índios selvagens. Os mais bravos eram os charruas. Nas bocas do Rio Negro viviam os pacíficos *chanás*". Uruguai "orgulhava-se" de ser um "país sem índios"... A "civilização" havia triunfado contra a "barbárie" dos índios "bravos" e dos "pacíficos". Éramos "a Suíça da América"...

Na minha juventude, a Chevrolet lançou um modelo de veículo utilitário muito resistente. Chamava-se Índio. "Índio de carga: Aquele que nas Índias Ocidentais levava de um lado a outro as cargas, suprindo as carências de outros meios de transporte", diz o *DRAE*. O índio é um meio de transporte, entre outros...

Índio, como indignado

Isso indigna. De tanta indignação "nos sobe o índio": babamos de raiva. Quando algo realmente nos indigna, "nos sai o índio". Sai de dentro (embora não tenhamos nada de índios) essa capacidade de tremer de indignação e rebelar-nos diante da injustiça que nos irmana com Che Guevara...

E nos permite identificar-nos com os índios, como o fazia Martí:

> Com *Guaicaipuro*, com *Paramaconi*, com *Anacaona*, com *Hatuey*, devemos estar, e não com as chamas que os queimaram, nem com as cordas que os ataram, nem com os aços que os degolaram, nem com os cães que os morderam. (MARTÍ, Fragmentos, O.C., XXII, p. 27)

> Vêm de pais de Valencia e mães de Canárias, e sentem correr pelas veias o sangue inflamado de Tamanaco e Paramaconi, e vêm como próprio o que verteram pelas brenhas do Calvário, peito a peito com os gonzalos de férrea armadura, os desnudos e heróicos caracas. (MARTÍ, Autores americanos aborígenes, O.C., VIII, p. 336-337)

O que lhe parece *identificar-se* com os descendentes dos charruas no Uruguai? Ou dos tupinambás do Brasil? Ou com outros nomeados pelo termo "índios"?

Como habilita a *identificar-se* aos pedaços de nações destroçadas de nosso continente:

> Nós somos *mapuche* ("homens da terra"), pois. Alguns dizem que somos *pehuenche*... e podemos ser... porque habitamos aqui, o lugar ds *pehuén* ("araucaria imbricata"). Mas somos *mapuche*. A raça verdadeira é *mapuche*.[...]
>
> Nós todos rogamos, no *nguillatún*, para todos... não apenas para *mapuche*... o *mapuche* roga para todo o mundo! Por isso nomeia sua grande palavra, do nascente, do poente, norte e oeste. Um quatro terrenal[15] que compõe a capa da terra, que é onde vive todo o mundo, aqui é a República Argentina.[...]
>
> ... E mesmo trabalhando não se pode avançar nesta Cordilheira... porque estamos muito caídos neste rincão, índios que somos aqui... Vivemos.. sabe por quê?... Porque somos raça desta terra!... Porque somos índios!!!... E, graças a Deus..., por isso salvamos a vida!.. (MAGRASSI; ROCCA, 1980)

Índio, digno

Em 1613 um índio peruano, Guamán Poma, escreveu um livro dirigido ao Rei de Espanha. Nesse livro se inclui a seguinte "visão do mundo" que interpreta as "Índias" como "terra no dia", mais próxima do sol, mais rica, e põe as Índias acima de *Castilla*.

Pontifical mundo
As Índias do Peru no alto da Espanha | Cuzco Castilla abaixo das Índias

Nesse tempo as Índias do Peru foram descobertas e houve novas em toda *Castilla* e em Roma de como era terra no dia. Índia, mais alto grau que toda *Castilla* e Roma e Turquia, e assim foi chamada terra no dia, Índia, terra de riqueza de ouro prata. Neste tempo foi Papa Bonifacio IX [...] Inocêncio VIII. Os filósofos, astrólogos, poetas o sabiam a terra e a altura e a riqueza do mundo, que não há outro no mundo que criou Deus de tanta riqueza porque está no mais alto grau do sol e assim significa pela astrologia que quis chamar-se filho do sol e chamar pai ao sol e assim com razão pode-se elogiar o rei e dizer que é muito rico.

Guamán Poma de Ayala, F. *Nueva corónica y buen gobierno*, 1613. (Transcrevemos os textos em grafia atual.)

---

[15] Os quatro pontos cardeais. (N.T).

Índio: Sol. Em Cuba, o Índio, é o Sol.

Para conhecer um pouco dos povos indígenas do Brasil:

<http://www.socioambiental.org/pib/index.html>

<http://www.funai.gov.br/>

Referências

DICCIONARIO de la Real Academia Española. Disponível em: < http://www.rae.es/rae>.

GUAMÁN POMA DE AYALA, F., *Nueva corónica y buen gobierno*. (1613) Paris: Institut d'Ethnologie, 1936. (Ed. fac-similar).

MAGRASSI G.; ROCCA, M. *Historia de vida de Damacio Caitruz*. Buenos Aires: Centro Editor de América Latina, 1970.

MARTÍ, José. *Obras completas* (O.C.). Havana: Editorial de Cuba, 1963/1965.

MONTAIGNE, Michel Eychem de. Des cannibales, en "Essais", 1588. Versión castellana De los caníbales, en "Ensayos completos", Barcelona: Iberia, 1951.

STADEN, Hans. *Duas viagens ao Brasil*. Belo Horizonte: Itatiaia, 1974.

Janela

Bernardina Leal

Nós, que precisamos de janelas por onde possamos olhar, embora sem a garantia de ver... Nós, que desejamos paisagens, imaginamos cenários, desenhamos espaços, ainda que limitados pelo enquadramento das janelas... Nós precisamos delas. Necessitamos de espaços pelos quais possa entrar algum vento e alguma luz, arejamentos e luminosidades, eventuais janelas abertas. Nós, que inventamos as paredes que nos encerram em cômodos escuros, carecemos de alguma chance de claridade e ar... Nós, que desejamos as janelas e as disfarçamos com cortinas. Nós, que também as revestimos de grades... Nós, que olhamos das janelas, o que vemos nelas?

Vemos quase sempre através de alguma janela, mas temos dificuldade em ver nela o que ela insiste em nos mostrar. É que uma janela se dispõe como uma abertura para que possamos nos ver, sob a escusa de apreciarmos a vista. É que, da paisagem que vemos, já não podemos nos retirar. Essa é a condição de ver da janela o que a janela nos possibilita ver. Vê-la é também vermo-nos. É colocarmo-nos em relação com o que foi visto. Olhar até que se veja – esse é o modo imperativo de ser da janela. É assim que ela se imprime em nós. Após termos visto, ainda que fechemos a janela, as imagens permanecem. Nem mesmo as cortinas, tampouco as grades podem mais nos proteger do que nos perpassou. Já nem se faz mais necessário olhar para ver – acontece. Talvez seja mesmo um acontecimento o que se vê pela janela. Por vezes um acontecimento mínimo, quase imperceptível, mas que nos retém ali, naquela posição, justo naquele olhar que nem sabemos, ao certo, o que nos faz ver. Só muito depois nos damos conta do que foi visto, após já ter sido, quando já nem é mais. Quem sabe venha daí a nostalgia da janela...

É... Uma janela exige de nós posicionamentos. De início, uma intensa disposição, ainda que leve, de olharmos por ela. Em seguida, a coragem, o enfrentamento visual, uma decisão por querer enxergar. Enfim, o gesto político de ver, agraciado pela poética do olhar. A posição do olhar, as razões dos direcionamentos, os limites do visto, a força expressiva que faz compartilhar o que foi visto, enfim, tudo o quanto uma janela propicia e impele, lança-nos em uma dimensão político-poética. Um pensar sensível é o apelo lançado da janela.

Uma janela incomoda. Intrigantemente apelativa, a janela sai do seu lugar comum de janela prática e, quase invisível em sua funcionalidade, violenta-nos, de súbito. Com rapidez, arranca modos de pensar, lança-nos por entre ela mesma para além dela e de nós. Sua força reside no impacto da exibição de coisas comuns vistas na diferença do acontecimento de vê-las de modo novo. Exigente, uma janela nos cobra atitude e também humildade. É que o adensamento no olhar, que poderia nos causar alguma arrogância, traz consigo a consciência dos limites desse mesmo olhar: suas contingências e particularidades.

Uma janela invade, silenciosamente, na forma de abertura, um espaço. Deixa-nos perplexos e confusos perante nossos próprios sentidos. Nem sempre há correspondência entre os sons que se ouve e as imagens que se vê. A visão alonga-se até espaços inalcançáveis pelos ouvidos. Onde vão parar as palavras, os sons e barulhos inaudíveis daquilo que podemos apenas ver? A forma paradoxal e inquietante que a janela tem de mostrar as coisas nos faz enfrentar vazios de entendimento, leva-nos a percorrer silêncios em busca de palavras que possam dar sentido ao olhar. É assim que uma janela silencia.

Mas uma janela também enseja certa ambiguidade. Pois que uma janela protege e isola, embora permita um acesso visual. Uma janela evita, separa e, ao mesmo tempo, comunica, garante vizinhança... A visão é propiciada. O acesso corporal, inibido. Não é que a janela sempre imponha uma inacessibilidade. É que, cruelmente, a janela nos faz considerar inoportuno, difícil ou mesmo impossível o acesso por seu intermédio. Pois, quem "pula a janela", como se diz coloquialmente na língua portuguesa, transgride o acesso regular e legítimo da porta. A janela, quando propicia um acesso corpóreo, também o define como marginal. "Passar pela janela" é o mesmo que transgredir uma legítima forma de entrada ou saída. Pela porta, entra-se. Da janela, vê-se. O acesso é parcial. Trata-se de uma projeção mental lançada a partir de nossa acuidade visual. Nossos corpos não se deslocam fisicamente ou não deveriam fazê-lo. O que se desloca, afinal?

Esse parece ser o apelo, por vezes irresistível, que nos lança uma janela: de jogarmo-nos através dela no não lugar, no vazio, ou, ao contrário, na multidão, no tudo. Talvez seja isso o que se passe com um suicida que se joga de uma janela de um prédio muito alto. Um sujeito qualquer, de uma janela qualquer, jogando-se por tantos outros quaisquer transeuntes de uma grande cidade qualquer. Quem sabe, assim, garantindo alguma efêmera visibilidade. Ou o contrário, a saída de cena. No caso nada anônimo de Deleuze, de quem se diz ter-se jogado pela janela, em uma atitude suicida, e de quem também se diz ter caído, acidentalmente, por ela, fica a inquietante pergunta: lançamo-nos de janelas, somos lançados por elas ou meramente caímos delas?

Tinha de ser com Deleuze, pela janela, lançada a questão! Já não se trata de uma palavra, da palavra "janela", mas de um conceito, do conceito *janela* que pode ser revisto, reformulado, atravessado por outros tantos conceitos a ele interconectados, nele entremeados, com ele imbricados no ato de pensar. Mais que investigar pensamentos, pensar. Não apenas saber sobre significados e sentidos impressos, mas expressar, sensível e inteligentemente, novos conceitos naquilo que criamos. É Deleuze quem nos sugere a busca de novos meios de expressão filosófica. Ele nos incita a buscar, nas diferentes linguagens artísticas, modos alternativos de ver e mostrar. Trata-se da experiência de olhar, cuidadosa e atentamente, o mundo, mas também de um olhar-se do mesmo modo atento e dedicado. Formas diferenciadas de ver são o que se alcança.

A aventura sensível e intelectiva que a janela propicia, se nos valemos dos recursos poéticos que nos levam a projetarmo-nos por entre ela, é o que nos remete a Deleuze. É o que nos faz desentranhar a poesia, descobrir o elemento poético nas próprias coisas, nos signos que aguardam ser apreendidos e decifrados. Na singularidade de cada olhar que a janela convida, está a vitalidade do pensar. A janela fornece as condições para a composição do olhar na fluidez da própria vida. Vida que se faz desde uma simples janela, a partir de uma abertura menor, de uma intensa e profícua vista que se oferece, graciosamente, sempre nova, a quem se disponha a ela.

Porém, há que se cuidar do olhar. A janela exige, ainda, desprendimento. Como adverte Fernando Pessoa nas palavras de Caeiro, "Não basta abrir a janela. É preciso não ter filosofia". Assim, somos forçados a problematizar, além da janela, a própria filosofia. Cuidar do nosso próprio jeito de pensar. Ousar pensar filosoficamente a janela e "janelicamente" a filosofia. É preciso abrir janelas para o entendimento do que seja a filosofia. Despojarmo-nos da visão afirmativa das coisas a fim de nos livrarmos do impeditivo de ver. Talvez a própria pretensão de sermos filósofos e sabermos acerca de pensamentos filosóficos nos leve a abrigarmo-nos nas ideias tão bem elaboradas a respeito de quase tudo que acabamos encerrados em conceitos e visões, sem janelas. Com uma filosofia assim, abrimos a janela e vemos descrições do que já foi visto, lemos o que já foi escrito e inscrito em nossos olhares. Já não podemos ver, dada a enorme quantidade de inscrições. Abrimos a janela e vemos a filosofia – uma filosofia completa, segura e firme, demasiadamente grande para ser revista. Sim, precisamos não ter filosofia, mas buscá-la. E como poderíamos possuí-la? Seríamos assim tão arrogantes e tolos? Pois não se trata, ela mesma, de uma constante procura?

Abrir a janela, olhar e ver. Esse é um contentamento que não se contém por muito tempo. É um tipo de sentimento que exige ser compartilhado para se manter vivo. Daí o inevitável convite: venha ver da janela! Acontece que olhar junto, da janela, é olhar compartilhadamente para algo, sem a garantia de se ver o mesmo. Ver é ver unicamente. Essa relação paradoxal não desvaloriza o convite ao olhar.

E, mais, reforça a singularidade do ver. Convidar a ver é uma linda imagem da busca conjunta de algo ainda não alcançado. É também o risco assumido da busca partilhada e de possíveis desencontros. Uma aposta na diferença – a aceitação de outros olhares como parte de uma busca conjunta. Amizade, intimidade e alegria – o ato de olhar pela janela, com outro.

Uma janela comporta muitas contradições. Uma delas parece vir do enquadramento que a janela impõe. Vê-se, mas vê-se desde sua localização. Vê-se o fundo, a frente, a parte lateral, por cima, enfim, vê-se desde uma referência pontual. As visões de uma janela são, comumente, parciais. "Da janela lateral do quarto de dormir", cantava uma voz mineira numa letra musical que reforçava a ideia referencial da visão ao mesmo tempo que revelava as brechas por onde ver o que se passava na obscuridade daquela situação. Da janela do carro numa avenida de um grande centro urbano ou da janela de um apartamento de um grande edifício, as visões são sempre limitadas, particularizadas, privadas. Da janela de uma sala de aula, o que se vê?

Uma janela é também uma ruptura definitiva com a comodidade. "Basta!", "Chega!" diz-se e "joga-se pela janela" algo que havia sido: Quem joga pela janela não sabe onde cairá o que é jogado, não se ocupa do destino do que está sendo lançado. Trata-se de uma decisão de jogar fora, de romper, de não mais ocupar-se em saber. Onde virá a cair o que foi jogado pela janela não é de interesse de quem joga pela janela. Não importa. Há, nesse caso, uma decisão, um corte. Sem julgamentos, alheia à ideia de um mundo verdadeiro, indiferente ao ocorrido, permanece a janela.

A linguagem virtual, tão contemporânea, tem se utilizado do aspecto figurativo da janela para ampliar seus alcances. É possível abrir mais e inúmeras janelas em busca de informações, de dados, de novos conhecimentos a respeito de diversas áreas do saber. Abrir janelas é acessar bancos repletos de dados armazenados entre paredes invisíveis. Assim também são essas janelas: invisíveis. Vê-se através delas, embora não as vejamos. Basta apertar teclas, digitar códigos, identificar senhas e elas se abrem, sem ao menos sabermos que formas possuem. Com elas é possível navegar. Navegar e abrir janelas. Que intrigante associação! Não se trata mais de abrir janelas e ver, senão de abrir janelas e navegar. É como se ver já não fosse mais necessário e, sim, navegar.

O que se pretende ao bater na janela? Entrar? Ser atendido? Quem bate à janela anuncia-se, mas não parece decidido a entrar. Quem bate à janela quer dizer algo, deseja pronunciar-se e passar. Quem abre a janela a quem bate dispõe-se a estar com o outro, embora sem sair do espaço privado onde se encontra. Há ainda o acontecimento daquilo que entra pela janela – a surpresa. "Entrar pela janela" é entrar casualmente, sem aviso prévio. A entrada se dá pela simples abertura da janela, pela ocasião do espaço aberto, não pela antecipação do convite ou mesmo pelo anúncio da campainha, tampouco pela abertura intencional da porta. A entrada pela janela é casual:

> [...] Mas eu fico triste como um pôr de sol
> Para a nossa imaginação,
> Quando esfria no fundo da planície
> E se sente a noite entrada
> Como uma borboleta pela janela.

A imagem da janela, a qual recorre, por inúmeras vezes, Fernando Pessoa, em muitas e diferentes situações, nos faz pensar em "uma janela aberta" como a imagem de uma constante disposição ao acontecimento, ao evento. Em vez de antecipações e planejamentos, um deixar entrar, pela janela, o que estiver sendo trazido pelo vento.

Uma janela é também uma melodia. Em sua sonoridade e beleza fônica, em seus sons e ritmo, a janela nos impele a pensá-la musicalmente. Pronunciada vagarosamente, impõe-se na força tônica da primeira sílaba: JA. Depois, nos embala: NELA. Se pronunciada de maneira repartida, produz um efeito mágico e, imperativamente, intervém: JÁ! NELA! Aqui se concentra o poder coercitivo da janela: ela exige uma tomada de posição. A parede impede. A janela impõe uma decisão. Há sempre a possibilidade de abri-la ou deixá-la fechada. Pensamento e som se misturam e, na forma de signo, obrigam-nos a pensar mais articuladamente sobre os espaços fronteiriços que nos levam a pronunciar a *janela*. Podemos pensar com alguns linguistas que pode haver uma relação mais profunda entre o corpo daquele que fala e as coisas sobre as quais ele fala. A intimidade da matéria sensível do corpo que emite os sons com aquilo que se pensa é um tema intrigante. Afinal, a voz se dá pela vibração de um corpo e esse corpo ocupa um espaço e um tempo. Trata-se de uma forma de energia que se faz presença, fenômeno de expressão.

A atração e o apelo pelo que há dentro, mas também pelo que há fora. É esse o caráter paradoxal da janela que configura outro espaço fronteiriço que nela se constitui. As extremidades interna e externa, desenhadas somente pela abertura que a janela realiza. O limite entre o dentro e o fora, o privado e o público, o interno e o externo. No íntimo, a janela é nosso próprio espaço fronteiriço, nosso limite, nossa extremidade. A janela é a reunião de forças que nos remete ora a um lugar, ora a outro, a lugares diferentes e simultâneos, que nos desloca incessantemente. Como os planos que se sobrepõem nas imagens que vemos da janela e faz com que as coisas vistas se complementem e construam uma paisagem, assim também é o pensar. Na busca de sentidos e entendimentos, cada plano exerce sua força e sofre a força de outro plano que se vê pela janela. A cada novo olhar, há novos arranjos entre os planos, novas combinações de elementos heterogêneos que fazem emergir algo novo. A janela é, assim, uma conexão dinâmica para a multiplicidade de sentidos.

Da pequena janela de um avião em movimento pontos representados em um mapa podem ser vistos, mas não pode ser representado o que vê, pensa e sente aquele que prefere envolver-se na delícia de cores, formas e movimentos alcançáveis pela janela. Só a singularidade da experiência torna possível esse saber. Trata-se de uma aprendizagem que se instala num espaço do saber alheio ao conhecimento construído para explicar, posteriormente, algo já pensado por outrem. Há que se chegar a uma espécie de infância do saber, chegar a um lugar e a um tempo que antecedem o conhecimento informativo. Na intensidade primaz de uma experiência de aprendizagem, nada que possa ser ensinado importa mais que o próprio saber que ela engendra. É preciso, pois, abrir a janela e olhar, por si mesmo, olhar mais e mais, até que se veja o que não se via antes.

Atividades

1. Qual é o sentido da JANELA que mais lhe intriga?
2. Identifique expressões idiomáticas que contenham sentidos diferenciados para a palavra "JANELA".
3. Entre a palavra "JANELA" e o conceito "JANELA", o que se passa?
4. De sua JANELA, real ou fictícia, o que você vê?
5. Identifique, no texto, palavras que constituem conceitos filosóficos.
6. Situe, nas obras de Deleuze, o entendimento da filosofia delineado no texto.
7. Que outros entendimentos você agregaria ao termo "JANELA"?
8. Procure, em diferentes linguagens artísticas, formas expressivas de JANELAS.
9. Fernando Pessoa, Manuel Bandeira e Cecília Meireles, entre outros escritores de língua portuguesa, utilizaram a imagem da JANELA em seus textos. Compartilhe, com a turma, uma obra escolhida por você.
10. A figura do olhar é recorrente na filosofia, desde a Antiguidade. Situe, em alguma obra ou autor, uma abordagem que o(a) tenha inquietado.

Referências

BORGES, Lô; BRANT, Fernando. *Paisagem na Janela. Interpretação de Milton Nascimento.* CD Geraes.

DELEUZE, Gilles. *Crítica e clínica*. São Paulo: Ed. 34, 1997.

DELEUZE, Gilles. *Proust e os signos*. Rio de Janeiro: Forense Universitária, 2003.

DELEUZE, Gilles. *Diferença e repetição*. Rio de Janeiro: Graal, 1988.

DELEUZE, Gilles; GUATTARI, Félix. *Kafka. Por uma literatura menor*. Rio de Janeiro: Imago, 1977.

DELEUZE, Gilles; GUATTARI, Félix. *O que é a filosofia?* Rio de Janeiro: Ed.34, 2000.

PESSOA, Fernando. *Poesia. Alberto Caeiro.* Edição Fernando Cabral Martins, Richard Zenich. São Paulo: Companhia das Letras, 2001.

Jardim

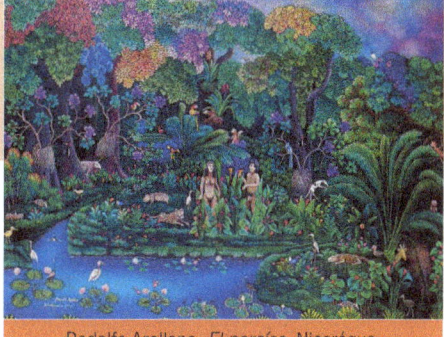

Rodolfo Arellano. *El paraíso*, Nicarágua.

Ingrid Müller Xavier

Terreno, geralmente contíguo a uma casa e cercado, onde se cultivam legumes, flores e/ou árvores, para consumo, ornamentação, estudo etc., e também usado como área de lazer. (Dicionário Houaiss)

> No tempo em que *Iahweh* Deus fez a terra e o céu, não havia ainda nenhum arbusto dos campos sobre a terra e nenhuma erva dos campos tinha ainda crescido, porque *Iahweh* Deus não tinha feito chover sobre a terra e não havia homem para cultivar o solo. Entretanto, um manancial subia da terra e regava toda a superfície do solo. Então *Iahweh* Deus modelou o homem com a argila do solo, insuflou em suas narinas um hálito de vida e o homem se tornou um ser vivente.
>
> Iahweh Deus plantou um jardim em Éden, no oriente, e aí colocou o homem que modelara. *Iahweh* Deus fez crescer do solo toda espécie de árvores formosas de ver e boas de comer, e a árvore da vida no meio do jardim e a árvore do conhecimento do bem e do mal.
>
> Gênese 2, 4-9

O primeiro texto escrito de nossa cultura que faz referência direta a um jardim está na Bíblia. O Antigo Testamento, ao narrar a criação do mundo, alude ao jardim do Éden, o jardim das delícias, o paraíso. Para nós, ocidentais, ainda que o relato nos tenha chegado do oriente, o *Gênese* é a principal narrativa de criação. Independentemente de nossas opções religiosas, esse jardim mítico povoa não só o imaginário ocidental, mas também, em parte, o oriental, pois também o Alcorão, nos versos 10-13 da surata 61 *As saf*, promete aos crentes o Jardim do Éden. Mas, já que se trata de um mito, e uma vez que a filosofia é, para muitos, um modo de pensar com pretensão a tomar distância dos mitos, por que partir de uma narrativa fantasiosa para aproximar-nos da filosofia?

Em sua aurora, a filosofia ocupou-se de investigar o princípio, a proveniência, a *arkhé*, de todas as coisas. Os primeiros filósofos, entre muitas outras questões, preocuparam-se com origem. E justamente por isso, por ser uma tentativa de dar conta da situação que narra nossa origem, tem sentido partir de um mito fundamental – no sentido daquilo que dispõe os alicerces – de nossa cultura. Mito que fala da nossa emergência terrenal, já que viemos da argila, e vincula nosso modo primevo de ser à terra. Chama atenção no relato bíblico que, logo após ter criado o homem, Deus planta um jardim e, se não o plantara antes, ainda que água houvesse, isso parece dever-se a não ter criado ainda o homem. Ainda que Francis Bacon diga que "Deus Todo-poderoso começou por plantar um jardim. E na verdade é o mais puro dos prazeres humanos", se considerarmos a sequência da narrativa bíblica, o jardim do Éden parece ser um quase acabamento, aquilo que antecede a última obra com a qual Deus encerra a criação na Terra, a mulher.

Sabemos como a estória prossegue, após o homem ter comido do fruto proibido "*Iaweh* Deus o expulsou do jardim de Éden para cultivar o solo de onde fora tirado" (Gênese 3, 23). A expulsão é acompanhada de uma missão: cultivar o solo. Talvez cultivar tenha sido o primeiro gesto propriamente humano, aquele que arrancou o homem da comunidade com as outras criaturas; gesto de estreia da arte e da técnica que dará início à transformação da natureza pela *poíesis* humana inaugurando a cultura. A palavra "cultura", derivada do latino *colere* (habitar, cultivar), designa um movimento, uma ação voltada a atualizar potências em várias dimensões e com isso agregar valor, seja à terra, seja ao espírito. De *colere* também provém a palavra "culto", que alude tanto àquelas práticas que honram as divindades como ao modo de ser dos homens ditos cultivados, refinados. Em um primeiro momento, a *poíesis* humana, essa potência de fazer brotar uma obra, manifesta-se na agricultura, o lugar do pão; uma vez atendida a sobrevivência, surge o jardim, o lugar do sonho. Lugar que convida ao devaneio, o jardim é um luxo, um supérfluo, radicado na natureza transformada pela *poíesis* é o lugar configurado por um traço que liga natureza e arte; lugar que emana toda uma simbólica prolífica e enigmática, os exemplos são muitos. Uma das sete maravilhas do mundo antigo eram os jardins suspensos da Babilônia; foi no jardim de Zeus que, segundo Diotima, Éros teria sido concebido; um dos doze trabalhos de Hércules foi colher os pomos de ouro do jardim das Hespérides; Ulisses, ao aportar na ilha dos feácios, é conduzido ao jardim de Alkinoo, onde as frutas se sucedem sem trégua, alheias às estações; a Academia, escola filosófica fundada por Platão, foi instalada no jardim do lendário Academo e também em um jardim floresceu a filosofia de Epicuro.

A palavra "jardim" provém da raiz germânica *gard* que gerou em diversas línguas ocidentais os termos *Garten, garden, gaard, giardino, grădină, jardí, jardin* e designa um domínio fechado, uma potência escondida. Também a palavra chinesa para jardim, *yuan*, indica igualmente um recinto reservado. Tanto no Oriente como no Ocidente, a palavra para jardim ecoa refúgio, separação, o jardim é um lugar resguardado, protegido. Inicialmente propriedade da nobreza, será somente a partir do século XVIII na Europa que os jardins privados passarão a ser espaços públicos. Coincide com a época da publicização dos jardins no ocidente a ideia que sua organização e estrutura sirvam de inspiração e modelo para planos de cidades, como o foi para Washington e São Petersburgo.

Retomemos o caminho que a palavra "jardim" nos abriu, nosso passeio começou tomando como ponto de partida o relato do *Gênese*. Vimos que, segundo esse mito, um jardim foi a primeira morada do homem e que este, após a queda, ao perder o paraíso, foi lançado para fora de seu lugar originário incumbido de cultivar, só então começa a criar mundos. E aqui entenderemos mundo tal como proposto por Heidegger: "O mundo é a abertura que se abre nos vastos caminhos das decisões simples e essenciais no destino de um povo histórico, [...] o mundo funda-se na terra e a terra irrompe através do mundo". O mundo, que é humano, demasiado humano, não preexiste ao homem, pois só se manifesta através da instauração das decisões daquele ente que, radicado na terra, através de obras, é capaz de criar um mundo. A terra é aquilo que sustenta, o solo que alberga o mundo. A obra, ao instituir um mundo revela o combate essencial entre terra e mundo. No entanto, combate aqui não indica discórdia, tentativa de eliminação do adversário, mas aquilo que permite que cada um dos combatentes afirme a grandeza do outro. Apresentamos duas imagens como pretexto para pensar diferentes modos de criar mundo. As imagens de um jardim oriental e de um jardim ocidental podem ajudar-nos a perceber mundos distintos, experiências diversas de relações entre arte, natureza e cultura.

Na imagem superior vemos um jardim japonês. A composição é assimétrica, os elementos estão dispostos de maneira a compor volumes variados, reproduzindo conformações possíveis de serem encontradas na natureza de modo a recriar um microcosmo, com as forças da natureza como potências aliadas, de modo a espelhar o macrocosmo. O jardim pretende compor uma totalidade e sua construção parte de um princípio simples, escava-se um buraco para criar um lago onde se concentra a força da água, elemento feminino, *yin*. A terra retirada na escavação serve para criar a topografia de uma montanha que representa o elemento masculino, *yang*. A água, que nasce no alto da elevação e abrigada pela vegetação, escorre pelas pedras imitando uma cascata e forma o lago, as diversas plantas complementam o cenário que se pretende tornar viva e presente a natureza.

A imagem inferior é de um jardim francês em *Versailles*. Jardim que reflete de maneira paradigmática as decisões do ocidente assentadas na matematização da natureza. Lembremos da assertiva de Galileu de que o grande livro do Universo está escrito em caracteres matemáticos e só o domínio destes leva ao conhecimento da natureza. O que a imagem evidencia é um jardim que se declara ruptura absoluta com a "natureza selvagem". O jardim se afirma não só como lugar separado da natureza, mas também como o que a ela se opõe. A geometria impera e ordena o espaço à régua; com círculos e retas o homem organiza a natureza à sua medida. A vontade de domínio e apoderamento se manifesta na ordenação das árvores enfileiradas, na regularidade dos canteiros, na disciplina da paisagem, no círculo perfeito que contém a água, que não escoa de uma cascata, mas emana em jato de um repuxo que se eleva verticalmente, contrariando a gravidade. Esse desejo de ordem e simetria que o ocidente impôs à natureza tocou o poeta português Fernando Pessoa, inspirando-o a escrever:

> Pobres das flores nos canteiros dos jardins regulares
> Parecem ter medo da polícia...
> Mas são tão boas que florescem do mesmo modo
> E têm o mesmo sorriso antigo
> Que tiveram para o primeiro olhar do primeiro homem
> Que as viu aparecidas e lhes tocou levemente
> Para ver se elas falavam...
> ("O Guardador de Rebanhos", XXXIII)

Havíamos dito que a palavra "jardim" recorda refúgio, separação. Um movimento que permite entender o jardim como separação aconteceu em Atenas. Em 306 a.C., Epicuro compra um jardim onde se instala com um grupo de amigos. Eram tempos sombrios para os gregos, em especial para os altivos atenienses que, derrotados pelos exércitos de Filipe II, tinham perdido a independência política passando a súditos do império macedônio. Os atenienses, outrora orgulhosos de fazerem suas próprias leis, ciosos da autonomia e da autarquia de sua *pólis*, se veem agora legislados por decisões que não mais procedem das deliberações das assembleias, mas que lhes são impostas pelo conquistador estrangeiro. Essa situação de heteronomia põe em xeque a própria concepção do que é ser homem, uma vez que a pretendida unidade homem-cidadão está agora dissolvida. Para um povo que entendera o homem livre como aquele ente que se constitui mediante o exercício das práticas políticas, a privação da atividade cívica representa um abalo significativo que terá por consequência a busca de novas reconfigurações da imagem e compreensão de si e a abertura de outros caminhos para o filosofar. Esse período, chamado helenístico, deu origem a três correntes filosóficas, o estoicismo, o ceticismo e o epicurismo, que têm em comum a tentativa de recuperar o lugar do homem e repensar o sentido da liberdade.

Epicuro ficou conhecido como o "filósofo do Jardim", e sua escola passou à história como a escola do Jardim. As escolas que então dominavam o pensamento filosófico eram as dos herdeiros de Platão, a Academia, e a dos discípulos e Aristóteles, o Liceu. À diferença dessas escolas de viés elitista, o Jardim foi instaurado como um espaço de convivialidade reunindo homens, mulheres e escravos, que ao renunciar à vida cívica, buscavam junto a Epicuro estabelecer um outro tipo de vida, organizado a partir da amizade. Se já não há liberdade política, é a conquista de si mesmo e o autogoverno que pode conduzir o homem à libertação. Não se trata de uma proposta de afastamento da convivência humana ou incentivo ao individualismo no sentido moderno, mas a busca, em comunidade, de respostas que permitam uma vida prazerosa, serena e feliz a despeito das circunstâncias adversas. Distante da política, a filosofia de Epicuro é essencialmente uma ética cuja aplicação prática concerne à amizade e aos prazeres dela decorrentes. Para viver feliz, diz Epicuro, é preciso "viver escondido", refugiados no Jardim, a prática da convivência fundada na amizade substitui o espírito cívico. O projeto epicurista é uma ética do equilíbrio, serenidade e prazer que se conquista apartando-se dos males que nos afligem, males que têm sua origem em crenças infundadas como o temor à morte e aos deuses. O prazer é princípio e fim da vida feliz. Com frequência, a filosofia epicurista, por afirmar o prazer como o soberano bem, foi confundida com um hedonismo desenfreado, mas Epicuro insiste que o prazer de que nos fala é o prazer natural que nos põe em harmonia com a natureza, aquele se produz pelo equilíbrio fisiológico.

A pedra angular da doutrina é uma canônica (do grego *kanón*, regra, princípio) cujo principal critério de verdade é a sensação. Uma sensação repetida várias vezes deixaria uma marca que, memorizada, permitirá antecipações. À diferença de Platão, a antecipação não é a reminiscência de uma visão transcendente, mas a rememoração de uma experiência sensível anterior. Trata-se de um sensualismo fundado em uma física, mais precisamente no atomismo de Demócrito, e é esse materialismo, modificado pela noção de *clinamen*, o que abre a possibilidade para a liberdade humana. Viver de acordo com a natureza é a máxima do epicurismo, pois só conhecendo a natureza poderemos alcançar os prazeres puros. Para o filósofo do Jardim, a natureza oferece os bens necessários à felicidade: "A riqueza conforme à natureza tem limites e é fácil de encontrar, mas a imaginada pelas vãs opiniões não tem limites e é difícil de adquirir". Aquele que se põe em acordo com a natureza viverá sem perturbações, "como um deus entre homens".

Atividades

1. Passear por um jardim atentando para as ideias e sensações que serão despertadas. Produzir um texto, desenho ou música que fale dessa experiência.

2. Tomando como ponto de partida os primeiros versos de *Paraíso Perdido*, de John Milton, estabelecer possíveis relações entre "Jardim" e "Utopia".

> Da rebeldia adâmica, e o fruto
> Da árvore interdita, e mortal prova
> Que ao mundo trouxe morte e toda a dor,
> Com perda do Éden, 'té que homem maior
> Nos restaure, e o lugar feliz nos ganhe
> Canta, celestial Musa, que no cume
> Do Orebe, ou do Sinai lá, inspiraste
> O pastor que ensinou a casta eleita,
> De como no princípio céus e terra
> Se ergueram do Caos.

3. Desenhar, realizar uma colagem ou descrever textualmente como você imagina que pudesse ter sido o Jardim de Epicuro.

4. O filme de Alain Resnais, *O ano passado em Marienbad*, desenrola-se em um palácio cujo jardim apresenta características semelhantes àquelas descritas como sendo as de um jardim ocidental. Após assistir ao filme, produza um texto que explore a importância do jardim como personagem da narrativa cinematográfica.

5. A última fala de *Cândido ou o Otimista*, de Voltaire, é: "Mas é preciso cultivar nosso jardim". O que essa frase lhe sugere?

6. "Posso imaginar um jardim superposto à imagem de uma orquestra. Um jardim é composto de vários elementos diferentes e detalhes sofisticados que convergem para formar um todo harmonioso. Cada elemento não exerce sua individualidade, mas adquire o estado de anonimidade" (Toru Takemitsu).

Takemitsu (1930-1996), importante compositor japonês, compara compor e ouvir música a caminhar por um jardim japonês. Várias de suas obras são inspiradas em jardins, por exemplo: *In an Autumn Garden, Garden Rain, A Flock Descends into the Pentagonal Garden*. Passeie por um jardim cantarolando e, se você toca algum instrumento, veja se o passeio provoca alguma inspiração musical.

(Agradeço a dica de Gabriel Cid!)

Referências

A citação de Heidegger foi traduzida de "El origen de la obra de arte" in *Arte y poesia*. México, DF: Fondo de Cultura Econômica, 2001. As outras coisas aqui plantadas foram mudas afanadas daqui e dacolá, vício de jardineiro...

Licença

Mariela Merino

Tradução: *Ingrid Müller Xavier*

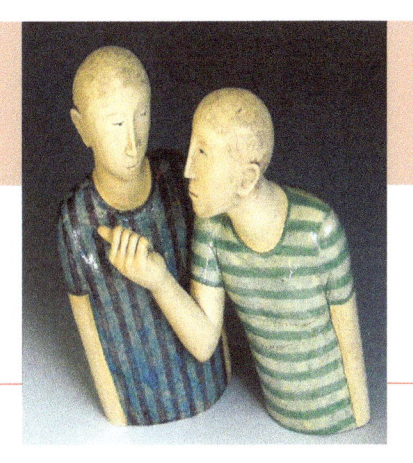

> Chispa de luz en los ojos
> veo quien soy junto a otros
> Não tiene edad la escuela
> hoy dibujé mi nombre en letras
> Mirame ya, nombrame ahora
> miedo não hay, ya não me toca
> Puedo sentir que queda afuera
> como un milagro la vergüenza
> Voy a leer un cuento viejo
> que escondí por mucho tiempo
> Imaginé por los dibujos
> era de hadas, era de brujos
> Migas de pan, camino largo
> se las comió un día encantado
> Renacerán sueños más lindos
> entre amor, entre los hijos
> Felicidad al encontrarte
> algo de mi voy a contarte
> acumulé más palabras
> noche oscura, que aclara
> Chispa de luz, en mi vergüenza
> vos me enseñas, nombres y letras
> con tu llave colorida abro la puerta a la alegría.
>
> León Gieco[1], Encuentro

---

[1] Chispa de luz nos olhos / vejo quem sou junto a outros / Não tem idade a escola / Hoje desenhei meu nome em letras / Olha-me agora, me nomeie agora / medo não há, já não me toca / Posso sentir que fica fora / como um milagre a vergonha / Vou ler um velho conto / que escondi por muito tempo / Imaginei pelos desenhos / era de fadas, era de bruxos / Farelos de pão, caminho longo / Os comeu um dia encantado / Renascerão sonhos mais lindos / entre amor, entre os filhos / Felicidade ao encontrar-te / algo de mim vou contar-te / acumulei mais palavras / noite escura, que aclara / Chispa de luz, em minha vergonha / Tu me ensinas, nomes e letras / Com tua chave colorida abro a porta à alegria. (N.T.).

As palavras passam pelo dicionário perdendo vida e, assim, ficam sem vida, mortas, seus vocábulos não sorriem, não se ruborizam, não agridem, não clamam, não pedem, não choram. Sem dúvida, as palavras têm uma carga afetiva.

A palavra bate ou acaricia; fere ou dá proteção. Não apenas significa, também machuca ou defende o débil.
Entre as palavras que acumulei, como diz Gieco, a palavra "licença"
é a que mais voltas me deu, grande parte
de nossa vida pública tem a ver com essa
palavrinha
que me aparece como um rogo, como mandato, como
censura e até como ameaça.
Se você tem que entrar em um escritório, diz "licença";
se quer passar de um lado a outro e estão
obstruindo a passagem, diz "com licença" (rogo); se
este alguém não sai, pode dizer-lhe "me dá
licença" (mandato); e se insiste em não se mover de seu
lugar, pode dizer-lhe "por que não me dá
licença?" (censura); mas, se permanece em sua posição,
pode-se apelar ao "se não me dá licença vou ter que...".

Eu disse mais acima que grande parte de nossa vida pública
se relaciona com a licença, sem ela não podemos
dirigir, nem entrar no escritório do presidente e
perguntar-lhe porque há crianças famintas, a menos que
se goste de passar uma temporadazinha na prisão.
As que agora somos adultas atravessamos uma
quantidade de licenças (você percorreu um longo caminho,
garota. O importante é ter *Charm*, propaganda dos anos 70 (caso não te lembres)
...de falar...se falam os mais velhos.
As crianças calam...de ser maiores para poderem sair
sem pedir licença....

"Jamais pegue um alfinete sem licença", minha mãe sempre me dizia, nunca me dava os motivos, mas eu sabia que se tocasse um alfinete ou me espetaria ou algo pior e catastrófico poderia acontecer-me.

É notável que não descobriríamos muitas coisas importantes se essas coisas não estivessem ausentes. Pensemos no caso de Robinson Crusoé: quando naufragou não somente ficou sozinho em uma ilha, ausentaram-se as pessoas, as palavras e as licenças, quero dizer que naufragou de palavras, pessoas e licenças. A quem Robinson poderia pedir ou dar licença? Vocês me dirão: a si mesmo, porque certamente há situações em que nós temos que pedir ou dar licença a nós mesmos, por exemplo para chorar ou rir, mas, no caso do nosso personagem, PARA QUÊ?

Enquanto escrevo, ouço, numa estação de rádio local, a propaganda de um cemitério jardim. O locutor, com voz gutural, diz: "quantas decisões tomarão por você, não permita que tomem a mais importante de sua vida... Cemitério jardim Santa...". Se não outorgamos licença quanto ao lugar onde nos enterrarão, não nos enterrarão? Irão guardar-nos como um adorno?

As palavras também se tornam maiores, ninguém pode evitar que "cresçam, que sofram e que um dia nos digam adeus", como diz Joan Manuel Serrat. Faça uma experiência e pergunte a várias pessoas e pessoinhas o que quer dizer licença. As crianças me disseram que :

"é uma palavra que se diz para entrar em um lugar antes de passar ou pedir licença para sair para qualquer lugar ou para falar" (Bárbara, 11 anos);

"significa respeitar uma pessoa quando ela está no lugar onde você quer passar e se não se diz é uma falta de respeito" (Jennifer, 10 anos);

"é a autorização para fazer algo" (Morena, 11 anos);

"é o que se pede aos padres ou à senhora" (Lola, 5 anos);

"é respeitar as pessoas" (Emilio, 11 anos);

"é uma autoridade que permite fazer as coisas" (Luciana, 11 anos);

"é dizer a você; 'estou fazendo caca'" (Luciano, 4 anos);

"é pedir licença para brincar" (Aldana, 9 anos);

"significa sair com autorização, por exemplo, se você sair da sua casa você tem que pedir licença a uma pessoa mais velha, ou seja, que se você é menor de idade tem que esperar a opinião da pessoa mais velha" (Sabrina, 10 anos);

"é algo que uma pessoa deseja fazer mas não está certa se pode fazer ou não e deve perguntar a alguém (Micaela, 9 anos);

"essa palavra sempre temos que dizer para entrar em uma loja" (Enzo, 7 anos);

"dizer a alguém 'você me dá licença?'" (Samira, 5 anos).

Os maiores me disseram (não ponho as idades porque não me deram licença):

"é dar autorização para realizar algo";

"dar lugar a outro para que realize alguma atividade e entendê-lo a partir do seu lugar";

"se diz da possibilidade de fazer";

"possibilidade de ausentar-se de um lugar por algum motivo de um lugar ou grupo de pessoas";

"não dar explicações";

"solicitude , habilitação, dar lugar a";

"palavra usada para realizar alguma atividade com o consentimento ou aprovação do resto das pessoas".

Apenas dois me disseram que é pedir autorização.

Peço licença, senhores, Nach Scratch

Peço licença senhores, que este é meu *hip-hop* e meu *hip-hop* fala por mim, e minha voz entre suas melodias dirá, dirá que rimo assim, que desde que nasci, desde que minha mãe me embalava no colo, sabia que tinha entre seus braços um guerreiro, um lutador. E eu me fiz no *hip-hop*, fui-me modelando no barro, na raiva, na rebeldia do que é forte e tem que cruzar os braços cada vez que a vida impõe a sua lei.

E eu me fiz no *hip-hop* que o *hip-hop* é mau, é forte, tem cheiro de vida, mas sabor de morte, que sou uma árvore que nunca deu fruto, xke sou um cão ke não tem dono,

xke tenho ódios ke se os digo, ke se os digo dessangraria o mundo,

xke continuo dentro deste labirinto, de concreto, de sombras, de luzes,

de almas vazias, xke vivo aprisionado, aprisionado na brevidade dos dias.

Peço licença, senhores, que este é meu *hip-hop* e meu *hip-hop* fala por mim, e minha voz entre suas melodias dirá, dirá xke rimo assim, xke desde ke nasci, desde ke minha mãe me embalava no colo, sabia ke tinha entre seus braços um guerreiro, um lutador. E eu me fiz no *hip-hop*, fui-me modelando no barro, na raiva, na rebeldia do ke é forte e tem ke cruzar os braços cada vez ke a vida impõe a sua lei.

E eu me fiz no *hip-hop* xke, xke o *hip-hop* é maxo, é forte, tem cheiro de vida, mas sabor de morte, xke sou uma árvore ke nunca deu fruto, xke sou um cão ke não tem dono,

xke tenho ódios ke se os digo, ke se os digo dessangraria o mundo,

xke continuo dentro deste labirinto, de concreto, de sombras, de luzes,

de almas vazias, xke vivo aprisionado, aprisionado na brevidade dos dias.

Este *hip-hop* não diz mais do que o que aconteceu com S

Sócrates

Atividades

I. Para as crianças

Como se fez a Licença???

História

1. Desenhar ou mostrar um desenho ou uma foto em que estejam presentes crianças com trajes típicos de diversos países e culturas, ou jogos e brinquedos de diferentes épocas. É necessário colocar em conexão o conteúdo das imagens com o seu marco social e o que se entendia como sendo bons ou maus modos para as crianças nas diferentes épocas e lugares. Depois de narrar essas histórias, responda: o que você pensa que essas crianças podiam fazer que você não pode e o que elas não podiam que você pode fazer? Para que essas crianças pediam licença? O que é brincar com e sem licença? O que é pedir licença?

2. Faz uma lista com as licenças que seus pais dão a você e com aquelas que gostaria que fossem dadas. As mães e os pais nos dão as licenças que queremos? Por quê?

II. Para os Grandes:

Ao longo do texto são apresentadas algumas perguntas, tente respondê-las.

Por que nós, adultos, consideramo-nos os únicos seres que podem dar licença?

M

Mãos

María José Guzmán

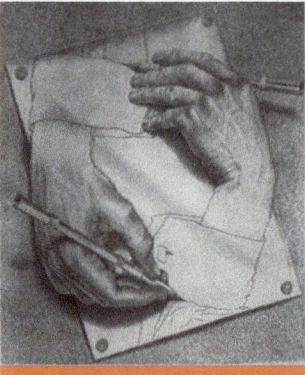

Escher (1898-1972).
Desenhando mãos, 1948.

A mão, segundo Aurélio, é o "segmento terminal de cada membro superior que se segue ao punho, dotado de grande mobilidade e apurada sensibilidade, e que se destina, sobretudo, à preensão e ao exercício do tato". Acho difícil alguém buscar essa palavra no dicionário. Tenho a impressão de que a grande maioria das pessoas que usam dicionário sabe o que é uma mão e sabe também como se escreve a palavra "mão" e que, por isso, ela pode passar anos ignorada entre *manzuá* e *maoísmo*. A não ser que alguém se depare com ela sem querer ao folhear distraidamente o livrão. A não ser que alguém a busque, como eu, seguindo um ritual que manda definir aquilo de que vamos falar antes de começar a nossa fala.

Mas, como acredito que seja bom tentar desaprender alguns rituais e penso que este Abecedário queira, entre ouras coisas, dar a pensar sobre o que os dicionários não dizem, quero logo nomear algumas das inúmeras coisas que brotam das mãos e não aparecem na sua definição: quadros, doces, música, carícias, armas, desenhos, golpes, tecidos, gestos, disparos, grafismos, mapas, cadeiras, rubricas. Rastros que as mãos vão deixando no mundo.

Mãos. Olhando-as com atenção poder-se-ia dizer que levam uma existência discreta e independente – não só dos dicionários, mas também das nossas cabeças e dos nossos olhos. Sim, talvez estejamos errados ao pensarmos que as conhecemos bem e que são simplesmente as nossas familiares extremidades, sempre dispostas a obedecer ao cérebro – por que pensamos o nosso corpo como quem pensa um exército? Se você observa as próprias mãos desenhando, pintando, digitando no teclado do computador, tocando o piano ou tricotando, verá que elas se atrapalham e não conseguem mais continuar com seu trabalho direito.

Como mostrando certo desconforto ao serem pegas fazendo o que elas e só elas conseguem fazer. Como se as guiasse uma alma secreta e intransferível. Como se dançassem, à vista de todos, uma música que só elas ouvem. As mãos não vigiam os olhos enquanto estes fazem o que gostam de fazer: olhar. E os olhos lhes retribuem essa sigilosa gentileza. Talvez os sentidos repartam as tarefas de maneira a passarem despercebidos pelo simples gosto de levar uma vida mais discreta. Coisa que outras partes do corpo, obrigadas a fazer e ser cientes de estarem fazendo, não saberiam apreciar.

Quando uma criança nasce, quando acaba para sempre essa particular relação entre corpos que consiste em ficar por inteiro um dentro do outro, são as mãos dos que já estão "fora" que, com sua habitual discrição, a recebem[1]. E tem também o gesto de segurar a mão do moribundo: "faze com que eu perca o pudor de desejar que na hora de minha morte haja uma mão humana amada para apertar a minha", pede Lóri, em *Uma aprendizagem ou o livro dos prazeres*, de Clarice Lispector.

A vida ignorada das mãos. Impressões digitais e quiromancia

Não há duas mãos que tenham o mesmo desenho (será por isso que elas fazem traços tão diferentes?). É bem sabido que a técnica, a polícia e o Estado souberam explorar essa profusão de linhas para identificar as pessoas que vêm unidas a determinadas mãos. Porém, isso que chamamos de impressões digitais são mais do que uma carteira de identidade biológica, são magníficos quadros em miniatura que fazem parte de nós e foram criados sem a menor intervenção da nossa vontade. O fato de que não possuamos o treino para distingui-los a simples vista, nem o costume de apreciá-los, talvez seja mais um sinal de que as extremidades levam uma vida paralela que só eventualmente estende pontes até a consciência.

E a quiromancia, a velha arte de ler o destino na palma da mão? A poderosa Ciência Moderna não conseguiu apagar essa prática. Isso não confirmaria a nossa suspeita de que as mãos sabem mais do que aparentam, de que alguma intimidade com os mistérios da nossa existência persevera nelas? O fato de que na atualidade a verdade desse saber esteja comprometida não demonstra que as mãos não escondam segredos, confirma talvez nossas limitações na hora ler alguma coisa que não sejam letras.

---

[1] As fêmeas humanas, até onde tenho conhecimento, não limpam as crias recém nascidas com a boca, como costumam fazer outros mamíferos. Pergunto-me em que momento da chamada evolução esse instinto foi perdido, e a boca foi substituída pelas mãos.

Começo, meio e fim

Definitiva semelhança: vários dicionários parecem concordar em um aspecto: as mãos ficam no fim do corpo, vão "até a ponta dos dedos", são uma "parte terminal".[2] Assim, as pessoas começaríamos quem sabe onde, mas iríamos terminando-nos rumo aos braços, ao chegar ao pulso nos encontraríamos mais perto ainda de concluir, e na ponta dos dedos estaríamos definitivamente acabadas. No entanto, pergunto: por que não poderia alguém começar na ponta dos dedos e terminar no estômago ou nos joelhos? Por que não poderia alguém achar que começa na palma da mão e chega até alguma lembrança querida ou temida, um sonho, um amigo, um amor? Sim, por que uma pessoa não poderia sentir, pelo menos às vezes, que começa na sua mão, no seu estômago, na sua garganta e termina em outra pessoa, ou na casa da sua amiga querida, que fica muito longe, num lugar onde essa pessoa não esteve nunca ainda?

As mãos acodem primeiro quando queremos saber quão quente está o café na xícara, ou quão fria a cerveja na garrafa, quando sentimos uma coceira urgente ou uma dor aguda. O tato é também uma das primeiras formas de contato com o mundo. Usamos as mãos para cumprimentar, nesse caso elas podem vir ao começar ou ao terminar um encontro. Muitos contratos se fecham com um apertão de mãos, determina-se assim o final de uma negociação ao mesmo tempo em que se estabelece também uma maneira de se relacionar no futuro, de aí em diante. Dizem que o gesto de dar a mão teve sua origem na necessidade de mostrar as mãos desarmadas, como sinal de boa vontade. Se quisermos pedir a palavra, cumprimentar, ou nos rendermos ante alguém que está armado, enviamos sempre as mãos na dianteira. Há boas razões, então, para pensar as extremidades sob o signo da continuidade e não como um limite, uma fronteira ou um fim.

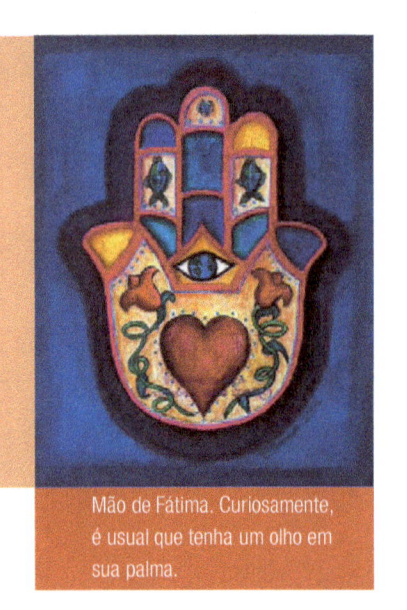

Mão de Fátima. Curiosamente, é usual que tenha um olho em sua palma.

Não só quando se é bebê ainda, senão nas muitas ocasiões ao longo da vida em que podemos explorar e inventar usando o tato, a nossa vida começa na ponta dos dedos, ou flui através delas, mas de jeito nenhum termina ali. Pensando assim, esse que aparece vindo ao encontro do tato é um outro mundo, um mundo a mais, um novo mundo.

---

[2] "Parte do corpo humano unida à extremidade do antebraço e que compreende desde o pulso inclusive até a ponta dos dedos" (*Diccionario de la Real Academia Española*). Ou "a parte terminal das extremidades dos vertebrados quando modificada (como nos humanos) como órgão apreensor"(Britânica). O Houaiss e o Petit Robert falam também em "extremidade" e em "terminada nos dedos". Todos os dicionários citados são eletrônicos. (Traduções nossas).

As mãos na massa e o mundo que não tocamos

Estamos acostumados a explorar as coisas com os olhos e as palavras; enquanto que as mãos, imperceptíveis, conhecem e acham, advertem e ensinam, aprendem e sabem. Elas, como o olfato, lembram coisas que os olhos e as palavras esqueceram e talvez nunca mais possam rememorar. O tato, a aventura que as mãos propiciam de modo acabado e sutilíssimo, exige proximidade. Nada pode ser conhecido pelo tato senão as coisas que encostam no corpo, ou chegam muito perto dele; no entanto, imagens e palavras se reproduzem e se espalham atravessando distâncias enormes a grande velocidade. Talvez já conheçamos com os olhos muitas mais coisas das que conseguiremos tocar e cheirar na nossa vida.

Claro que as palavras, as imagens e os sons nos abrem mundos maravilhosos. Porém, é possível que essa facilidade das imagens tire o foco do tato – reparo, enquanto escrevo, que essa metáfora é visual.

Detalhe do cartaz do filme E.T., de S. Spielberg, 1982.

A particularidade de fazer qualquer coisa com a mão parece a cada vez mais estranha e inclusive incômoda. Pode ser até um divertido exercício pensar quantas e quais das coisas de que precisamos, gostamos ou simplesmente usamos foram feitas pelas mãos de alguém ou por quantas mãos passaram até chegar a nós. Menos divertido é conferir que vamos acostumando-nos a relegar as próprias mãos e a necessitar cada vez mais das mãos dos outros – frequentemente mal pagas e invisíveis. Quem não conhece um prestigioso doutor que nunca preparou o próprio almoço? Quem não conhece uma mulher elegante que não sabe costurar? (Eu mesma, que como carne, nunca matei nem sequer um frango com as minhas próprias mãos.) Quem não conhece o dono de um belíssimo jardim que nunca tocou na terra? Isso por não falar da casa em que moramos ou de consertar um carro. Quantas das coisas das que precisamos para viver não damos conta de fazer ou de consertar com as próprias mãos? Que mundo é esse construído e sustentado por mãos que não conhecemos?

A criação de Adão, pintado ao rededor de 1511 por Michelangelo Buonarotti.

Tato: lembranças sem palavras

O tato é a capacidade de sentir que se espalha pela superfície toda do corpo. Acredito, e peço desculpas pela insistência, que quando os encontros são corpo a corpo não valoramos as coisas da mesma maneira que quando observamos de longe. Por isso, quero arriscar uma última hipótese: que a infância é uma forma de estar no mundo que parece colocar o corpo todo à disposição da busca e do encontro, e que parece recuar em direção às mãos na medida em que crescemos. Assim, talvez seja nas nossas "extremidades" que ficam guardadas suas lembranças (sem imagens) e sua experiência (sem palavras). Dando continuidade à minha hipótese, o tato refinado viria a ser testemunha inconsciente de algum tempo em que só havia corpo a corpo sem palavras e, por que não, sem imagens. Desse quando nada poderíamos saber falando, mas talvez aprendamos algo sobre ele tocando e esquecendo. Esquecendo, por exemplo, o esquema servil com que tratamos as próprias mãos – e as alheias.

Assim, se há um encontro entre o tato – experiência primitiva no melhor sentido da palavra – e o fazer dos artistas, e se as mãos podem pintar, modelar e ajudar a tirar sons de todos os instrumentos musicais, talvez seja precisamente porque sabem coisas que a consciência ignora. Digo talvez, só talvez, porque a essas alturas já não me atrevo a tirar conclusões sobre as mãos.

Spring is like a perhaps hand
E. E. Cummings

Spring is like a perhaps hand
(which comes carefully
out of Nowhere) arranging
a window, into which people look (while
people stare
arranging and changing placing
carefully there a strange
thing and a known thing here) and

changing everything carefully

spring is like a perhaps
Hand in a window
(carefully to
and fro moving New and
Old things, while
people stare carefully
moving a perhaps
fraction of flower here placing
an inch of air there) and

without breaking anything.

A primavera é como uma talvez mão
E. E. Cummings

A primavera é como uma talvez mão
(que chega cuidadosamente
de Lugar Nenhum) arranjando
uma janela, dentro da qual as pessoas
olham (enquanto as pessoas fitam
arranjando e mudando de lugar
cuidadosamente ali uma estranha
coisa e uma conhecida coisa aqui) e

mudando tudo cuidadosamente

a primavera é como uma talvez
Mão numa janela
(cuidadosamente daqui
para ali movendo Novas e
Velhas coisas, enquanto
as pessoas fitam cuidadosamente
movendo uma talvez
fração de flor aqui colocando
um tantinho de ar ali) e

sem quebrar nada.

Atividades

1. Eis uma pequeníssima lista de expressões que incluem a palavra "mão". Acrescente outras que você lembrar ou achar num dicionário. Pense o que elas lhe sugerem, transforme seus pensamentos em perguntas e discuta-as em grupo:

– "dar uma mão"
– "mão dupla"
– "abrir mão"
– "estar à mão"
– ser "a mão direita" de alguém

2) Existem quadros destinados a pessoas que não conseguem enxergar. Eles dão prioridade às sensações táteis. Você se anima a compor um quadro para ser explorado pelas mãos e não pelos olhos? Poderia utilizar: massa de modelar, argila, papel machê, bolinhas de gude, sementes, penas, conchas marinhas, pequenas pedras e/ou tecidos de diferentes texturas. Para escolher os materiais e fazer o quadro feche os olhos ou tampe-os com uma venda. Considere que os materiais não só possuem pesos e texturas diferentes senão que também sua temperatura varia.

3) Num livro sobre criatividade artística, aprendizagem e desenvolvimento, aparece a foto de uma cabeça modelada por uma criança cega. Sua característica mais impressionante é invisível: o artista modelou os dentes, a língua e depois os lábios... que fez fechados, de maneira que é impossível ver tudo o que ele tinha colocado dentro. Procure um pedaço de argila ou massa de modelar e tente fazer alguma forma guiando-se pelo que suas mãos sentem e gostam, em lugar de pelo que você vê.

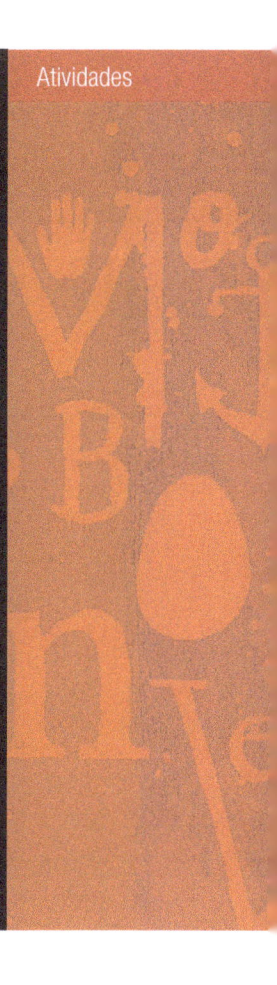

Referência

LISPECTOR, Clarice. *Uma imagem ou o livro dos prazeres*. Rio de Janeiro, Rocco, 1998.

Nó

Rosana Fernandes e José Menna

Muralha da China

Um saco de arroz, uma linha, um nó de rabiola. Não fosse a rabiola, a pipa não voava. A gente dá nó na rabiola. Não é nó na carne, íngua. Não é nó pra ficar, nó que enreda, narra, prende, corta. Nó de rabiola não é assim. A linha não precisa de cerol. Que nó é esse? Nó de marinheiro?

– Nó de marinheiro não tem mais. Já não existem marinheiros.

Nó de cabelo? Rabo de cavalo?

Nó de pescador na beira d'água. Sempre à espreita, absorto. Trama de espera, idas, paradeiros, a tantos nós. Cada nó, uma possibilidade de contato. Nó é sinapse, conexão com o inédito e o movediço. Interregno luminoso que equaciona trajetos.

Nó na garganta. Essa angústia que se alastra, mas que tranca além do peito. Isso que segura o choro, não o choro aqui dos olhos, mas de baixo, mas do ventre. Esse choro vem subindo, e para na garganta. Esse nó é vertigem, queda pra dentro, ele leva a passear, toma cantos, rodopia.

Tem muito nó.

Nó do corpo. Nó na língua, nó nas tripas, nó na barba. Nó no peito, uma dor tão apertada que não passa nem com chá de alecrim.

Nó do umbigo, feito com cordão.

Nó embrionário, que cresce pelo meio, espalha-se, prolifera, material informe constituído de células involuídas capazes de se organizar e se desorganizar, de migrar, espalhar-se, contrair-se, metamorfosear-se. Ovo.

A cintura da ampulheta tem um nó.

Nó também é parada, pausa. Descanso e suspensão. Um ponto de apoio, um lugar para não estar. Às vezes falta força para andar, e um nó permite um pouco de silêncio, retenção, alheamento. Nó é linha que demora. Dar-se um nó é ficar dentro, atar as pálpebras e não dormir. É estar em si, tão mais em si do que ao lado, tão mais no quarto, no íntimo, na noite. Dar-se um nó é estar autista, é a supressão dos sentidos, é a fruição da memória.

Nó é olho do furacão. Coexistência de presente, passado e futuro no cone invertido de Bergson. Todos acontecimentos de uma vida estão conectados no cone, na imensidão do tempo vazio, em que só há entre-tempos, entre-momentos e sentimentos de *déjà-vu*. O que passou coexiste no tempo e, eternamente, desloca-se, difere de si, recompõe-se, desfaz-se e alcança variações contínuas de contração e distensão numa viagem imóvel.

> O meu quarto está situado sob o quadragésimo quinto grau de latitude, segundo as medidas do pai Beccaria; a sua direção é do nascente ao poente; forma um quadrilátero de trinta e seis passos de perímetro, beirando a parede bem de perto. Todavia, a minha viagem há de conter mais; porque eu o atravessarei muitas vezes no comprimento e na largura, ou então na diagonal, sem seguir regra, nem método. Farei até ziguezagues, e vou percorrer todas as linhas possíveis em geometria, se a necessidade o exigir. (MAISTRE, 1998, p. 23-24)

Nó é filme com câmera fixa. Duração, atenção. Nó faz ver – há coisas que não se vê.

A vida é feita de paradas e trajetos, é feita de devires. É traçada e atravessada por potências diversas, e mesmo divergentes, lisas e estriadas. Tudo se mistura. O vento e o céu dão a lisura que a pipa pede e o atrito que ora leva, ora retém. O espaço liso e o espaço estriado estão imiscuídos como em uma rabiola. A urdidura de uma rabiola nada esconde, direito e avesso são uma coisa só. Não

Ana Holtz. *As portas*. 2007.

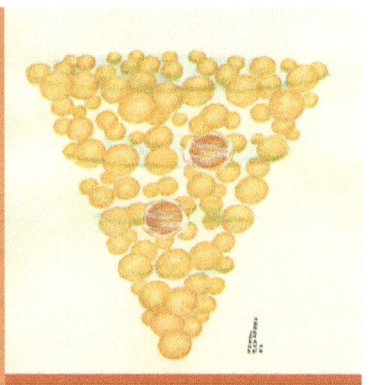

Cone feito por Jorge Herrmann a partir da imagem do Cone Invertido, de Henri Bergson, no livro *Matéria e Memória*.

existe detrás. Uma rabiola é linha, nó, superfície, é vento, ruído, cores, sol.

Trace o mapa da rabiola que hoje te move, te leva pra longe, pra dentro, pra outros mares. Conte cada nó. Ele faz fugir? Ele te conta? Pra que lugar ele te leva? Ele te aperta? Que nó é esse? Ele desata?

Laço é nó que desata sem esforço. As pessoas criam laços. Elas desatam sem esforço?

Costureira faz bainha e arremata com um nó. Lembra do filho marinheiro. A costureira tece o mar do marinheiro. Pano e mar. É nó.

Uma onda é nó no mar? Uma gota é nó na água? Uma concha é nó no ouvido que ouve o mar? Redemoinho é nó no vento? Moinho é um cata-vento que mói, faz pó do vento. Que nó é esse?

É nó dos dedos – silêncio batendo à porta.

É nó cirúrgico – remédio depois do corte.

É cicatriz – nó na pele.

Nó de madeira, desafio do artesão. Nó cego, página virada, partida. Nó Górdio que só rompe com a espada de Alexandre. Nó na roupa, na cinta, no vestido, na saia que roda, nó no passo que sabe, perdura, insiste.

Nó de gravata é nó de viajar. Há reuniões de todo tipo. Casamentos. Funerais. Na vizinhança e no estrangeiro. Engasgos inexplicáveis. Uma viagem não se faz com um destino — mas com a gravata que se leva. E tem viagens que se fazem sem gravata.

Nó de cadarço tropeça, faz tombar, é laço, desata sem esforço, atira para o alto mar. Pra onde ir, tênis, laço, pé?

Tem lugar sem nó. O passeio esquizofrênico é um passeio desatado. Aqui a natureza é humana, e o homem é natural. Opera o rizoma. Esquizofrenia é uma simplificação tão exigente de recusas quanto Édipo. Uma tarde imóvel num pátio de hospital, a certeza de uma conspiração e um discurso fragmentado são coisas muito diferentes uma da outra para ser somente esquizofrenia. Mas, se aceitarmos a simplificação, aqui não haverá nós. O furacão poupa do entorno, inventa o passado, dá o devir, repete, duplica, desatrela o passado de acontecimentos empíricos. O primeiro nó de cadarço será aprendido inúmeras vezes. E infinitas vezes não haverá marinheiros no mundo. Infinitas vezes será composto um nó que navega. Os mesmos nós de rabiola, em cada rabiola do mundo, vão voltar, infinitas vezes vão voltar. E o mesmo saco de arroz, e a mesma linha.

> Agora eu morro e me extingo, dirias, e, num relance, não serei mais nada. As almas são tão mortais quanto os corpos. [...] Mas o encadeamento de causas em que sou tragado retornará – e tornará a criar-me! Eu mesmo pertenço às causas do eterno retorno. Retornarei com este sol, com esta terra, com esta águia, com esta serpente. (NIETZSCHE, 1997, p. 227)

Joana (9 anos). *Pipa.* 2008 (Porto Alegre)

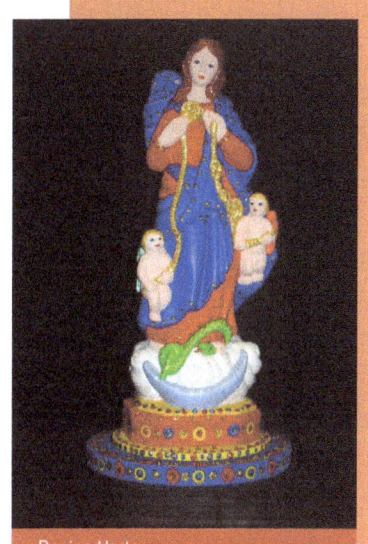

Dar nó é fazer núpcias. É roçar o limite da corda, da linha, do outro e de si. Nó não é o que termina, o que separa, não é limitação. Mas, ao contrário, é ir até o fim, tensão, distensão, atingir graus de potência, estendê-la um pouco mais, alcançar outros limiares de intensidade. Nó é caroço, *It* de Clarice (1998), furacão por dentro, é dobra, é involução no encalço de graus de potência, ultrapassagem de limites próprios. Um nó assinala forças, intensidades, fluxos. Cartografar uma vida, um corpo, é mapear um puro espaço topológico, inextenso, através da detecção de linhas e de nós de um processo em curso, de signos, forças, traços intensivos, dimensões, relações de velocidade e de lentidão, de repouso e de movimento. Latitude e longitude de um corpo.

Dar nó também é instaurar uma política de vida: dar-se às inutilidades, ser capaz do inútil. Dar um nó porque às vezes pode ser bom dar nó – e só.

Regina Horta. *Nossa Senhora Desatadora dos Nós.* 2008 (Santeira, Rio de Janeiro)

> Para lutar contra o pragmatismo e a horrível tendência à consecução de fins úteis, meu primo mais velho defende a prática de arrancar um bom fio de cabelo da cabeça, dar-lhe um nó no meio e deixá-lo cair suavemente pelo buraco da pia. Se o cabelo ficar preso no ralo que costuma haver nesses buracos, bastará abrir um pouco a torneira para que ele se perca de vista. Sem perda de um instante, deve-se iniciar a tarefa de recuperação do cabelo. (CORTÁZAR, 1964, p. 39)

Pensar sobre o nó dá nó na cabeça. Cérebro é rizoma. Cérebro é corpo. E é o corpo que pensa, quando pensa. Porque o corpo só pensa quando há contatos, quando há nós. Nó é dobra que abarca todas as possibilidades. O padeiro mistura, aproxima e afasta, articula a massa. Eis o inelutável prolongamento dos nós, que não cessam de se alongar, retrair, de se romper, de retomar. Nó é uma operação numa partícula de tempo, que se repete ilimitadas vezes. Dobra sobre dobra.

Célula contemporânea de células, tanto dura como faz mudar, hospeda a memória, borra a memória e a escreve indefinidamente, sem nunca começar nem terminar, povoando – o meio, crescendo pelo meio.

Nó é fita de Moebius.

Para atar com o texto

1. *Metamorfose de Narciso,* de Salvador Dalí.
2. *Mil Platôs – capitalismo e esquizofrenia* (v. 1) de Gilles Deleuze e Félix Guattari.
3. *Iassair* de O Zé e Tatu, disponível em <http://www.myspace.com/ozetatu>
4. *Clandestino* de Manu Chao.
5. *El taxista ful*, dirigido por Jo Sol (Jordi Sole), disponível em <http://www.zip-films.com/taxistaful/index.html> .

Atividades

1. Faça um autorretrato e ressalte um nó que ninguém vê.
2. Ate os nós que não estão aqui.

Referências

BERGSON, Henri. *Matéria e memória.* São Paulo: Martins Fontes, 2006.

MAISTRE, Xavier. *Viagem ao redor do meu quarto.* Porto Alegre: Mercado Aberto, 1998.

NIETZSCHE, Friedrich Wilhelm. *Assim falou Zaratustra.* São Paulo: Círculo do Livro, 1977.

LISPECTOR, Clarice. *Água viva: ficção.* Rio de Janeiro: Rocco, 1998.

CORTÁZAR, Julio. *Histórias de Cronópios e Famas.* São Paulo: Círculo do Livro, 1964.

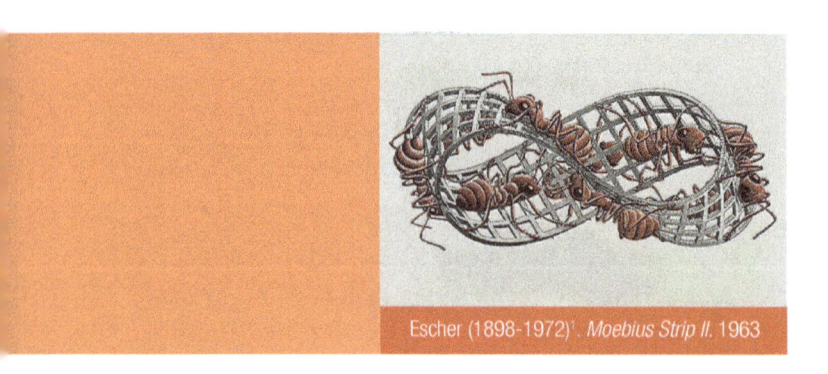

Escher (1898-1972)[1]. *Moebius Strip II.* 1963

---

[1] Disponível em: <http://www.mcescher.com/>. Acesso em: 12 nov. 2008.

Ovo

Walter Omar Kohan

Com o ovo acontece o mesmo que com tanta gente. Ele ficou estigmatizado por uma tara dos outros. Com efeito, o coitado do ovo está condenado a não saber se ele foi ou não o primeiro. E, para piorar, o puseram numa briga com a sua mãe. Imagina! Qual ovo vai querer ser primeiro do que a mãe? Essa sim que não é uma briga dele. Só de um filo-órfão. Mas essas coisas terríveis são um *privilégio* dos humanos entre todos os seres da natureza.

E nisso, como em tantas outras coisas, nós não consultamos aqueles que fazemos participar de nosso pensamento. Pensamos por eles. Não os deixamos pensar. Os colocamos como objetos nobres de nosso pensar. Miúda participação. Se os escutássemos, as coisas não apenas seriam mais "democráticas", como, digamos, muito mais simples: nenhum ovo, em seu perfeito juízo, pretenderia ter nascido primeiro do que sua mãe. Nem pensar! Mas, enfim, nós continuamos a nos perguntar "quem nasceu primeiro? O ovo ou a galinha?". Assim está o mundo. Vivendo de perguntas que os perguntados não gostariam de fazer. E sem perguntar o que os perguntados gostariam de perguntar, como ovos, galinhas, ou o que seja. Afinal, todos os seres têm direito a se perguntar o que lhes interessa, em primeiro lugar, se é necessário que os outros se perguntem pelo seu início. Nada como falar em nome dos desprotegidos, né?

Como Aristóteles recomendava, cada vez que estudamos algum ente, primeiro temos que ver se tal ente existe para depois saber o que ele é. Bem, estou agora mesmo comendo um ovo, frito – muito bom, por sinal, mesmo que dieteticamente incorreto –, o que prova que eles existem; pois, contra Descartes, confio em meus sentidos que, pelo menos em relação ao ovo frito, não podem me enganar: ele está verdadeiramente bom! Claro que se todos comessem ovos (especialmente fritos) a meu ritmo, os coitados correriam perigo de extinção. E não sou só eu: em alguns países de América Latina, o consumo de ovos é altíssimo; eles são insubstituíveis no café da manhã. Por exemplo, no México ou na Colômbia: você pode escolher comê-los mexidos com queijo, com presunto, com um pouco de cada um, com cogumelos, com tomate, ou simplesmente fritos, estalados, *poché* ou com um monte mais de outras coisas, mas não pode não escolhê-los. Melhor... Poder, pode, mas... não acharão muita graça no seu café. É que os ovos são vistos como um nutriente substantivo para o longo dia que se inicia. Isso nos torna "ovívoros", seres que se alimentam de ovos; os "ovíparos" são seres que se reproduzem por meio de ovos que colocam em ninhos ou outros locais seguros. E tem ainda os "ovovivíparos", nos quais os ovos permanecem dentro do próprio corpo da mãe.

O Ovo (*Urutu*), da pintora paulista Tarsila do Amaral (1886-1973). Ela fez essa tela aos 42 anos, em 1928.

O que são os ovos? O dicionário Larousse diz que eles são uma "célula que resulta da fecundação (fusão de um gameta masculino e um gameta feminino) e que, por divisão, dará um novo ser, animal ou vegetal". Nossa, que bonito!!!!!!!!!!!!!!!!!!!!!!!!!!! Vida que gera vida. *Uma* vida que gera *outra* vida. Isso é um ovo, algo muito lindo. Embora, se pensarmos com um pouco mais de calma, também isso somos nós. Ou podemos sê-lo. Ovos, células, seres de *uma* vida que dão *outra* vida. A diferença, talvez, é que os ovos parecem fazê-lo mais facilmente.

Quando olhamos os ovos com algo de cuidado, percebemos que eles são muito mais complexos do que parecem. Por exemplo, qualquer um de nós pensaria que um ovo de galinha tem duas partes (ou no máximo três, se contássemos a casca), mas um dicionário de biologia distingue, no caso do mais popular e simples ovo de galinha, nada menos do que quinze (sim, 15!) componentes. A ciência estuda o ovo, quer saber sua verdade, e o que ele é, reduzindo-o às suas partes, como se quanto menor for o pedacinho, mais perto de sua essência... dividido em 15 partes componentes. Tenta-se, talvez, entender o que é o ovo reduzindo-o a seus elementos de composição. Mas os cientistas também sabem, ou poderiam saber, que o todo é maior que a soma das partes. Vejamos:

É claro que quase todas essas coisas parecem ter mais a ver com a biologia do que com os ovos, mas é a partir dessas coisas que os biólogos conseguiram tirar muitas consequências, um montão de ideias que afetam nossa relação com os próprios ovos, nossa crença nos próprios ovos. De fato, os cientistas fazem usos diversos do ovo. Carlos Fernandez Liria, professor da *Universidad Complutense de Madrid*, cita uma anedota em que um jornalista solicitou a Einstein que explicasse, em poucas palavras, o que é a teoria da relatividade. "Saberia o Sr. explicar antes o que é um ovo frito?", teria respondido o cientista. E depois: "Muito bem, explique-me então o que é um ovo frito, mas supondo que eu não tenha a menor ideia do que seja um ovo, que jamais tenha visto uma galinha e que não sei o que é uma frigideira, nem o azeite." Ou seja, eis um bom exemplo de algo complexo, inexplicável sem certos conhecimentos básicos. Por outro lado, os ovos de galinha são apenas os mais conhecidos de um sem-número de espécies que colocam ovos. Outros animais que se reproduzem por meio de ovos são os répteis (serpentes, lagartixas, tartarugas, crocodilos, etc.), alguns poucos mamíferos como o ornitorrinco e o equidna, equinodermos, moluscos, anfíbios, a maioria dos peixes e, de modo mais geral, todas as aves. Todos os ovíparos têm algum recurso para romper o ovo e sair ao mundo. Por exemplo, as lagartixas e serpentes nascem com um dente sobre o nariz que lhes permite romper o ovo e o perdem pouco depois dele ter cumprido sua função. As tartarugas e crocodilos têm um espessamento nasal especial para sair do ovo. Todos nascem com ferramentas para romper o ovo e entrar ao mundo. Isso nos faz perceber outra característica singular dos ovos: eles nascem para ser quebrados; e eles são quebrados para que outros nasçam. O ovo não pode dar a luz sem se romper, rasgar, quebrar.

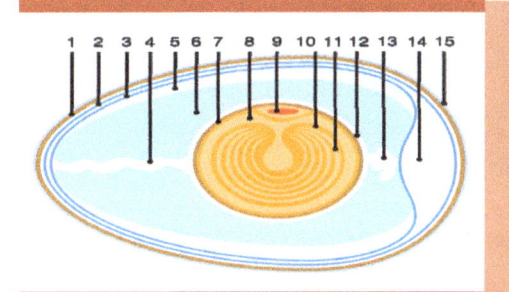

1. Casca (formada por sais de cálcio); 2. Membrana externa (protege o conteúdo do choque com a casca); 3. Membrana interna; 4. Calaza (sustenta a gema no centro do ovo); 5. Albumina exterior (albumina exterior fina); 6. Albumina média (albumina interior espessa); 7. Membrana vitelina; 8. Núcleo vitelino; 9. Disco germinativo (blastoderma); 10. Gema amarela (rica em colesterol); 11. Gema branca; 12. Albumina interior; 13. Clara (reserva de albumina); 14. Câmara de ar (reserva de ar para o embrião); 15. Cutícula. Fonte: <http://pt.wikipedia.org/ovo>.

> Você sabe por que há ovos de galinha de mais de uma cor? Se não sabe, procure saber...

Na mitologia grega, até uma mulher põe ovos. A história é bonita e, como toda história bonita, tem várias versões. Uma, narrada desde Eurípides, colhida na versão que expomos da Wikipédia, diz que tudo começou (como sempre?) com um desejo: Zeus, fascinado com a beleza da Leda, que havia recentemente desposado Tíndaro, herdeiro do reino de Esparta, deseja unir-se a ela, mesmo sabendo que não seria aceito, por ser ela recém-casada. Assim, Zeus assume a forma de um belo cisne e se aproxima de Leda quando ela se banhava num rio. A jovem põe o cisne no colo e o acaricia. Meses depois, Leda cai contraída de dor e percebe que do seu ventre haviam saído dois ovos (em algumas versões se trataria apenas de um ovo): do primeiro, nascem Castor e Helena, do segundo, Pólux e Clitemnestra. Em cada ovo há um filho de Zeus, Helena e Pólux, que são por isso imortais, enquanto que seus irmãos, filhos de Tíndaro, são mortais como qualquer ser humano.

Como em todos os casos, há que se distinguir entre os ovos (e as ovas, ou acaso o ovo não tem gênero?) e a palavra "ovo". Da palavra "ovo", derivam muitas palavras como "oval" e "ovoide" (com forma de ovo); "óvalo" (ornamento arquitetônico em forma de ovo); "óvulo" (do latim *ovulum*, diminutivo de *ovum*, ovo: gameta feminino a ser fecundado). A palavra "ovo", que mostra a capacidade do português de economizar letras (*ovum*, em latim, *ouef*, em francês, *uovo*, em italiano, *huevo*, em castelhano; das línguas latinas, o português só perde em economia de letras para o *ou,* romeno e catalão), há também outros sentidos e expressões na língua portuguesa, dentre eles: a) objeto de madeira que se enfia na meia para cerzi-la; b) andar ou agir com precaução, como na expressão "pisar sobre ovos"; c) comportar-se com cautela numa situação delicada, na expressão "pisar em ovos"; d) para rematar, no final das contas, como na expressão "ao frigir dos ovos"; e) lisonjear para obter vantagens, adular, como em "babar ovos"; f) preparar um roubo: "chocar os ovos"; g) estar rico, "estar cheio como um ovo"; h) estar mal-humorado: "estar de ovo virado"; i) esconder, fazer segredo: "fazer ovo"; j) ser de tamanho mínimo, "ser um ovo"; k) figurativamente, como sinônimo de germe, origem, princípio; l) na língua popular, os testículos dos homens; m) "ovo de Colombo": é uma coisa que não se soube fazer ou que se acha fácil depois de vê-la realizada por outro; n) "ovo guacho": ovo que a avestruz põe fora do ninho e que, depois de apodrecer, cria larvas que vão alimentar os filhotes; o) ovo órfico: emblema que simboliza o universo, figurando o Sol como um ovo amarelo, nadando no éter e cercado pela abóbada do céu. p) "contar com o ovo na bunda da galinha": contar com algo que ainda não sucedeu. No Brasil, "ovo" é, pela sua facilidade, uma das

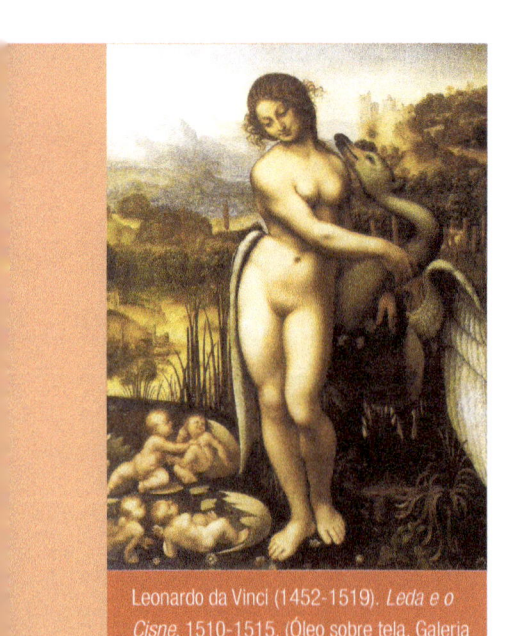

Leonardo da Vinci (1452-1519). *Leda e o Cisne*. 1510-1515. (Óleo sobre tela, Galeria Borghese [cópia], Roma)

primeiras palavras na alfabetização e também até o nome de uma ONG (OVO – Organização, Vida e Oportunidade).

Na América Latina, a palavra "ovo" é extremamente popular e dela derivam usos muito diferentes. Se no México a palavra *huevón* é um insulto, no Chile, ao contrário, pode ser sinônimo de amigo, cara. *Huevón* literalmente significa "de ovos grandes". Ela é usada para designar aqueles touros que não são sacrificados; usados para reprodução, eles também não são colocados para trabalhar a terra ou transportar peso; sua condição é um pouco sem graça, mas também em certo modo privilegiada pelo tamanho e potência de seus ovos. Aplicado aos seres humanos, *huevón* é em sentido estrito uma pessoa tola, sem muitas luzes (por que os ovos não a deixam pensar), mas esse uso deu lugar a outro muito mais amplo, como sinônimo de rapaz, cara, colega, e assim é utilizada proficuamente, em especial pelos jovens, tanto que alguns deles a repetem em toda conversa ao final de cada frase. Seu uso é tão rápido e frequente que soa "won" e assim é escrita na web. Dela deriva *huevear*, literalmente "perder o tempo", não fazer nada, mas também, viver a vida, divertir-se. As expressões derivadas de *huevo* são inúmeras. Uma delas, *huevada* também é muito popular no Chile e significa, em primeira instância, coisa pouco importante, mas também seu uso é estendido como sinônimo e substituto de qualquer coisa, sem conotação de seu valor; No Equador, *huevada* é uma tolice, uma ação com conotação negativa, e também uma bebida feita de licor de erva-doce, ovos batidos e canela. Também é muito popular na América Latina a associação de *huevo* ao órgão genital masculino e há muitas expressões dela derivadas. Na Argentina, por exemplo, uma maneira de um homem dizer a outro homem que não tem coragem é que ele "não tem ovos"; a mesma expressão poder ser usada respeito de um time de futebol que em situações adversas não consegue segurar um resultado. Por exemplo, o apodo de River Plate, "as galinhas", foi ganho numa época em que o time esteve dezoito anos sem conseguir ganhar um campeonato. Faltavam ovos, precisavam galinhas. Assim, quando um time precisa de mais raça na quadra, sua torcida grita que o time "ponha ovos". Talvez ainda derivado daquele sentido de coisa sem importância é a expressão popular "me importa um ovo" para dizer que alguém não está nem aí com a situação. Mas também "custou um ovo" significa que algo custou muito alto, que teve que ser pago um preço altíssimo.

Experiência com ovo

A TV Cultura apresenta a seguinte experiência, intitulada: "Deu a louca no ovo. Ovo maluco". Pegue um ovo cru e: 1- Gire o ovo; 2- Pare o ovo rapidamente e solte.

O que acontece? O ovo continua girando. Por quê? Por causa da inércia. Ela faz com que as coisas continuem a fazer o que estão fazendo. O que está se movendo continua a se mover e o que está parado continua parado. Assim, quando você para o ovo que está girando, a clara e a gema dentro dele continuam em movimento.[1]

Na verdade, essa experiência mostra uma outra coisa: os ovos se rebelam, resistem às ordens humanas. É difícil admiti-lo, mas há muitos signos nesse sentido: não podemos fazer com os ovos – nem com tantas outras coisas – o que queremos. Embora tenhamos feito de tudo com eles – inclusive organizar festivais de obras de arte a partir da pintura dos ovos de avestruz, como os concursos "Ovo Forte", organizados pelo criatório de avestruzes Fazenda Pé Forte – os ovos resistem.

> O que te inspira "Huevo con alas" ("ovo com asas")? O que te faz pensar? Se pudesse fazer uma escultura de um ovo, como gostaria de fazê-la? Você se atreve a fazê-la? Qual forma daria ao seu ovo? Qual cor? Qual tamanho? Qual posição?

Algumas culturas cobrem os ovos com uma mistura de cinza, pó de chá, barro, cal, sal e água, o que permite conservá-los durante muito tempo. Na cozinha, os ovos estão em muitos alimentos insubstituíveis como sorvetes, milanesas, bolos, massas e chocolates, que testemunham a importância dos ovos na culinária. Alias, o chocolate testemunha mais do que nada que o ovo transforma de verdade: não apenas os chocolates levam ovos, quanto há ovos de chocolate, os populares ovos de Páscoa (em algumas regiões do Brasil e outros países da América Latina também se chama "ovo de Páscoa" a um ovo cozido e pintado para a ocasião, tradição vinda, segundo veremos, do leste europeu). Assim, vamos nos aproximando de um aspecto interessante dos ovos: eles são uma bisagra da vida e da morte. Quando há ovo, há uma vida nova, mas também uma morte nova. Os ovos exigem que algo deixe de existir – eles próprios, mas não só – para que algo novo possa existir. E a metáfora do chocolate pinta bem essa possibilidade: mais do que sacrifício, do que se trata é de uma transição, de uma forma que dará lugar a outra forma, metamorfose.

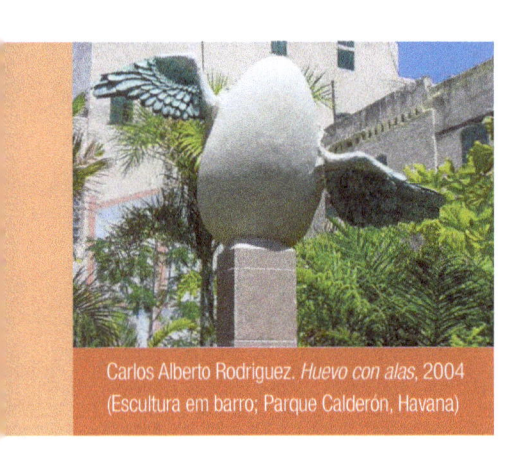

Carlos Alberto Rodriguez. *Huevo con alas*, 2004 (Escultura em barro; Parque Calderón, Havana)

---

[1] Disponível em: <http://www.tvcultura.com.br/x-tudo/experiencia/01/exovomaluco.htm>.

A história dos ovos de Páscoa também merece ser contada. Por um lado, eles vêm de uma tradição muito mais antiga do que o cristianismo (que comemora nessa data a ressurreição ou renascimento de Cristo) e em inúmeros povos antigos existe uma tradição de comemorar, a cada primavera, o renascimento do mundo. Nessa comemoração, desde as culturas mais antigas (chineses, egípcios, persas), os ovos são pintados e doados como presente. Curiosamente, o ovo mostra assim uma outra faceta de nossa cultura. Calcada na celebração de Páscoa da cristandade europeia, comemoramos a Páscoa na primavera europeia, mas no outono do hemisfério sul, de modo que comemoramos o nascimento do mundo, no apagamento do mundo, antes e não depois do inverno; depois e não antes do verão; enfim, comemoramos sem saber muito bem o que comemoramos, reproduzindo uma comemoração que não é nossa. Dentre as tradições das culturas milenares que pintam ovos para celebrar cada primavera, merece destaque a ucraniana, na qual foram encontrados testemunhos de ovos pintados datados de 3.000 anos a.C. Ao que parece comemoravam o retorno do Sol, que eliminava a neve e "renascia" assim a terra que ela ocultava. A arte de fazer esses ovos é conhecida como *pêssanka* (derivado do verbo *pessaty*, que significa escrever). A variedade de seus símbolos e cores é extraordinária:

Num site de artesanato ucraniano no Brasil (disponível em: <http://www.pessanka.com.br>), pode-se consultar os variados significados dos símbolos (animais, figuras, flores, plantas, linhas) e cores que são utilizados nessa técnica milenar. Antigamente, os ucranianos ofereciam *pêssanka* não aos seres humanos, mas à natureza, ao próprio sol e a outros seres naturais, em particular como forma de agradecimento pela fertilidade das colheitas. Em algumas regiões da Ucrânia, acredita-se ainda hoje que a *pêssanka* tem força curativa e protetora.

Por fim, a história mais recente dos ovos de Páscoa feitos de chocolate também mostra outra faceta: eles surgem no início do século XIX, na França e na Alemanha, feitos de cacau, a partir do século XVI foram importados da América, onde o chocolate era considerado sagrado pelas civilizações maias e astecas, desde o século xv a.C. Hoje, os europeus fazem os ovos de chocolate mais gostosos e mais caros do mundo, com cacau vindo de América pelo qual que continuam pagando muito barato.

Para terminar, uma poesia que sugere o que a prosa não pode dizer.

O ovo de Galinha
João Cabral de Melo Neto

I

Ao olho mostra a integridade
de uma coisa num bloco, um ovo.
Numa só matéria, unitária,
maciçamente ovo, num todo.

Sem possuir um dentro e um fora,
tal como as pedras, sem miolo:
é só miolo: o dentro e o fora
integralmente no contorno.

No entanto, se ao olho se mostra
unânime em si mesmo, um ovo,
a mão que o sopesa descobre
que nele há algo suspeitoso:

que seu peso não é o das pedras,
inanimado, frio, goro;
que o seu é um peso morno, túmido,
um peso que é vivo e não morto.

II

O ovo revela o acabamento
a toda mão que o acaricia,
daquelas coisas torneadas
num trabalho de toda a vida.

E que se encontra também noutras
que entretanto mão não fabrica:
nos corais, nos seixos rolados
e em tantas coisas esculpidas

cujas formas simples são obra
de mil inacabáveis lixas
usadas por mãos escultoras
escondidas na água, na brisa.

No entretanto, o ovo, e apesar
de pura forma concluída,
não se situa no final:
está no ponto de partida.

III

A presença de qualquer ovo,
até se a mão não lhe faz nada,
possui o dom de provocar
certa reserva em qualquer sala.

O que é difícil de entender
se se pensa na forma clara
que tem um ovo, e na franqueza
de sua parede caiada.

A reserva que um ovo inspira
é de espécie bastante rara:
é a que se sente ante um revólver
e não se sente ante uma bala.

É a que se sente ante essas coisas
que conservando outras guardadas
ameaçam mais com disparar
do que com a coisa que disparam.

IV

Na manipulação de um ovo
um ritual sempre se observa:
há um jeito recolhido e meio
religioso em quem o leva.

Se pode pretender que o jeito
de quem qualquer ovo carrega
vem da atenção normal de quem
conduz uma coisa repleta.

O ovo porém está fechado
em sua arquitetura hermética
e quem o carrega, sabendo-o,
prossegue na atitude regra:

procede ainda da maneira
entre medrosa e circunspeta,
quase beata, de quem tem
nas mãos a chama de uma vela.

Referências

MELO NETO, João Cabral. *Obra completa*. Rio de Janeiro: Nova Aguilar, 1994, p. 302.

Para buscar referências confiáveis sobre o ovo é preciso consultar galinhas, galos, frangos, e demais ovíparos, além das frigideiras, azeites e doceiras portuguesas. Mas eles e elas não me autorizaram fornecer dados mais precisos.

Países

Hernán Casciari

Tradução: *Ingrid Müller Xavier*

　　Uma leitora sagaz me disse que a Argentina não é melhor nem pior que a Espanha, apenas mais jovem. Gostei dessa teoria e então inventei um truque para descobrir a idade dos países baseando-me no "sistema cão". Desde criança nos explicaram que, para saber se um cão é jovem ou velho, deveríamos multiplicar a sua idade biológica por sete. Então, quando se trata de países, temos que dividir a sua idade por 14 para saber qual a sua correspondência humana. Confuso?

　　Neste artigo exponho alguns exemplos reveladores. A Argentina nasceu em 1816, portanto, tem 192 anos. Se dividirmos esses anos por 14, a Argentina tem aproximadamente 13 anos e meio, ou seja, está em plena pré-adolescência. É rebelde, masturba-se, não tem memória, responde sem pensar e está cheia de espinhas. Quase todos os países da América Latina têm a mesma idade e, como sempre acontece nesses casos, formam-se gangues. A gangue do Mercosul é formada por quatro adolescentes que têm um conjunto de *rock*. Ensaiam em uma garagem, fazem muito barulho e jamais gravaram um disco.

　　A Venezuela, que já tem peitinhos, está querendo unir-se a eles para ser a vocalista. Na realidade, como muitas mocinhas da sua idade, quer transar com o Brasil, que tem 14 anos e um membro grande. Ainda são crianças, um dia vão crescer.

　　O México também é adolescente, mas com ascendente índio. Por isso, ri pouco e não fuma nem sequer um inofensivo *"beck"*, como o resto dos seus amiguinhos.

Masca peiote e se junta com os Estados Unidos, um retardado mental de 17 anos que se dedica a matar crianças famintas de seis anos em outros continentes.

No outro extremo, por exemplo, está a milenária China. Se dividirmos os seus 1.200 anos por 14, isso nos dá uma senhora de 85, conservadora, com cheiro de xixi de gato, que passa a vida a comer arroz porque não tem dinheiro para comprar uma dentadura postiça. A China tem um neto de oito anos, Taiwan, que lhe torna a vida impossível. Está divorciada há tempos do Japão, um velho mal-humorado, mas o seu pinto ainda funciona e ele se juntou a Filipinas, uma garota pirada, sempre disposta a qualquer aberração em troca de grana.

Em seguida vêm os países que são maiores de idade e saem para passear com o BMW do pai. Por exemplo, a Austrália e o Canadá. Típicos países que cresceram ao amparo de papai Inglaterra e mamãe França, tiveram uma educação conservadora e antiquada e agora se fazem passar por loucos. A Austrália é uma boboca de pouco mais de 18 anos que faz *topless* e transa com a África do Sul. O Canadá é um garoto gay emancipado que, a qualquer momento, pode adotar o bebê Groenlândia para formar uma dessas famílias alternativas que estão na moda.

A França é uma separada de 36 anos, mais puta que uma galinha, mas muito respeitada no âmbito profissional. É amante esporádica da Alemanha, um caminhoneiro rico que está casado com Áustria, que sabe que é uma chifruda, mas que não se importa. Tem um filho de seis anos, Mônaco, que vai acabar virando puto ou bailarino, ou as duas coisas. A Itália é viúva há muito tempo. Vive cuidando de São Marino e do Vaticano, dois filhos católicos idênticos aos gêmeos de Flandres. Esteve casada em segundas núpcias com Alemanha (durou pouco, mas tiveram a Suíça), mas agora não quer saber mais nada com os homens. A Itália gostaria de ser uma mulher como a Bélgica, advogada, executiva independente, que usa calças compridas e fala de política de igual para igual com os homens (a Bélgica também delira de vez em quando que sabe preparar espaguete).

A Espanha é a mulher mais linda de Europa (talvez a França lhe faça sombra, mas perde espontaneidade por usar tanto perfume). Anda muito com os peitos de fora e quase sempre está bêbada. Geralmente se deixa ser comida pela Inglaterra e depois a denuncia. A Espanha tem filhos por todas as partes (quase todos com 13 anos) que moram longe. Gosta muito deles, mas lhe amola que, quando têm fome, passem uma temporada na sua casa e assaltem sua geladeira.

Outro que tem filhos espalhados pelo mundo é a Inglaterra. A Grã-Bretanha sai de barco à noite, transa com alguns bobocas e, nove meses depois, aparece uma nova ilha em alguma parte do mundo. Mas não fica de mal com ela. Em geral, as ilhas vivem com a mãe, mas a Inglaterra dá pensão alimentícia. Escócia e Irlanda, os irmãos de Inglaterra que moram no andar de cima, passam a vida bêbados e nem sequer sabem jogar futebol. São a vergonha da família.

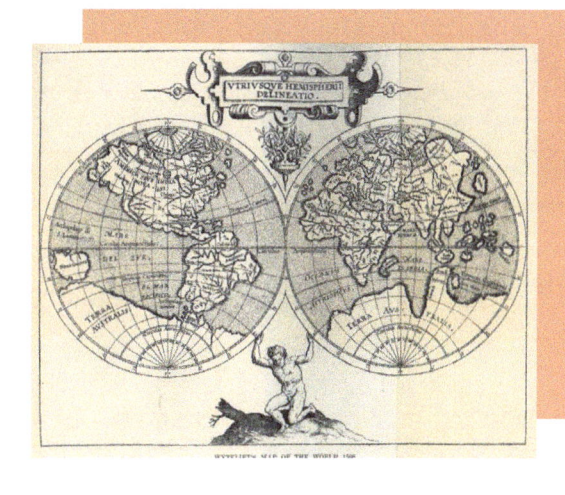

A Suécia e a Noruega são duas lésbicas de 39 quase 40 anos que estão bem de corpo, apesar da idade, mas não dão bola para ninguém. Transam e trabalham, pois são formadas em alguma coisa. Às vezes, fazem trio com a Holanda (quando necessitam de maconha); outras vezes, implicam com Finlândia, que é um cara de 30 anos meio andrógino, que vive sozinho em uma cobertura sem mobília e passa a vida falando pelo celular com a Coreia.

A Coreia (a do Sul) vive pendente de sua irmã esquizoide. São gêmeas, mas a do Norte bebeu líquido amniótico quando saiu do útero e ficou estúpida. Passou a infância usando pistolas e agora, que vive sozinha, é capaz de qualquer coisa. Estados Unidos, o retardadinho de 17 anos, vigia-a muito, não por medo, mas porque quer pegar as suas pistolas.

Israel é um intelectual de sessenta e dois anos que teve uma vida que é uma bosta. Há alguns anos, o caminhoneiro, Alemanha (que ia pela estrada de pegação com a Áustria), não viu que Israel estava passando e o pegou de frente. Desde esse dia, Israel enlouqueceu. Agora, em vez de ler seus livros, passa os dias no terraço dando cascudos na Palestina, uma garota que está lavando a roupa na casa do lado.

Irã e Iraque eram dois primos de 16 que roubavam motos e vendiam as peças, até que um dia roubaram uma peça da motoca dos Estados Unidos e acabou-se o negócio para eles. Agora estão comendo meleca. O mundo estava bem assim, quer dizer, como estava, até que, um dia, a Rússia se juntou (sem casar) com a Perestroika e tiveram uma dúzia e meia de filhos. Todos esquisitos, alguns mongoloides, outros esquizofrênicos.

Há uma semana, e graças a uma desordem com tiros e mortos, os habitantes sérios do mundo descobrimos que há um país que se chama Kabardino-Balkaria. É um país com bandeira, presidente, hino, flora, fauna... e até gente! Eu fico com um pouco de medo que nos apareçam países de pouca idade assim, de repente. Sabemos deles por alto, apenas de ouvir falar e ainda temos que fingir que sabíamos para não passarmos por ignorantes.

Mas eu me pergunto: por que continuam nascendo novos países, se os que já existem ainda não funcionam?

Atividades

1. Como você responderia a última pergunta do texto: por que continuam nascendo novos países, se os que já existem ainda não funcionam?
2. Você poderia incluir um outro país ao texto usando a sua mesma estratégia?
3. Crie um texto usando agora uma estratégia diferente para relacionar países.

Panela[1]

Andrea Pac

Tradução: *Ingrid Müller Xavier*

Em que se diferencia uma panela de uma caçarola? Desafio a qualquer um abrir os armários de sua cozinha, procurar e dizer, olhando-me nos olhos: "Na mão direita tenho uma panela e, na mão esquerda, uma caçarola". Seguramente, não conseguirão. Ou, pelo menos, não poderão fazê-lo sem saber, no fundo de seus corações, que poderiam dizer também: "Na mão esquerda tenho uma panela e, na mão direita, uma caçarola". Ambas podem ter diversos tamanhos, em geral são largas e têm tampas. Qualquer uma delas é adequada para fazer deliciosos pratos e guisados, para cozinhar macarrão e fazer inalações de vapor quando estamos muito congestionados. É verdade que, quando são de barro, é muito provável que a chamemos panela e não caçarola, mas qualquer outra característica é inútil para diferenciá-las.

De onde vêm, então, essas diferenças de papéis? De onde vem que as caçarolas possam ir às passeatas e às manifestações enquanto que as panelas ficam em casa com as frigideiras, bem tranquilas nos armários das cozinhas? Explico.

Há alguns anos, em dezembro de 2001 para sermos mais exatos, os argentinos estavam muito inconformados com os seus governantes e decidiram sair às ruas para protestar. Em geral, quando os diferentes grupos sociais ou políticos protestam, levam seus símbolos identificadores (cartazes e bandeiras com emblemas ou legendas), bumbos, tambores etc. Pois bem, quando as pessoas foram para a rua protestar naquele verão, tinham que levar algo. O problema era que, na realidade, não

---

[1] No original castelhano, o texto se chamava *cacerola* (caçarola), mas substituímos por "panela" dadas as exigências do texto. (N.T.).

se manifestavam como parte de um partido ou de uma agremiação em particular. Dessa vez, manifestaram-se apenas como cidadãos. O que levar para fazer barulho? Como chamar a atenção e avisar a todos os vizinhos que estavam tomando as ruas? Pois bem, o que está à mão nas casas? Entre as várias outras coisas das quais poderiam ter lançado mão, escolheram as panelas (ou suas tampas). Mas não as caçarolas. Porque foram as panelas, caseiras, mas barulhentas, as que acabaram dando nome a este tipo de protesto que foi batizado como "panelaço".[2]

Talvez tenha sido apenas uma questão de métrica o que deu lugar à expressão estar "entre panelas e frigideiras" para se referir à cozinha e à atividade de cozinhar (em lugar de "entre caçarolas e frigideiras"). Talvez, pela mesma razão, preferiu-se o grito de "Ela, ela, ela, comida na panela!" e não "Ola, ola, ola, comida na caçarola! Qualquer que seja a razão, o certo é que desde então as panelas saíram das cozinhas para as ruas, do calozinho dos fogões para o ardor dos protestos, enquanto que as caçarolas ficaram em casa. E não pense que as panelas não tenham também voz em questão de discussões econômicas. Não em vão se questiona quem "enche a panela", por exemplo, quando se trata de decidir quem leva o dinheiro para casa para alimentar a família. No entanto, as panelas e suas tampas também participam da vida afetiva, de tal modo que em canções populares podemos ouvir coisas como: "Você é minha alma gêmea / Você é minha cara metade / A tampa da minha panela / É amor de verdade". É verdade que as panelas são "populares", isto é, aquelas em que se cozinha a comida que compartilham os que não têm comida em casa seja por sua pobreza, seja porque estão desempregados e não têm salário. Não obstante, nos últimos tempos parece que as panelas incorporaram uma dimensão que excede o doméstico, que ultrapassa o privado, e ganharam o espaço público. Com certeza, as panelas continuam sendo usadas para cozinhar – pelo menos as que não estejam amassadas nem tenham perdido os cabos de maneira violenta contra o asfalto ou a beira da calçada.

À margem de que se trate de panelas ou de caçarolas, a diferença entre o doméstico e o político, entre o privado e o público, é essencial para nossa modernidade. Trata-se de duas esferas que têm atores, ações e até valores diferenciados. Os gregos antigos diriam que panelas e caçarolas nasceram *idiótes*. Não que a palavra "idiota" fosse um insulto, como o é agora, mas denominava as pessoas ou as atividades privadas, próprias da casa, que não se desdobravam na *ágora*, o lugar da luz pública por excelência. Esse espaço,

---
[2] No original, *cacerolazo*. (N.T).

e não a casa, era o lugar onde os indivíduos (alguns homens, em honra à verdade) realizavam sua liberdade. Para os gregos, as panelas não eram nada além de vasilhas, coisas de mulheres ou de escravos e era absolutamente inimaginável que as pessoas ou objetos desse tipo pudessem alcançar alguma significação para além dos afazeres domésticos ou econômicos (do *domus* ou o *oikos*, a casa).

Contudo, na modernidade inverte-se essa valoração e, consequentemente, a liberdade adota um sentido menos político cujo peso se orienta para as atividades sociais e econômicas "privadas". Já não é livre aquele que se dedica à atividade política, mas, como diz Maquiavel, a grande maioria dos cidadãos quer a liberdade para viverem tranquilos e desenvolverem suas atividades privadas em um clima de segurança. A natureza das panelas, sem dúvida alguma, é a de viverem seguras. Se saíram alguma vez às ruas, foi para reclamar instituições que garantiriam sua segurança. Os piquetes, no entanto, suspeitam que essas instituições que protegem as panelas, duvidosamente protejam de maneira efetiva a eles também. Se a isso somarmos o fato de que as panelas têm sua origem na classe média, enquanto que os piquetes provêm de classes baixas, talvez tenhamos então uma explicação de por que a aliança entre eles não foi duradoura.

Como quer que seja, na hora dos bifes… digo, na hora da comida, qual é a diferença entre uma panela e uma caçarola?

II

Na história da humanidade houve muitas rebeliões, de diversos grupos e setores: rebeliões rurais, rebeliões operárias, rebelião das massas, até rebelião na fazenda… Mas onde já se viu rebelião de panelas e caçarolas? No entanto, por mais estranho que pareça, temos testemunhos também de pelo menos uma rebelião de utensílios (a qual parece ser já um antecedente do caráter combativo das panelas de que falamos acima). O testemunho nos chega através do *Popol Vuh*, o poema mito-histórico *kí-ché*. A história conta que, antes que fosse criada a geração dos homens de milho, *kí-ché*, o Arquiteto, o Formador, tentou com outros tipos de homens e diferentes matérias. Uma dessas gerações foi a dos homens de madeira. O poema os descreve dizendo que:

> [...] *eran flacos,*
> *de piernas caídas, en los brazos nada*
> *de sangre tenían, ni color;*
> *nada de sudor, las mejillas secas,*
> *puras máscaras las caras,*
> *tiesas las piernas y los brazos,*
> *hacían ruido sus músculos.*[3]

---

[3] Eram magros / de pernas bambas / nos braços nada / de sangue tinham, nem cor / nem nada de suor / as faces secas / puras máscaras as caras / tesas as pernas e os braços / faziam ruído os seus músculos.

O Arquiteto, o Formador, pensou que, ao serem assim, não podiam ser bons. E decidiu exterminá-los. Parte desse extermínio foi executado pelos utensílios que se rebelaram:

> *Se rebelaron árboles y piedras,*
> *todos hablaron: sus tinajas,*
> *sus comales, sus trastos, sus panelas, sus nishtamales,*
> *sus piedras de moler, jarros, cucharas de calabaza,*
> *todos se rebelaron: – Mucho nos hicisteis sufrir.*
> *Nos mordisteis y ahora los morderemos – les dijeron*
> *sus nishtamales y sus piedras de moler.*
> *...*
> *En seguida*
> *les hablaron los comales y las panelas:*
> *– Despiadados fuisteis, nos hicisteis*
> *sufrir, nuestras bocas tiznadas, nuestras*
> *caras tiznadas, siempre estábamos*
> *sobre el fuego, nos quemabais. ¿Acaso*
> *não nos dolía? Ahora nos esforzaremos*
> *en quemaros – dijeron sus panelas, todos*
> *se sublevaron.*[4]

Essas e outras coisas terríveis aconteceram quando o Arquiteto decidiu que os homens de madeira lavrada fossem eliminados da Terra.

Popol Vuh Nº 1. Origem da Vida.

Mas, por que pensou o Formador que, sendo como eram, os homens de madeira não podiam ser bons? Pensando bem, que outra coisa poderiam fazer os pobres homens de madeira com suas panelas, jarros e colheres? Não é isso mesmo (mordê-los e pô-los ao fogo) o que nós fazemos com os nossos e o que fariam as pessoas e *kí-ché* com os seus? Por que não se rebelam os nossos também, então? E o que seria de nós se nossas panelas e caçarolas se rebelassem do mesmo modo?

---

[4] Rebelaram-se árvores e pedras / todos falaram: suas vasilhas / seus *comales* [disco de barro onde se assam as *tortillas*], seus utensílios, suas panelas, seus *nishtamales* [milhos cozidos] / suas pedras de moer; jarros, colheres de cabaça / todos se rebelaram: – muito nos fizestes sofrer / nos mordeste e agora nós os morderemos / – lhes disseram seus *nishtamales* e suas pedras de moer / Em seguida/ falaram os *comales* e as panelas – Desapiedados fostes, nos fizestes / sofrer, nossa bocas tisnadas, sempre estávamos / sobre o fogo, nos queimavas. Por acaso / não nos doía? Agora nos esforçaremos / em queimá-los, disseram suas panelas / todos se sublevaram

III

Isso de colocar a panela no fogo, algo que parece tão cotidiano, uma tarefa quase sem mérito algum, tem, não obstante, uma importância inimaginável para a cultura. Em primeiro lugar, porque conseguir o fogo, como se conta em numerosos mitos, foi uma tarefa mais do que penosa para os homens. Em segundo lugar, porque cozinhar implica que certos alimentos não se comem crus. E, para a antropologia, esse hábito é crucial na passagem que o homem faz da natureza à cultura. Com efeito, embora as verduras ou as frutas se comam de qualquer maneira, nós comemos a carne cozida, à diferença de todos os outros animais que comem carne.

Juagar. (Museu Popol Vuh, Guatemala)

É verdade que os mitos contam que em algumas cerimônias rituais se bebe o sangue fresco de animais. De fato, entre os gregos, as mênades podiam chegar a matar sua vítima a dentadas. Mas na vida cotidiana não se costuma comer a carne crua. Há comidas como o *sushi* que os japoneses fazem, ou o *çig këfté* (carne crua) que fazem os turcos, que são feitos com peixe ou carne sem cozinhar. No entanto, mesmo quando não se coloca a carne no fogo, ela sempre é submetida a algum processo, como salgá-la, adicionar muita pimenta ou mariná-la.

Isso sim, cozinhar na panela é, segundo um mito mexicano, muito mais conveniente que assar diretamente a carne: a marmita impede que os jaguares percebam o cheiro de carne cozida e ataquem os que estão reunidos comendo.

IV

Uma última e breve reflexão. Falamos *das* panelas, *das* caçarolas, *das* chaleiras, *das* frigideiras, *das* formas... É curioso que, em castelhano, como também em português, esses utensílios que contêm a comida ao ser preparada, que têm forma côncava semelhante a um ventre e que são usadas nas tarefas tradicionalmente próprias das mulheres, sejam nomeadas com palavras também femininas. E os garfos e os facões, que espetam e cortam, sejam masculinos. Pode ser uma casualidade, pode ser que em outras línguas o equivalente à "panela" seja masculino e o a "facão" seja feminino.

Contudo, para além dos nomes, muitas pessoas pensam que as panelas são objetos próprios das mulheres, dado que cozinhar todos os dias para a família é uma atividade das mulheres. Máquinas de lavar roupa, batedeiras e centrífugas são anunciadas para presentear no dia das mães e não no dia dos pais. No entanto, os martelos e chaves de parafuso são objetos masculinos. Ninguém pretende que presenteemos nossas mães com barbeadores mas… por que não darmos maquilagem a um homem, ou gravatas a uma mulher?

Atividades

1. Das seguintes atividades, decidam se pertencem à vida privada ou à vida pública. Expliquem por quê.

a) votar
b) crer em Deus
c) ir a um templo de uma religião determinada
d) crer em ovnis
e) usar drogas
f) casar-se
g) participar de uma manifestação
h) planejar um roubo
i) ter dinheiro no banco
j) dirigir uma empresa

2. Identifiquem os ditados e frases populares que foram utilizados no texto. O que significam? Vocês conhecem outros semelhantes? Para que se usam os ditados ou as frases populares?

3. Pensem em outros aspectos não tão correntes como a fala ou o pensamento que podem ser identificados com a cultura e que diferenciam o homem dos outros animais.

4. Imaginem uma rebelião de algum outro elemento que utilizamos em nossa vida cotidiana e escrevam um relato que inclua as causas, uma descrição de como é a rebelião e as consequências dela.

5. Dos seguintes objetos, decidam se costumam ser considerados "femininos", "masculinos" ou compartilhados. Pensem em outros exemplos. Em cada caso, fundamentem por que.

a) máquina de lavar roupa
b) maquilagem
c) carteira
d) sapatos de salto
e) automóvel
f) martelo
g) saia
h) gravata
i) sutiã
j) barbeador

Atividades

6) Das seguintes profissões e ocupações, decidam se costumam ser consideradas "femininas", "masculinas" ou compartilhadas. Pensem em outros exemplos. Em cada caso, fundamentem por quê.

a) docente
b) piloto de avião
c) mecânico de automóvel
d) dona de casa
e) cientista
f) pedreiro
g) *chef*
h) médico
i) engenheiro
j) piloto de corrida

Qualquerquasequando

Ana Helena Amarante

Poesia e invenção

Qualquerquasequando é um neologismo, palavra inventada, um novo discurso que nos força a pensar alguma coisa que não pensávamos antes. Inventar uma palavra diz uma necessidade, queremos nomear alguma coisa, expressar algum sentido que não encontramos nas palavras habituais. Então, com a palavra nova, invadimos um modo conhecido de compreender, deixando que ela desarrume nosso entendimento.

Mas qual palavra não foi inventada um dia?

Nietzsche, ao empreender sua crítica à verdade que repousaria serenamente nas metáforas que elegemos para nomear as coisas, avisa sobre a necessidade de lembrarmos de que são apenas metáforas. Utilizamos as palavras e estabelecemos relações com aquilo que elas designam, como se elas dissessem exatamente a verdade daquilo que nomeiam. Mas não há essa coincidência perfeita entre a palavra e a coisa em si (até mesmo porque a coisa em si não existe), esta é uma crença que traz o esquecimento de que toda a linguagem é uma invenção. Cremos conhecer as coisas mesmas quando falamos, esquecendo que são somente metáforas das coisas. Aquilo que falamos torna-se tão habitual que esquecemos que foi criado um dia e apostamos, assim, na solidez que as palavras trazem como se elas estivessem aí desde sempre, já definidas e determinadas na linguagem. Bastaria assim nosso uso, obediente e plácido, diante da verdade que toda palavra encerraria.

Se a linguagem nos obriga a dizer as coisas de determinada maneira, a seguirmos sua organização e acreditarmos em suas finalidades, que usos podemos fazer da linguagem para que, mesmo através dela, possamos desacomodá-la, fazendo-a revelar *qualquer* coisa de inconstante, movediço, *quase* líquido; expondo o *quando* da palavra?

(Quando da palavra? Estávamos bem, usando as palavras como se deve, e então aparece este "quando da palavra". Sigamos adiante.)

O modo que escolhemos para responder a essa questão, mesmo havendo tantos outros, é o seguinte: se estamos presos aos modos habituais da linguagem, de nada serviria abandoná-la, pois é na própria linguagem que empreenderemos nossa fuga. Não fugiremos da linguagem, mas tentaremos fazê-la fugir. Fazer fugir – fórmula deleuziana – é inventar brechas, abrir caminhos, cavar saídas, gastar aquilo que se apresenta coeso e maciço a tal ponto que se crê, muitas vezes, que não há saída a não ser fugir dali. Mas fazer fugir não é o mesmo que fugir. Fazer fugir é esburacar a solidez implacável, rachar a dureza que está instalada confortavelmente. Fazer fugir é criar.

Fazer a linguagem fugir é criar na linguagem saídas e brechas que vão acabar perturbando todo o seu funcionamento habitual.

Por exemplo, se para dizer que amo alguém me obrigo a dizer "te amo", já que são essas as palavras que expressam habitualmente o amor de uma pessoa por outra, ao dizer "te amo" me vejo prisioneira dessa fórmula que encerraria a verdade do meu amor. Quando digo "te amo" sei que a outra pessoa que ouve vai compreender o que quero dizer. E a outra pessoa saberá que eu compreendi que ela compreendeu o que eu disse. E então pensaremos que nos comunicamos, iludidos com a exatidão das palavras. Fugir disso seria ficar calada e não expressar em palavras o meu amor, o que de certa maneira ainda me tornaria prisioneira da linguagem. Mas, se quero expressar o meu amor em palavras, *fazendo a linguagem fugir*, criarei uma espécie de ventilação ao redor das palavras, desacomodando-as, brincando com seus significados estáticos, fazendo-as falarem outras coisas distintas do que habitualmente falam. Convocando todos os vapores, cheiros, cores que sobrevoam cada palavra, "te amo" não encerra mais o meu amor, mas se abre para uma infinidade de sentidos.

Essa desarrumação acaba por perturbar toda a linguagem, que deixa de ser somente útil para *pegar delírio* (o quê? Pegar delírio? Isso é coisa do Manoel. Quem é o Manoel?), perturbando também aquele que se arrisca a uma relação móvel e incerta com a linguagem. Perturbar aqui quer dizer que nada permanece no mesmo lugar, pois ao criar essas brechas na linguagem não permaneço incólume

Manoel de Barros

a essa criação e também sou arrancada do que em mim quer permanecer sólido e seguro ("Lá vou eu, lá vai o eu!" – De novo a invasão...).

Queremos, a seguir, acompanhar algumas características de um modo de fazer fugir a linguagem – a linguagem poética. Mas qual a relação da linguagem poética com o *qualquerquasequando*?

Qualquer

Qualquer é algo que não possui uma propriedade específica – qualquer coisa, qualquer dia, qualquer palavra. É como se não houvesse nenhuma exigência quando falamos "qualquer", pois não é isto ou aquilo, mas qualquer coisa; nem este dia, nem outro, mas "qualquer" dia, nem palavra certa ou errada, mas qualquer palavra. Utiliza-se também qualquer acrescido de artigo para atribuirmos um tom pejorativo a alguém: "ela é *uma qualquer*!", "ele não passa de *um qualquer!*". Nesse uso, repleto de preconceitos morais, ele e ela são qualquer pessoa, sem nenhuma especialidade, mais ainda, o "qualquer" lhes confere um valor menor. Aí, ser qualquer coisa é não ser nada em especial; e, pior que isso, ser comum é algo decadente, vulgar. "Qualquer" poderia mesmo sempre ser escrito com letra minúscula, mesmo no início da frase. E é justo esta *qualqueridade* (outra palavra que não existe!) do qualquer com letra minúscula que nos interessa aqui. Mas por quê?

Porque o poeta é um *qualquer*.

Maurice Blanchot distingue uma linguagem imediata de uma linguagem poética. Na primeira, a linguagem é utensílio, ferramenta, e serve para nos relacionarmos com os objetos num mundo em que "o que fala é a utilidade". A linguagem imediata é aquela do mundo habitual, quando as palavras cabem em seus significados. Quando acreditamos numa finalidade da linguagem que nos faz sentir que tudo tem o seu lugar exato, as palavras seus significados, o mundo seus desígnios. Na linguagem poética já não é o mundo útil que fala, pois não há aí nenhum compromisso dado de antemão, em que as palavras deveriam representar as coisas. Ao não estar submetida à "dinastia da representação", como diz Foucault, essa linguagem inventa um mundo, desfazendo o poder daquele que escreve. Isto é, se na linguagem imediata dispõe-se de palavras com finalidades e utilidades que todos conhecem, num mundo organizado e fixo, aquele que as utiliza também está bem situado em lugar seguro, fazendo a linguagem dizer o que deve dizer. Mas, ao arriscar-se à linguagem poética que desorganiza os códigos conhecidos, este que se arrisca também se perde de si, pois, ao invés de dominar a linguagem, ele se deixa levar por ela, sendo essa uma condição para que a linguagem poética se expresse. Portanto, pode-se dizer que a linguagem poética não é expressa por um eu, coeso e dono da linguagem, mas por uma dispersão do eu, quando nos perdemos de nós mesmos e nos deixamos levar por um encontro com a linguagem que desfaz tanto a exatidão das palavras quanto a exatidão do que somos.

> Talvez você já tenha experimentado quando, ao expressar algo que não se encaixa num modo habitual, você sente como se não fosse você que houvesse feito aquilo. É porque, quando nos perdemos de nós, deixamo-nos levar pelo encontro, por tudo aquilo que nos faz ser outra coisa que nós mesmos, num movimento que não cessa. Você já experimentou isso?

Então percebemos que estas são exatidões inventadas.

O poeta, diz Blanchot, é aquele que ouve uma linguagem sem entendimento. É também aquele que perde o poder de dizer "eu", pois, como já dissemos, a linguagem poética é expressa não por alguém que se sente comandando o jogo da linguagem, soberano e poderoso nesse jogo, mas por alguém que se desfaz de tudo isso e vai compondo alianças com aquilo que encontra, indo junto e se transformando incessantemente nessas alianças. Afinal, quem é o poeta, senão um *qualquer*? Pois, distinto de alguém que sabe exatamente quem é – não vendo que se transforma todo o tempo – e que sabe somente usar a linguagem como se nela repousasse uma exatidão incontestável, o poeta é este que adquire um valor especial justamente por não possuir estas especialidades que nosso mundo comumente valoriza. Por isso aqui, no caso do poeta, ser qualquer não é a ausência de especialidade, ao contrário, é a abundância de uma especialidade muito singular, quando ser *qualquer* diz uma inocência que não fixa nem a linguagem nem a si mesmo.

> Experimente criar uma palavra que não existe. Crie uma frase com ela e solicite ao grupo que tente compreender o que você quer dizer.

> A poesia está guardada nas palavras
> – é tudo o que eu sei
> Meu fado é de não saber quase tudo.
> Sobre o nada eu tenho profundidades.
> Não tenho conexões com a realidade.
> Poderoso para mim não é aquele que descobre ouro.
> Para mim poderoso é aquele que descobre
> as insignificâncias
> (do mundo e as nossas).
> Por essa pequena sentença me elogiaram de imbecil.
> Fiquei emocionado e chorei.
> Sou fraco para elogios.
>
> **Manoel de Barros**
> *Tratado Geral das Grandezas do Íntimo*

Quase

Interessa para o poeta não o significado pretensamente exato das palavras, ele vê nessa necessidade uma obediência e um desconforto radical com o mundo mutante e liquefeito da linguagem.

Ao dizermos que a linguagem não possui exatidão, podemos nos indagar a respeito de uma precariedade da linguagem, afinal, se assim é, ela não cumpre totalmente sua suposta *finalidade*. Ou seja, sentimos que estamos seguidamente prisioneiros dos seus jogos, pois, ao dizermos algo, percebemos imediatamente que as palavras que escolhemos não dizem exatamente o que queremos dizer, então logo desdizemos, para dizer em seguida alguma coisa que outra vez perceberemos inexato.

É sempre quase isto, quase aquilo, mas nunca o exatamente. Nesse caso, "quase" quer dizer que ainda não é isto ou aquilo, que ainda faltaria alguma coisa para que houvesse uma plenitude na linguagem – ela é quase eficiente, quase perfeita, quase completa, mas ainda não.

Então poderemos enxergar, nesse permanente *tateio linguístico*, uma precariedade, uma falha da linguagem que não conseguiria revelar a verdade límpida e luminosa das palavras.

Mas se, como já falamos, essa verdade não existe, quando cremos que a linguagem é precária, é porque ainda temos esperança de que ela nos ofereça um solo seguro e verdadeiro, revelando cada coisa precisamente.

E se ao invés dessa esperança, olhássemos para essa "precariedade" como aquilo que é o mais íntimo da linguagem e por isso o mais interessante?

O poeta é este que, ao ver o desconforto da linguagem, sente-se confortável. Ele se alimenta desse desconforto que, para ele, é povoado de sentidos. A linguagem poética não é feita de palavras que quase dizem o que o poeta quer dizer, mas é feita, sim, do *quase da palavra*. Aqui chamamos *quase*, aquilo que não se esgota com a palavra dita ou escrita, que permanece com ela feito uma atmosfera.

Marc Chagall (1887-1985). *O poeta com pássaros*, 1911. (The Minneapolis Institute of Arts)

Quase da palavra não é aquilo que faltou ainda dizer ou um conteúdo oculto da palavra que poderá surgir. Também não é o seu significado nem aquilo que ela designa, tampouco se refere àquele que a expressa. Podemos dizer que o quase da palavra é o sentido (Deleuze chamou de acontecimento, envolvendo ainda outros elementos neste conceito) que não se esgota na palavra, ao contrário, a faz porosa, permeável, líquida. E, portanto, não revela nenhuma falta ou precariedade, ao contrário, é dessa matéria que se faz poesia.

Podemos aqui arriscarmos uma definição de poesia? As definições têm o péssimo costume de encerrar o entendimento das coisas, você já reparou? Mas, ainda assim, vamos tentar (Tente, tente! Quem sabe uma definição inacabada, em que qualquer criatura possa mexer, apagar, continuar...?).

Poesia é o que não se cala depois que a palavra fala.

O quase da palavra fica ali vibrando, avisando que a linguagem é maravilhosamente precária.

> E se você arriscasse uma definição de "poesia"? Depois de criar alguma definição, examine as dificuldades ou facilidades de expressar o que você sentiu/pensou em palavras. Veja se isso aconteceu somente com você. E, quem sabe, você tenta agora uma definição poética de poesia?

Quando

Aprendemos que "quando" é um advérbio, e, quando aprendemos, já usamos há muito tempo este advérbio de tempo. "Quando novembro chegar...", "... foi quando fiquei alegre", "... quando será?", "Quando leres este texto..." , "... faço quando quiser.", etc são exemplos de usos desse advérbio (usos comportados de "quando").

Aqui, queremos mostrar que a poesia estabelece um tempo próprio e, para irmos direto ao assunto, diremos que *o quando é o tempo da poesia.*

A poesia, como já vimos, não respeita a utilidade ou finalidade da linguagem. Ela faz a palavra ser o que quiser, sem respeitar necessariamente um destino que já teria sido traçado previamente. Se dizemos que uma palavra tem este e somente este sentido, estamos matando essa palavra. E os poetas adoram fazer as palavras viverem, sobreviverem e até mesmo ressuscitarem, por isso inventam usos muito distintos para elas.

Os poetas, em vez de criarem destinos para as palavras, vão criando acasos, isto é, vão fazendo as palavras encontrarem sentidos que nem eles sabiam de antemão que elas encontrariam. Assim, as palavras e os sentidos vão se transformando sem tréguas, bem como os poetas.

Por isso, podemos dizer que a linguagem poética, ao tratar a linguagem como algo vivo, que se transforma, que nasce, que morre, que tem fome (fome? Isso é coisa de poeta...), afirma a existência de um tempo na linguagem, ao contrário da crença de que a linguagem expressa uma verdade precisa e, portanto, estática, sem tempo.

Quando a palavra cria novos sentidos, percebemos a expressão desse tempo, seu caráter incessante que não deixa a linguagem ser tratada como se já estivesse dada desde sempre, como se fosse eterna. Nesse instante, a linguagem torna-se movediça e as palavras, sem peso, não se fixam em nenhum estado que possa definir absolutamente o que elas são, pois elas se aventuram a uma mistura dos encontros, em que o único estado que assumem é o próprio encontro, nesse momento, ali onde ficam vibrando, variando. Nem antes nem depois, mas *quando*.

> Eu não amava que botasse data na minha existência. A gente usava era encher o tempo. Nossa data maior era o quando. O quando mandava em nós. A gente era o que quisesse ser só usando esse advérbio. Assim, por exemplo: tem hora que eu sou quando uma árvore e podia apreciar melhor os passarinhos. Ou: tem hora que eu sou quando uma pedra. E sendo uma pedra eu posso conviver com os lagartos e os musgos. Assim: tem hora eu sou quando um rio. E as garças me beijam ou me abençoam. Essa era uma teoria que a gente inventava nas tardes. Hoje eu estou quando infante. Eu resolvi voltar quando infante por um gosto de voltar. Como quem aprecia de ir às origens de uma coisa ou de um ser. Então agora eu estou quando infante.[...]
>
> **Manoel de Barros**
> *Memórias Inventadas*

Qualquerquasequando

Após essas estações do qualquer/quase/quando, percebemos sua intimidade com a poesia e também com o poeta. Percebemos também que poeta e poesia não se encaixam exatamente no mundo, pelo menos não num mundo ordenado conforme verdades já dadas, num mundo que já está feito. Para eles isso é apertado demais, pois acreditam num mundo que a todo instante está sendo criado.

Quando, na *República,* de Platão, não há lugar para o poeta, é justo por sua condição de criador, pois quem cria não obedece àquilo que é concebido como verdadeiro. Além disso, a poesia apela para o que Platão considerava os elementos inferiores da alma – a emoção, a paixão, – e não para a razão, como deveria ser. Nesse contexto, a poesia e a arte podem enganar, pois criam ilusões, podendo corromper aquele que se deixa afetar por elas.

Se a *República* não pode suportar o poeta é porque há, pregado ao poeta e à poesia (e à arte em geral), um perigo iminente, o perigo da criação, que abala tudo que se pretende definitivamente estabelecido.

Então o poeta, esse *qualquer*, que adquire esse "título" pela sua capacidade de deixar a vida passar por ele, sem oferecer nenhum empecilho que venha a impedir os encontros que o transformam incessantemente, é capaz de inventar o mundo.

Ao contrário daquele que sabe quem é exatamente, sabe aonde vai e o que faz, que de tão maciço não se perde nunca e agarrado a si, somente pode ser o mesmo, fiel e obediente ao que deve ser.

Mas inventar o mundo não cabe somente aos poetas intitulados como tais e reconhecidos assim. Falamos também de ser poeta na vida, de ser *quando poeta*.

Nietzsche fala da importância da arte na vida, indicando a possibilidade de fazer da nossa vida uma obra de arte. Para ele, trata-se de uma estética da existência, na qual criamos formas de vida fazendo belas composições com tudo aquilo que vivemos, seja alegria, tristeza, prazer ou dor.

Afirmar a condição de artista na vida é criar, afirmando a voz do poeta, "que é a voz de fazer nascimentos", como diz Manoel de Barros. Nascimento é o absolutamente novo, inaugurando necessariamente um outro mundo. Um nascimento rasga o mundo, invadindo sua obviedade, e obriga-o a abrir espaço para o que nasce. É a novidade pura jorrando da vida. *Nascimento é a flor do tempo que não cessa de brotar.* Fazer nascer é inventar.

> Escolha uma palavra conhecida e a utilize de maneiras distintas da maneira habitual. Relate ao grupo e, após, tente construir um poema utilizando as invenções do grupo.

Em nossa linguagem ordinária, *qualquerquasequando* não faz sentido algum, e isso pouco nos interessa. Criamos uma palavra e cavamos sua intimidade com a poesia e com o poeta: invenção. Agora, sem desmembrá-la, procuramos seus possíveis e impossíveis sentidos. *Qualquerquasequando* é uma ferramenta do poeta, é uma condição da poesia, é a característica intrínseca ao poeta e à poesia, é um jogo, uma senha, uma pista? *Qualquerquasequando* é uma palavra de desordem, um plano de fuga, uma revolução miudinha, a invenção de uma louca?

Enquanto você pensa, eu fico aqui *qualquerquasequando*...

Atividades

1. Trabalho com a música "Qualquer", de Arnaldo Antunes, do disco com o mesmo nome.
2. Trabalho com a série "Paixão pela Palavra", do canal Futura, veiculada em 2008.
3. Realização de um sarau poético com poesias dos alunos e também de outros poetas escolhidos.
4. Pesquisa sobre a obra de Manoel de Barros e de outros poetas.

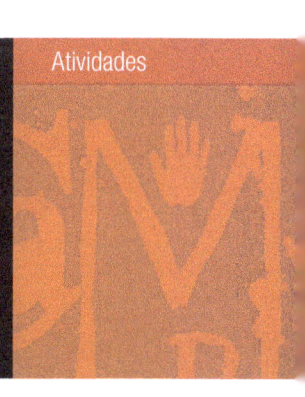

Referências

BARROS, Manoel de. *O livro das ignorãças*. Rio de Janeiro: Record, 1993.

BARROS, Manoel de. *Memórias inventadas: a segunda infância*. São Paulo: Planeta, 2006.

BARROS, Manoel de. *Tratado geral das grandezas do ínfimo*. Rio de Janeiro: Record, 2001.

BLANCHOT, Maurice. *O espaço literário*. Rio de Janeiro: Rocco, 1987.

FOUCAULT, Michel. *O pensamento do exterior*. São Paulo: Princípio, 1990.

NIETZSCHE, F. *Obras incompletas*. São Paulo: Abril, 1983. (Coleção Os Pensadores).

Riso, risada

Dante Augusto Galeffi

O riso é um privilégio da espécie humana? Pode-se dizer, sem dúvidas, que o ser humano é o único animal que ri? Essa é uma questão pertencente ao acervo relativo à autoimagem que o ser humano faz de si mesmo, reconhecendo-se como ser vivo, social e racional (linguístico) capaz de rir conscientemente de si mesmo e dos outros. O riso, de fato, nos constitui como seres que sentem e expressam sentimentos. O riso é um estado de espírito, um humor determinado. O riso é um dos modos de expressão da alma humana, possuindo, como todo modo de expressão, uma infinidade de variações de humor que vão da alegria pura à ironia fina e ao sarcasmo deliberado. O riso é, assim, um fenômeno que pode ser investigado filosoficamente, o que significa dizer que se pode propor uma atividade de investigação do riso como exercício filosófico próprio e apropriado, na Educação Básica. Vamos então investigar o riso como atividade filosofante? Filosofemos *com* o riso.

O riso, a risada e a filosofia

A questão posta se torna filosófica na medida em que seu intento não é o de encontrar uma definição geral do riso, e sim de compreender o riso como disposição e dispositivo de nossa naturalidade como espécie e de nossa espiritualidade como construção histórica e como subjetivação estruturalmente comum, para daí percebermos o riso antes de tudo em nós mesmos, cada um em si mesmo, e criarmos vias de relação com os diversos campos da atividade humana – vias semióticas comuns, gerais, moduladoras. De tal modo a se poder criar jogos de linguagem que favoreçam o aprendizado reflexivo do riso e da risada como expressões dos estados de humor e como componente do modo de ser humano em suas relações existenciais com o viver circunstancial – viver com o outro, viver no mundo planeta Terra.

Entretanto, é sempre bom lembrar que uma atividade de aprendizado filosófico que tome o riso e a risada como temas geradores não se confunde nem com a história, nem com a sociologia, nem com a psicologia, nem com a antropologia e nem com a neurofisiologia do riso, apesar de manter estreita relação com essas áreas do conhecimento. E é justamente aí que a Filosofia se diferencia como atividade aprendente. Ela é um saber totalizador a partir da perspectiva do *desvelamento da compreensão articuladora*. Uma abordagem filosófica do riso e da risada não deve perder de vista o caráter dialógico e aberto de toda investigação filosófica. Só faz sentido através de uma experiência que possa ser refletida por todos os participantes de uma aprendizagem, no sentido próprio e apropriado do aprender a pensar.

Para que assim ocorra é preciso compreender a filosofia como atividade investigativa radical, o que significa privilegiá-la como atitude aprendente autorreflexiva, autocompreensiva, autoconhecente. Algo, portanto, que não se ensina do mesmo modo que se pode ensinar uma fórmula matemática, ou uma regra gramatical, ou um conteúdo de História. Contudo, podem se criar as condições para o desenvolvimento de processos autorreflexivos em que os aprendizes aprendam a usar dos próprios pensamentos em uma compreensão articuladora de si, dos outros e da totalidade conjuntural. Nessa perspectiva, a filosofia é compreendida como aprendizado do pensar próprio e apropriado, não fazendo sentido uma atividade filosófica que não permita a cada um apropriar-se dos pensamentos próprios e impróprios e compreender-lhes, pela *escuta-fala-leitura-escrita* – linguagem, a tessitura e a dinâmica criadora e doadora de sentido. Assim, pode-se compreender a filosofia como atividade investigativa que consiste no aprendizado de si mesmo em relação à totalidade alcançável em uma existência própria. Uma experiência que interessa ao ser humano na busca de si mesmo: uma atividade que cabe a cada um experienciar e tomar para si a responsabilidade do que é correspondente ao agir humano em suas relações com a Vida.

Há, então, uma história desconhecida da alma humana que começará a ser contada pela experiência própria de desvelamento filosófico em cada um? O florescimento da consciência de si é o que caracteriza a experiência filosófica radical. O que não se pode conter em nenhuma medida. O aprendizado filosófico do riso é um pretexto para a criação filosófica. A Filosofia é uma atividade de criação de conceitos que não depende da submissão a nenhuma ordem hierárquica fundada nos corporativismos vitalistas e partidários. Nessa perspectiva, falamos de um aprendizado filosófico básico e não de uma formação própria e necessária ao filósofo profissional acadêmico. Aqui, o importante é desenvolver vivências/experiências de criação filosófica.

A Filosofia é criadora de conceitos que só fazem sentido como experiência própria. O desafio pedagógico é não perder tempo *contando histórias*, mas ir direto ao que interessa. E o que interessa é o aprendizado próprio e apropriado do pensar criador. Mas, é claro, a criação não é um privilégio da atividade filosofante e nem da filosofia dos grandes filósofos, na sua configuração histórica que nos alcança e nos implica como seres pensantes – sensíveis e inteligentes simultaneamente. Há na filosofia, como caminho de autoconhecimento e autocompreensão, uma relação direta com a experiência do pensamento que sabe rir de si mesmo e, dessa forma, sabe esvaziar o pote para acolher outras águas e outros óleos e outras coisas em sua vaza. Sabe igualmente chorar por si mesmo. É o pensamento, afinal, que ri e chora. Sem pensamento, como seria possível compreender-se o que quer que seja?

O humor da filosofia e dos filósofos

Na possibilidade descortinada, pode-se até mesmo estudar um filósofo pelo seu humor habitual e procurar ver o reflexo disso em sua obra. Pode-se dizer que há filósofos do riso e filósofos que não riem? Quem são os filósofos do riso e os filósofos para os quais o riso em nada pode ter a ver com a filosofia séria? Há filosofias rígidas e filosofias maleáveis, filosofias alegres e filosofias tristes, filosofias duras e filosofias débeis?

É porque o riso é também um modo de afeto humano reconhecidamente comum que ele pode ser investigado filosoficamente. Assim, a abordagem filosófica do riso é um bom pretexto para se filosofar em linguagem própria e apropriada porque é comum a todos. Todos sabem rir e sabem o que é o riso e a risada. A questão agora é compreender melhor as formas de expressão do riso como traços e efeitos do comportamento humano vivo. E ela é uma questão filosófica justamente porque o seu foco não é encontrar uma resposta acabada e justificada para o sentido do riso, e sim tomar o riso como experiência do pensar, um pensar que é também um fazer-pensar.

Quantas formas de riso existem? Quem é capaz de enumerá-las? Por que, quando se tem uma boa ideia, o riso se faz presente no entusiasmo? Qual foi a surpresa de Arquimedes (287 a.C.-212 a.C.) – considerado um dos grandes gênios matemáticos da humanidade – quando, tomando banho, observou o deslocamento da água na banheira e teve a visão instantânea da resolução de um problema que o rei de Siracusa lhe havia posto? A lenda diz que saiu gritando nu pelas ruas, "Eureka! Eureka! Eu descobri!". Sua alegria por ter descoberto a resolução de um problema o levou ao entusiasmo gargalhante. Suas *eurekas* repetidas eram risadas incontroladas.

Algo semelhante ocorre em nossas vidas com o riso e a risada. Quantas vezes já rimos no dia de hoje? Quantos já experimentaram o entusiasmo de Arquimedes pelo fulgurar de uma intuição grandiosa? O que acontece quando realizamos uma tarefa depois de muito esforço? O que se passa quando compreendemos algo em um relampejar? Tomando essa imagem como inspiradora, o que caracteriza, então, o riso em nossa existência cotidiana?

Em geral, o riso se manifesta na boa disposição e se pode percebê-lo na expressão corporal de quem está bem disposto. Há, assim, uma positividade do riso que se pode associar ao bem-estar generalizado. Quando se está bem, está-se sorridente. Essa parece ser uma máxima que se compreende pela evidência dos estados de bom humor associados ao riso, ao sorriso e à risada. Mas o riso também pode mascarar como no Teatro, em que o ator não precisa acreditar na personagem para poder representá-la, mas precisa torná-la verossimilhante – tão possivelmente real como os acontecimentos e fatos corriqueiros. Pode-se esconder a tristeza com um falso sorriso e esconder a alegria com o falso choro. É o caso também do riso provocado pelos contadores de piadas, os comediantes: eles dominam a empatia do riso pela memória dos efeitos passados e pela repetição planejada dos momentos desencadeadores do riso. Trata-se de uma arte retórica por definição: a arte do convencimento risível. Quem conta uma piada e não faz rir não pode ser considerado cômico ou artista em sua arte de fazer rir.

Há, entretanto, uma gama muito variada de risos e risadas, uma polifonia e uma polissemia a perder de vista, porque o ser humano é o único ser vivo que tem consciência da consciência e da inconsciência, é um ser passageiro que permanentemente vem a ser-sendo em suas relações vitais atuais, potenciais e compreensivas. Um ser, portanto, aberto ao projeto de suas possibilidades em seu agir. Um ser que é em seu ser um devir, um desenvolvimento, um desejo de ser, uma vontade de querer, um querer que quer sempre mais ser. Um ser inacabado, complexo, plural, sensível, ambíguo, frágil, forte, inteligente, insensível, estúpido. Um ser capaz de rir da própria tragédia de sua vida programada e de projetar-se em possibilidades insuspeitadas. O riso, enfim, não é qualquer coisa que possa ser delimitada em sua natureza própria, mas é algo surpreendente do comportamento humano e algo que sinaliza, também, a potência para a realização de novas tarefas e novos aprendizados.

O riso é também parente muito próximo do ócio do espírito, sem o qual não há potência suficiente para se poder aprender algo novo. Rir é um sinal de inteligência e de potência inventiva, apesar de poder ser também sinal de demência e impotência, ou de malquerência e prepotência. Como tudo, o riso é perpassado pela ambiguidade dos afetos humanos. Distinguir as modalidades do riso é um conhecimento próprio da maturação humana e só interessa na medida em que permite a cada um o alcance direto de uma compreensão articuladora contextualizada.

Investigação filosófica do riso e da risada

Há risos de todos os tipos. Risos largos, risos estreitos, risos francos e risos falsos, risos irônicos e risos simpáticos, risos mascarados e desmascarados, risos galantes e risos amarelos, e tantos e tantos outros risos. São todos eles fenômenos do rir. Uma investigação filosófica do riso é pertencente ao campo da Ética, compreendida como Filosofia do *Ethos* – Filosofia da Práxis. Quer dizer, uma atitude filosófica de investigação diante do modo como nos comportamos cotidianamente. Como agimos a cada momento de nossas vidas? Há em nossas ações uma escolha consciente e, por isso, corresponsável? Somos livres e, portanto, responsáveis por nossas ações, pensamentos e desejos, ou somos determinados por forças transcendentes inalcançáveis, sendo toda autocompreensão e autocondução uma fuga inútil do inevitável dualismo entre privilegiados e excluídos? Quantos são os eleitos da partilha da Vida?

O riso como uma forma de humor comum a todo ser humano se relaciona com a gama dos outros sentimentos e afetos que caracterizam o comportamento de relação. Uma filosofia do riso não pode perder de vista o conjunto de pares de oposições que constituem os afetos humanos. O riso, assim, tem o seu oposto complementar no choro, e a risada na *chorada* ou *choradeira*. Esses dois extremos de uma escala de humores comuns se caracterizam por diferentes gamas de sentimentos. A alegria tem o seu contrário na tristeza, o bom humor no mau humor, a expansão na depressão, a autoestima na baixa-estima, e assim por diante. Aliás, toda a nossa gramática é formada de pares de opostos complementares. Sempre nos exprimimos a partir de uma disposição de humor inscrita em uma língua participante de um mundo, de uma história, de uma, escuta, de uma fala, de uma leitura e de uma escrita – de uma linguagem. Somos marcados pelos dispositivos atualizados da linguagem que nos constitui como indivíduos sociais em um mundo já construído, um mundo passado que é o lastro do que somos no presente.

Por isso, é possível investigar o riso de uma maneira rigorosamente filosófica. O importante é provocar um movimento de desvelamento dialógico do riso, favorecendo o discernimento necessário para se poder aprender a pensar propriamente: o riso e a risada como formas do pensamento criador.

A investigação filosófica do riso, então, pode começar pela escuta e leitura das definições em uso do riso e da risada. Quais são os preconceitos existentes acerca do riso? Se cada um de nós tivesse que definir a essência do riso, como o faria? É essa gama de definições e imagens que podem ser reunidas como expressões disponíveis para significar o riso e a risada, que identificamos como preconceitos. Os preconceitos são o ponto de partida de uma ampliação do campo de possibilidades pelo alargamento dos horizontes vivenciais e pelo exercício reflexivo vivo. Assim é a prática filosófica daquele que se põe em um caminho investigativo, a partir do seu próprio interesse em conhecer o riso e a risada do mesmo modo como se pode conhecer a vida e a morte, o prazer e a dor, a beleza e a feiura, a verdade e a falsidade. É preciso não perder de vista que o mais importante é a atividade reflexiva, o processo dialógico concreto, o acontecimento do aprender a pensar propriamente. Por isso, o trabalho investigativo do riso pode permanecer aporético – quer dizer, não ultrapassar a oposição de posições experimentadas pela força do argumento discursivo, sem precisar de conclusões conceituais apressadas que atestam a morte de uma investigação viva e vital, grávida de sentidos e de geração de sentido. É importante documentar os posicionamentos conquistados ao longo da pesquisa e sempre fazer ver o inacabamento do ato de aprender a pensar por si mesmo, na estreita relação com a totalidade que nos alcança e ambienta, segundo formas e combinações sempre distintas, porém convergentes e unificadas.

Hoje, nas ciências da vida, há muitas informações bioquímicas e neurológicas acerca do riso e da risada e seus efeitos no organismo humano. Tais informações podem ser muito úteis na compreensão dos neurotransmissores associados ao riso. Assim, quando cada um de nós exprime o riso, está partilhando de um acervo genético longamente conquistado, assim como quando cada um exprime a predileção por uma determinada maneira de rir e de viver, está participando de um acervo cultural historicamente construído e preservado pelo uso cotidiano. O riso, assim, faz parte da experiência humana universal e pode ser investigado em sua função constante na vida cultural da humanidade histórica. Ele também é um sinal de que o ser humano ri por necessidade e por liberdade.

Apesar de tudo isso, o riso é sempre uma experiência insubstituível e impossível de ser encerrada em objetos estáticos e concluídos. É preciso, pois, investigar o riso pela experiência do riso, o que sempre requer uma abertura para a vivência filosófica radicalmente criadora, pois está em jogo a descoberta de si mesmo como ser que ri por compreender e amar o *jogo incessante do mundo,* no qual também estamos e nos encontramos ora trágicos, ora cômicos, ora alegres, ora tristes – nos encontramos aprendendo a amar no ser compartilhado, ser-outro.

Essa é uma possibilidade investigativa que somente aparece com a procura filosófica a partir de Sócrates, considerado justamente o pai da Filosofia compreendida como investigação da verdade, um modo de ação do humano em sua possibilidade de agir guiado pela investigação correta das coisas mesmas. Quer dizer, a Filosofia em sua origem coincide com a investigação da verdade na perspectiva humana, significando o alcance de uma ética da autoconsciência, da boa condução e usufruto da própria vida como ela é e como ela pode ser-sendo: estado de espanto amoroso!

Indicação de um filosofar oportuno: o riso de Apolo e a risada de Dioniso

Se Apolo é o deus que ri, Dioniso é o deus que gargalha. O riso é de Apolo e a risada de Dioniso. Riso e risada são expressões complementares do rir.

> **Atividade**
>
> Investigue, na História da Filosofia, filósofos apolíneos e filósofos dionisíacos, permitindo-se inventar maneiras de exposição de seus achados em um grande seminário dialógico com seus colegas. O foco do exercício é constituir uma rede rizomática de expressões do riso e da risada, com seus opostos presentes, permitindo que, junto com seus colegas, vocês se apropriem pela experiência própria de uma reflexão filosófica do riso e da risada. Rir muito e dar muita risada é o meio adequado para o florescimento de intuições risíveis refletidas na compreensão articuladora conjunta e colaborativa. O desafio também convoca a todos os que se implicarem nesse exercício a documentá-lo em forma de ensaios ou artigos de difusão da experiência, de todas as formas possíveis e disponíveis em cada caso e contexto.

Afinal, pode-se concordar com alguns sábios que desconfiam de um Deus que não sabe dançar e rir. Com motivos semelhantes, desconfiar dos filósofos e das filosofias sem riso é um sinal de que a experiência da verdade (desvelamento) só é possível para aqueles e aquelas que aprenderam a rir das próprias representações humanas da verdade, porque é melhor rir do que acreditar e apavorar-se com fantasmas que ecoam falsas verdades. Aprender a pensar é também aprender a rir do *jogo do mundo* pela harmonia dos opostos: não acreditar em verdades e em mentiras sem antes conhecê-las – nascer com elas, conascer. Uma arte que só vale a pena empenhar-se pelo prazer de rir livremente *suspenso no nada*. Um prazer que só se alcança no ato mesmo de existir plenamente. Portanto, que o riso de Apolo nos deixe serenos e que a risada de Dioniso nos torne abertos à experiência do pensar apropriador: um pensar transvalorante na possibilidade de cada um alcançar o melhor de si em uma existência conjuntural com sentido – uma reunião de tudo. Um pensar que nos torne sensíveis ao acontecimento do tempo oportuno do riso e da risada, na convivência entre amigos e opositores, na clareza espantosa que tudo reúne e distingue no infinito e incessante fruir e refluir da linguagem em sentido. Fazer rir e tomar o riso como experiência desveladora: eis o desafio criador de um filosofar que sabe aprender a deixar ser o riso e a risada uma experiência tão fundamental como o orgasmo na relação amorosa.

Assim, pensar e rir se tornam o *mesmo* na experiência espantosa da compreensão própria e apropriada. O riso nos lança além das oposições instituídas, faz-nos ver o quão absurdo é acreditar em partições e hierarquias constituídas como regimes absolutos de verdade. A verdade não é uma convenção nem um acordo consensual entre poderes constituídos, mas uma experiência própria e apropriada direta e insubstituível. Pois compreender é também rir e gargalhar dos fatos da vida, como filosofar é dispor-se ao desvelamento amoroso. E o que seria do amor que não soubesse rir no ato de gozar? O que esperar da filosofia que não encontre motivo de rir de si mesma? O riso e a risada, entretanto, são dimensões do existir e não se deveria compreendê-las fora de uma experiência que abarque a heterogênese criadora em todos os sentidos e possibilidades. Uma filosofia do riso não esquece a condição humana trágica e séria, mas aprende a rir da fatalidade como se aprende a beber água para saciar a sede.

O gordo e o magro

Sombra

Paula Ramos de Oliveira

Imagem da Alegoria da caverna de Platão

Sem sombra de dúvida Platão escreveu sobre as sombras. Está lá, na obra *A República,* no livro VII, e ocupa o centro da alegoria da caverna, distinguindo as sombras da caverna (mundo sensível) e a vida fora dela (mundo inteligível), iluminada pelo sol, que ilustra o Bem, a mais geral de todas as Ideias. No mundo sensível estão as cópias imperfeitas da verdadeira realidade que está presente apenas no mundo inteligível. Eis o modo que Platão encontrou para tentar resolver o impasse que se havia estabelecido a partir de Heráclito e Parmênides: o mundo sensível é heracliteano e o inteligível é parmenídico. Certamente esse é apenas um breve resumo de uma longa história.

Sem sombra de dúvida o filósofo Merleau-Ponty também tratou desse conceito quando escreveu *O filósofo e sua sombra,* mas essa é igualmente uma longa história que deve ser conferida.

Entretanto, qualquer que seja o conceito sempre sobra o que pensar dele...

Sobra. Sobra uma sombra. Um conceito sempre tem em si menos do que poderia ter porque não se esgota nunca. Por outro lado, às vezes também há nele mais do que deveria, pois em alguns casos a tentativa de conceituação encobre o próprio objeto e é sempre bom lançar um pouco de sombra em nossas certezas. De todo modo, em se tratando de conceitos, sempre haverá uma sombra sobre a qual poderemos falar.

Não há sombra sem luz. Isso significa dizer que cada ser ou objeto que faz parte desse mundo tem sempre uma sombra colada a si, que só se ocultará no escuro. Temos, porém, o caso do "sol a pino", no caso limite em que a sombra de um poste na vertical é zero[1].

Nossa sombra não é uma entidade separada de nós – é antes um prolongamento do que somos. Sombra é aquilo que faz parte de nós, mas que, de vez em quando, quer descansar e, com a ausência de luz, ausenta-se. Porém, se não há escuro, a sombra está lá, grudada em nós. É um prolongamento nosso que não podemos controlar senão minimamente.

Diz a física clássica que dois corpos não podem ocupar o mesmo lugar ao mesmo tempo, mas a sombra de um corpo pode unir-se à sombra de um outro e ocupar o mesmo lugar. Essencialmente, a sombra é lúdica: sempre que brincamos com ela, brinca conosco. É por isso que temos, há mais de dois mil anos, o teatro das sombras, uma técnica chinesa que projeta figuras com a ajuda de uma fonte de luz em um ambiente escuro.

Por outro lado, a sombra está cercada também de um tom negativo. Falamos em coisas sombrias, em coisas que nos assombram, em assombrações... Em geral, tememos o escuro e gostamos da luz. Quando dizemos "À noite todos os gatos são pardos", estamos indicando que aquilo que não vemos bem nos incomoda, assusta-nos. Quando vemos uma sombra que parece a de uma pessoa, mas que não conseguimos identificar de onde vem, dizemos que vimos um vulto. Em situações como essas, há os que logo procuram uma explicação espiritual para o fato, enquanto outros a descartam de antemão.

Para o psicólogo C. G. Jung, a sombra é um arquétipo[2] – o que significa dizer que a sombra é um símbolo universal presente em todas as culturas e povos, em toda a humanidade. Trata-se, portanto, de algo que faz parte do inconsciente coletivo. Ela pode ser representada por figuras demoníacas, tais como animais peçonhentos (cobras, por exemplo) ou ainda pelos excluídos, como ladrões ou mendigos. As sombras são aqueles elementos que deixamos de lado e que em nossos sonhos vêm reivindicar uma participação. É assim que, nos contos de fadas, as sombras normalmente

Teatro de sombras chinês

---

[1] "Não é em toda a superfície da Terra que o Sol "fica a pino" (sombra zero, de um poste na vertical) em algum dia do ano." Disponível em: <http://www.observatorio.ufmg.br/pas44.htm>. Acesso em: 19 jun. 2007.

[2] Agradecimentos a Walter José Martins Migliorini, psicólogo clínico e docente da Unesp de Araraquara, por suas contribuições em relação ao pensamento de Jung.

aparecem na figura de um monstro, o guardador de um segredo que, ao final do processo, revela-se como um tesouro do ponto de vista material ou pessoal (amadurecimento, amor verdadeiro, etc.). Se tratadas amorosamente, as sombras integram-se e também nos integram. Por outro lado, quanto mais as excluímos, mais elas ganham dimensão e tornam-se autônomas. Nesse caso, não somos nós quem temos as sombras, mas sim elas é que nos têm.

Não é sempre que aceitamos bem o que nos é desconhecido. Talvez resida aí a nossa necessidade de conceituar, tentando aclarar as coisas desse mundo, jogando luzes sobre elas... Mas não é tão simples a tarefa do conceito em uma realidade tão complexa como a nossa.

Atividades

1. No CD *Caprichoso* [1], do Grupo RUMO, há uma música com letra de Zécarlos Ribeiro, intitulada "Sombra":

Onde vou, onde quer que eu vá
Esta sombra me acompanha
E se projeta nos abismos,
Nos lugares bonitos
Ou no lixo inconsequente
Que as pessoas deixam esparramados no chão
E não importa se eu não gosto
Ou se eu prefiro ver
Aonde e quando eu quiser

Quando estou alegre
Vou andando e balançando a cabeça
Ela balança também
Ela quer mesmo me provocar
Quer tirar um sarro só pra ver o meu humor
"Olha a cara dele! Como ele é sério!"
(Como ele é sério!)

Agora que ela descobriu que eu sou sério
Eu sou sério mesmo
Dificilmente dou uma risada
E quando dou, é amarela,
Totalmente sem graça, fora de hora
Ha... ha.... hahaha.....!

Vocês estão vendo
Que eu tento me livrar dela
Mas ela não dá chance
Além de tudo, ainda tira um sarro
"Olha a cara dele, como ele é sério!"
Não te deixo nunca
Nem debaixo do chuveiro
E não adianta disfarçar
Onde quer que você vá
Também vou
Você não engana ninguém"

1.1. A partir da perspectiva colocada por essa música, procure refletir sobre as sombras presentes em sua vida, na vida de outras pessoas e também na dimensão social.

1.2. Você consegue ver em si mesmo algum prolongamento seu que o controla?

2. Abaixo temos uma poesia de Florbela Espanca publicada em uma Antologia intitulada *Poemas Alentejanos* [2]:

Esperas...

Não digas adeus, ó sombra amiga,
Abranda mais o ritmo dos teus passos;
Sente o perfume da paixão antiga,
Dos nossos bons e cândidos abraços!

[1] Distribuição Independente, 2003. Disco lançado em 1985.
[2] <http://www.revista.agulha.nom.br/flor4.html> , acesso em 19 de junho de 2007.

Atividades

Sou a dona dos místicos cansaços,
A fantástica e estranha rapariga
Que um dia ficou presa nos teus braços...
Não vás ainda embora, ó sombra amiga!

Teu amor fez de mim um lago triste:
Quantas ondas a rir que não lhe ouviste,
Quanta canção de ondinas lá no fundo!

Espera... espera... ó minha sombra amada...
Vê que p'ra além de mim já não há nada

E nunca mais me encontras neste mundo!...

A poesia acima faz referência a uma "sombra amiga". Como é próprio desse gênero literário, há uma abertura para pensarmos nessa sombra como um diálogo da poetisa com ela própria ou ainda com uma outra pessoa. De qualquer modo, trata-se de um apelo para que permaneça perto o que já está se distanciando dela.

2.1 Em sua vida você encontra algumas situações similares?

2.2 O que faz estarmos mais pertos ou mais distantes de nós mesmos?

3. Um eclipse é a entrada de um corpo na sombra de um outro. Se a Lua entrar na sombra da Terra, teremos um eclipse lunar, e se a sombra da Lua entrar na Terra, teremos um eclipse solar. Um eclipse é, portanto, um encontro de luz e sombra. Se as sombras de dois seres se encontram, o que teremos? Sozinha nossa sombra é uma, mas, quando outra a encontra, a imagem se transforma. Qualquer encontro nos transforma – seja com o outro, seja com nós mesmos.

3.1 Você concorda com essa afirmação?

3.2 Embora possamos ver o amor a partir de inúmeras perspectivas, há uma delas – que talvez possamos chamar de romântica – que compreende o amor como um encontro de seres que se completam, tais como a "tampa e a panela", "a outra metade da laranja" ou até revelado por um encontro tão perfeito e belo como um eclipse. O que pensa dessa visão?

4. Na história de Peter Pan, há um episódio em que essa personagem perde a sua sombra que, após encontrada, acaba sendo costurada por uma outra personagem – a Wendy. Alguma vez sentiu que perdeu algo de você mesmo que precisou ser "costurado"? Existem perdas irreparáveis em nossas vidas ou para tudo haveria um "conserto"?

5. Em *Esaú e Jacó*, obra de Machado de Assis, há um capítulo intitulado "Visão pede meia sombra". Eis aqui uma ideia intrigante sobre a qual reflete Henriqueta do Couttо Prado Valadares (2005, p. 71-88):

Ver os gêmeos no jardim da casa de Flora consistia em tarefa difícil justamente pela "extrema claridade do lugar" (MACHADO DE ASSIS, 1959, p. 1002). A precisão, a intensidade forte da luz do dia, quando pretensamente se pode dizer que vemos melhor, com as condições todas favoráveis ao entendimento, ao conhecimento e à visibilidade do outro, o jogo do texto nos faz pensar que justamente o excesso de luminosidade, pode ofuscar, cegar e afastar aquilo ou aquele que queremos ver mais nítidos. "Visão pede meia sombra", tal é a conclusão do capítulo CII, que também

> **Atividades**
>
> tem este mesmo título. Incidir luz, mais luz, muita luz, não se torna garantia para se ter a nitidez do objeto que se pretende mostrar.
>
> 5.1. Pensando no papel dos conceitos, como você analisa as afirmações de Henriqueta? Concorda com a ideia de que a "visão pede meia luz"? O que você pensa de análises que procuram estabelecer relações entre coisas aparentemente opostas?
>
> 5.2. Às vezes nos deparamos com algumas ideias difíceis de serem compreendidas, mas que nos aparecem como intrigantes e que, apenas por essa razão, mereceriam uma melhor reflexão de nossa parte. Considerando o campo da filosofia, da ciência e da arte, quais destaques você faria para ideias como essas?
>
> 6. Enquanto uns procuram desesperadamente uma sombra, outros querem o sol. Somente por vivermos em lugares distintos, já temos pretensões diversas em relação à vida. Entretanto, inúmeros fatores influenciam no modo como acabamos encaminhando nossa forma de viver. O que você teria a dizer sobre essa colocação?
>
> 7. Em nosso dia a dia costumamos dizer: "Fulano vive à sombra de alguém", "Fulano é a sombra de ciclano" ou "Desconfio até da minha própria sombra". Pensando na presença da teoria em nossa vida, como você avalia essas frases? Devemos nos amparar em certos teóricos para pensarmos melhor? É positivo identificar-se plenamente com a teoria de alguém? É preciso desconfiar das teorias?
>
> 8. Todos nós temos um "lado sombra"; todos nós guardamos um lado nosso oculto, escondido – seja de outros, seja de nós mesmos. Você concorda com essa afirmação? Considera essa uma discussão filosófica ou não? Quais elementos você poderia trazer para ampliar essa reflexão?
>
> 9. Desde que haja um pouco de luz e um pouco de escuro, todos nós teremos sombra. Você considera existir na vida coisas que não poderiam, em hipótese alguma, faltar a ninguém?
>
> 10. Sem sombra de dúvida, um dia nascemos e um dia iremos morrer – eis a única certeza que podemos ter. Tudo o mais é duvidoso. O que você teria a dizer sobre essa afirmação? Pensa que ela é correta? Se sim, essa não seria uma outra certeza? Heráclito, por exemplo, dizia algo como: tudo muda, menos a lei que diz que tudo muda. Como poderia ampliar a discussão aqui proposta?

Referências

VALADARES, Henriqueta do Couto Prado. Esaú e Jacó: jogos para além da história, histórias por fora das linhas. In: PINTO, Silvia Regina (Org.). *Tramas e mentiras: jogos de verossimilhança*. 1. ed. Rio de Janeiro: 7 letras, 2005, v. 1.

Títeres

Verónica Bethencourt

Tradução: *Juliana Merçon*

É quase certo que mais de uma vez na vida títeres tenham cruzado os nossos caminhos: esses bonecos pitorescos que, animados por alguém, saem a representar mil e uma obras em condições as mais inverossímeis. Quem de nós nunca viu um espetáculo de títeres em uma praça ou em uma festa de aniversário, não cobriu as mãos com a cara de uma bruxa para assustar um irmão menor, ou simplesmente não ficou fascinado diante da representação de um teatro de sombras?

Esses personagens, ainda que não se pareçam conosco ou que não o saibamos, têm uma extensa e interessantíssima história, que remonta a tempos imemoriais e aos lugares mais remotos e insuspeitados: temos dados que asseguram que já no antigo Egito e até na China de 2000 anos atrás havia desses bonecos. Há também os títeres javaneses, da tradição oriental, que datam do século XI e eram utilizados nos ritos religiosos; sua construção era muito dispendiosa e sofisticada e aqueles que os colocavam em movimento estudavam durante longos anos para levar adiante exitosamente a tarefa. Em nossa América, e muito antes de chegarem os espanhóis, os povos originários também faziam um uso cerimonial de alguns títeres singulares: plumas e vasilhas que dançam "sozinhas". Saltando na história, encontramo-nos com títeres mais parecidos aos que nós conhecemos na Europa do século XVII, em que os manipuladores de títeres percorriam insipientes cidades brindando o povo com diversão ao pôr em cena diversas obras satíricas. A partir do século XVIII, quem escrevia obras para títeres incorporava às representações as tradições populares de cada lugar e, então, aparecem os títeres com nome próprio ao mesmo tempo em que surgem os Estados nacionais: Polichinelo na França, Punch e Judy na Inglaterra ou Kasperl na Alemanha.

Sem dúvida, toda essa aura que rodeia os títeres, toda a dimensão espetacular na qual estão envolvidos, desvanece-se quando dizemos de alguém que é um títere ou um fantoche. Então, a mesma palavra soa completamente diferente; seu sentido se transforma e se torna pejorativo.

Essa é a questão que gostaria de revisar, e não somente por ser essa troca desconcertante, mas também porque, como você sabe, o que dizemos e o modo em que o fazemos dizem muito de nós mesmos, de como pensamos sobre nós mesmos e sobre o mundo em que vivemos. Nossa indagação girará, então, em torno desse uso pejorativo que atribuímos a "ser um títere". O que nos diz, o que nos deixa ver de nós mesmos o fato de que façamos um uso despectivo da expressão "você é um títere"?

Aí vamos

Um bom ponto de partida em casos como esses, onde há expressões linguísticas em jogo, é recorrer ao dicionário, que é algo assim como um compêndio dos usos mais comuns que nós, falantes de uma língua, fazemos das palavras. Isso mostra como em distintas culturas ou em distintos países ainda que se fale o mesmo idioma, as palavras possuem sentidos muito diferentes. E o dicionário diz de "títere"[1] o seguinte: "Boneco de massa ou outra matéria que se move por meio de fios ou outro procedimento. Pessoa que se deixa manipular por outra". Felizmente, o dicionário nos dá uma pista para avançar sobre nossa inquietude inicial: "títere" é um termo que tem dois significados, que faz referência a bonecos, por um lado, e a pessoas, por outro.

> Isso não é raro: há muitas palavras iguais que têm sentidos distintos. Estas são chamadas parônimas — "vela" pode ser a do barco ou a de iluminar. E também há palavras distintas que dão conta do mesmo, por exemplo, a palavra "palavra" é sinônima de "vocábulo", de "voz", de "termo", o que quer dizer que servem para designar o mesmo. A coisa se complica, sem dúvida, quando as mesmas palavras aparecem em frases e tomam sentidos distintos: por exemplo, a palavra "pedra" quando aparece só quer dizer uma coisa, mas quando aparece nas expressões "pedra de toque", "pedra fundamental", "pedra livre" ou "cabeça de pedra" quer dizer coisas distintas em cada caso.
>
> — Você conhece outros casos como este? Quais?
> — Quem "refere"? As palavras? O contexto em que aparecem? Quem as usa? O que você acha?

---

[1] Quando as palavras aparecem entre aspas, isso significa que nos referimos a elas e não ao que elas significam ou designam. Por exemplo, na oração: "cachorro" tem 8 letras, não falamos de um cachorro senão da palavra "cachorro". As aspas evitam, dessa forma, grandes confusões e problemas.

dicionário também nos brinda com o que Aristóteles chamou "diferença específica": só é um títere aquele boneco que, sem poder mover-se por si mesmo, obtém o movimento através de fios, palitos, arames ou cordas que, por sua vez, e como sabemos, estão movidos pelas mãos e/ou dedos de uma ou várias pessoas. E só é títere a pessoa que *se deixa* manipular por outra pessoa, isso quer dizer que, apesar de poder manipular-se a si mesma, deixa que outro o faça por ela.

> Aristóteles viveu na Grécia por volta do ano 300 a.C. e foi um dos primeiros a refletir sobre como fazer corretamente a definição de um termo. Estabeleceu que os termos se definem por gênero próximo e diferença específica, isto é, o que temos que fazer é incluir o indivíduo a ser definido no conjunto ou gênero de coisas mais próximas que o contém e logo estabelecer de que modo se diferencia dos tipos restantes de seres que formam parte deste gênero. Usamos, como exemplo, a definição que ele deu de homem: um animal – gênero mais próximo – racional, aquilo que o diferencia dos demais animais – sua diferença específica. Essa não é, porém, a única forma de definir um termo.
>
> — Note o que acontece se você tentar definir desse modo termos tais como "posição", "antes", "relação", "durante". O que acontece? Por que você acha que é assim?
> — Revise algumas entradas do dicionário e elabore outro tipo de definições. Como são?

O que nos mostra o dicionário? Parece-me que algo importante – embora talvez não seja algo novo para nós: em qualquer dos dois sentidos, "títere" se aplica a algo ou alguém que não se move ou não se manipula por si mesmo. Isso não parece transcendente para o caso de um boneco que, por ser boneco, não pode manipular-se sozinho, mas sim o é para uma pessoa precisamente porque pode fazê-lo e, como sabemos, há algo de "estranho" quando não fazemos o que podemos fazer... Seguiremos indagando a respeito dessa diferença...

O títere boneco

Mas, bem, vamos devagar e ocupemo-nos dos títeres que são bonecos.

Realmente há muitas coisas a contar sobre esses títeres bonecos. Através de uma busca breve, encontramos uma profusa diversidade destes em função do elemento pelo qual obtêm movimento: há títeres de dedo, de luva, de vara, de cone, de pau; também estão os *muppets*, os *gigñoles*, os *pupis*, os fantoches e, é claro, as marionetes, que são articuladas e podem chegar a medir a metade do que mede uma pessoa. Há, como dizíamos no começo, títeres que têm nome próprio, como Polichinelo ou Kasperl, e que podem tomar qualquer das formas anteriores.

Para começar por algo, podemos estabelecer que "Títere", nesse sentido, faz referência a um objeto que tem existência própria, isto é, que podemos encontrar jogado em uma calçada ou que podemos ter guardado em uma caixa e que continuará sendo um títere.

> Talvez lhe pareça uma tolice, mas nem todas as coisas de que falamos têm esta qualidade. Por exemplo, falamos todo o tempo de que Fulano é alto ou é irmão de Siclano, mas nem "ser alto" nem "ser irmão" existem por si, são relações entre dois ou mais indivíduos. Ninguém é alto "por si".
> – Você pode, se quiser, fazer uma lista dessas coisas que não são por si... São muitas? São mais ou menos que as outras?
> – São do mesmo tipo de "ser alto"? De que outro tipo são?
> – Ao fazer estas listas imaginárias, você encontrou "coisas" que não encaixan em nenhuma das duas listas ou que seria difícil situar? Quais?

Por outro lado, e apesar de ser certo o anterior, também é correto que os títeres têm para nós uma função própria. Certamente podemos ter um títere em uma caixa ou usá-lo até de projétil e lançá-lo com todas as nossas forças contra a parede, mas essa não é sua tarefa específica. Também podemos usar um telefone como projétil, mas isso não tem a ver com o telefone... Um títere representa ou interpreta um papel dentro de uma obra. É por isso que os títeres geralmente "trabalham" em um teatro mais ou menos convencional.

> Novamente estou retomando Aristóteles que, além de estabelecer como fazer corretamente uma definição, também disse que uma das questões que fazem com que uma coisa seja o que é, é a função que desempenha.
> – Você acha que as coisas se definem pela função que cumprem? O que aconteceria com as coisas que não servem para muito? E com as coisas que servem para coisas semelhantes?
> – Essas definições servem para as pessoas?

E mais, poderíamos dizer que os títeres são atores bonecos manipulados por pessoas. E claro, aqui entra em cena um elemento essencial do títere, para não dizer que talvez seja o "mais" essencial – se cabe falar nesses termos: o titeireiro. Não há títere que aja como tal – ou seja, como títere – sem que haja oculto por detrás, sobre ou debaixo dele, um titeireiro, uma dessas pessoas que dedicam sua vida a "dar vida" aos títeres e recrear a imaginação de grandes e pequenos. Sem dúvida, esse complemento é de uma "natureza" distinta da sua: porque um títere é um boneco e o titeireiro é uma pessoa, de cujas mãos obtém o movimento. Um títere, diferentemente de um ator, por exemplo, e apesar de ambos representarem o que outros escreveram, não pode fazê-lo por si mesmo.

A pessoa títere

Passemos agora a ver o que acontece com uma *pessoa títere*, que é aquela "Pessoa que se deixa manipular por outra". E não percamos de vista que estamos tentando saber o que quer dizer de nós mesmos que façamos um uso pejorativo – como o que de fato fazemos – da expressão "você é um títere".

> – A propósito, você poderia estabelecer alguma outra diferença entre um ator e um títere?
>
> – Você diria em algum sentido que um ator é um títere? Por quê?

É evidente que o lugar que ocupa a "outra pessoa" neste caso é completamente diferente do anterior. Nem ao dicionário nem a nenhum de nós ocorre mencionar a outra pessoa na definição do *títere boneco*. E isso não pode ser casualidade.

Mas, claro, as coisas mudam substancialmente no caso da *pessoa títere* (de outra pessoa), porque, assim como um *títere boneco*, para que faça o que é próprio, necessita de uma pessoa, para ser pessoa, estaríamos inclinados a pensar que não se necessita de outro, ou pelo menos, não se necessita dele na forma de um titereiro. Por isso, o dicionário diz, sugestivamente, "pessoa que *se deixa* manipular", o que quer dizer que, seja por que razões for, escolhe não fazer algo que poderia fazer por si mesmo. Já não se trata de um boneco que necessita de um homem como complemento, senão de duas pessoas que supostamente são iguais e entre as quais se estabelece uma relação singular e aparentemente não tão interessante a partir da qual um é manipulado pelo outro...

> Para não passar direto: Como você vê isso?
>
> – Há alguma atividade própria que uma pessoa deva realizar? Acontece a você o que acontece a um títere?
>
> – De que necessita uma pessoa para ser pessoa?
>
> – Há algum sentido no fato de que, para ser uma pessoa, necessitamos dos outros?

Isso nos permite assinalar uma importante diferença com respeito à primeira acepção do termo: "ser um títere do outro" não é algo em si mesmo, não existe por si, senão que é uma relação que alguém mantém ou estabelece com alguém. E, na realidade, é a relação o que faz com que uma pessoa se torne ou se converta em um títere da outra. É certo que isso não quer dizer que as relações que alguém mantém com as demais pessoas apareçam espontaneamente. Só quer dizer que ninguém nasce "títere" do outro. Para ser títere do outro as duas partes, títere e titeriteiro, desde suas respectivas posições, têm que aceitar os termos da relação: ninguém manipula o outro se um não aceita ser manipulado e o outro não quer manipular. Certamente, como começamos a ver, nessa relação há uma espécie de "poder" de um sobre o outro, e isso é parte do sentido pejorativo que atribuímos à expressão. A mesma palavra que utiliza o dicionário "manipular", deixa-nos ver isto: manipulamos as coisas, os objetos, mas as pessoas...

> Para pensar: Toda relação de poder entre as pessoas poderia ser qualificada como "ser títere de"?
>
> – Você poderia estabelecer algumas características específicas da relação? Vou propor umas perguntas que talvez sirvam para começar a tarefa: só se estabelece entre duas pessoas? Se pode aplicar às relações sociais? É uma relação entre iguais?
> – Um escravo é um títere de seu amo? Por quê?
> – Um viciado é títere da droga? Por quê?
> – Que exemplos você pode oferecer dessa relação?
> – Que outras relações de poder se estabelecem entre as pessoas?

Para aprofundar a indagação, ocorreu-me a ideia de buscar sobre isto de "ser títere de" em algumas canções populares que, segundo acredito, mostram bastante bem o que pensamos das coisas.

Estas são algumas das estrofes que encontrei e que tem a ver. É claro, você pode procurar em outros lugares, porque, como já sabe, o que se encontra tem a ver com o lugar onde o buscamos:

> "O fantoche vertebrado, assim nós estamos vendo, sem escolha de ação, população está vivendo" (do grupo Estilo da Crítica).
>
> "Pare de me tratar assim, me faz um fantoche, me diz que está ao meu lado, tudo está ruim" (Quinteto em Preto e Branco).
>
> "Solte suas cordas, deixe de ser um boneco para os outros brincar, faça o que preferir, o importante é o que você vai achar" (Minduins HXC).

Essas estrofes talvez deem conta do que, para nós, implica "ser um títere ou fantoche de outra pessoa". Por um lado, nelas se assume a manipulação de que é presa a *pessoa títere*. Não estamos falando, então, de deixar-nos manipular fisicamente por outros ou, ao menos, não no sentido mais importante: talvez também se trate de manipular o corpo, mas como resultado de manipular previamente outras coisas – como, por exemplo, o interesse. Em outras palavras, aquele que é titeriro do outro, manipula seu títere muito mais que fisicamente.

> Aparecem-me pelo menos três questões que eu o convido a analisar:
>
> – O que é isto que o titereiro manipula e que é distinto do corpo? Alguns falariam, em termos de vontade, quero dizer, que alguém nos manipula se controla nossa vontade, mas essa não é a única resposta possível – como na maioria dos casos. O que lhe parece? É a vontade? É o pensamento? É o livre arbítrio? São os sentimentos? Alguma coisa distinta das anteriores?
>
> – Em que sentido você diria que alguma dessas "coisas" é distinta do corpo? Por que possuem naturezas distintas? Por que são distintas conceitualmente? Por que outra razão?
>
> – Pareceria pior que manipulem esta "outra coisa" do que manipulem nosso corpo? Por quê?

Por outro lado, aqueles que padecem dessas manipulações deixam claro algo que também está muito relacionado com o uso pejorativo que fazemos da expressão: em todos os casos, deixam ver que não se sentem bem, que necessitam terminar com as manipulações ("Pare de me tratar assim, [...] tudo está ruim"). Isso significa que se dão conta de que essa relação é prejudicial e negativa e que é factível pôr um fim a ela. Como dizíamos anteriormente, e as canções corroboram, para ser títere, de um modo ou outro, também o títere escolheu o lugar que ocupa. Esse é o único sentido que tem dizer que é uma relação que pode desaparecer ou, melhor ainda, que um pode desejar que desapareça.

É certo que isso não é novo, que disso você já sabia e que é por esse tipo de coisa que, quando dizemos a alguém que é um títere, nós o estamos insultando – ou quase. Você e eu podemos não falar a mesma língua, mas somos partes de uma mesma cultura, vivemos no mesmo momento histórico e compartilhamos certas formas muito gerais de pensar as coisas que aparecem ou se mostram nos sentidos que outorgamos às expressões, nos valores que atribuímos a determinados fatos.

Mas prossigamos. A questão para nós continua sendo o que nos diz de nós mesmos o fato de fazermos esse uso da expressão e não qualquer outro ou, para dizê-lo de outra maneira, que pressupostos[2] sobre nós mesmos nos revela o uso pejorativo dessa expressão. E me parece que agora sim começamos a entrever tudo o que subjaz a isso.

> Agora lhe convido a fazer algo diferente: que seja você quem comece a explicitar alguns dos pressupostos implicados nas canções que vimos. Deixo algumas perguntas para começar
>
> – Pode uma população inteira ser fantoche?

---

[2] Um pressuposto é uma ideia que, sem que seja dita, forma parte de nossos pensamentos e crenças e os sustenta. Por exemplo, na afirmação "O sol nasce pela manhã" subjaz a ideia de que é o Sol que se move e não a Terra. Esses pressupostos mudam com o passar do tempo em função de várias coisas, por exemplo, os avanços do conhecimento.

> – É realmente ruim ser fantoche? Por quê?
> – Se alguém está nas mãos de alguém, é alguém?
> – Sempre que estamos nas mãos de alguém somos títeres?
> – O que impede que as pessoas "soltem suas cordas"?

E, sim, evidentemente, há aqui comprometida toda uma ideia de ser humano, isto é, de como nós – e falo, em geral, de quem pertence à cultura ocidental neste momento histórico – cremos que somos, e que poderíamos formular deste modo: somos indivíduos, pessoas que temos um corpo, mas, fundamentalmente, somos sensatos, racionais e, o que é mais importante, manipulamos a nós mesmos. E tudo isso parece ficar de lado quando somos manipulados por outros. Tudo isso que valorizamos em uma pessoa, ou pelo qual dizemos que alguém é efetivamente uma pessoa em um sentido interessante do termo, ou pelo menos uma boa parte disso, fica em suspensão quando essa pessoa é uma *pessoa títere*. Por isso é tão injuriosa a expressão: dizer a alguém que é um títere, definitivamente, é dizer que não é uma pessoa ou que não faz o que é próprio de uma pessoa que, aparentemente, tem a ver com todas as coisas que vínhamos dizendo.

Dada a importância desse ponto para nossa indagação, acredito que não faríamos nada mal em revisar o que quer dizer "manipular a si próprio", para irmos assim nos conhecendo melhor...

> – Quando é que manipulamos a nós mesmos?
> . quando não nos deixamos levar por nossas emoções e sentimentos;
> . quando dominamos os impulsos dos quais não gostamos ou que cremos inconvenientes;
> . quando fazemos o que pensamos que precisa ser feito – mesmo que tenhamos desejado fazer outra coisa;
> . quando controlamos nossos estados mentais;
> . quando escolho o que penso e aquilo no que acredito;
> . quando não obedecemos a ninguém senão a nós mesmos;
> . quando nossa vida é o resultado de nossas decisões.
> – Diante do contrário de qualquer dessas afirmações, você diria que uma pessoa não manipula a si mesma ou que faria ressalvas? Em que casos? Por quê?

Sem dúvida, atrás de toda essa questão há algo mais. Porque, assim como vínhamos fazendo para desvelar pressupostos, poderíamos também insistir e perguntar: o que é ruim ou terrível em ser manipulado por outro? Sempre é ruim ser manipulado por outros? É ruim, condenável ou prejudicial que uma criança seja manipulada por seus pais? Ou que um jogador de futebol o seja por seu treinador? Claro que não. Em que condições então adquire um sentido negativo? É certo que você vai mais rápido que a leitura: "ser manipulado por outro" adquire conotações negativas quando quem é manipulado está em condições de fazer outra coisa.

E eis aqui um outro pressuposto: que alguém seja manipulado por outra pessoa e não por si mesma quer dizer, em um sentido importante do termo – embora talvez não seja o único –, que a pessoa em questão não é livre ou não está fazendo uso de sua liberdade. Dizendo o mesmo ao revés: aparentemente, isso de "ser manipulado por outro" está para nós associado à liberdade.

Por considerações – por ideias – de estilo não somente atribuímos uma carga pejorativa a quem é um títere de outro, senão que, além disso, condenamos a escravidão ali onde ainda existe, seja qual for a forma que tome, e rechaçamos qualquer tentativa de subordinação do que consideramos serem os mais elementares direitos dos homens: a liberdade de pensamento, de expressão, de escolher a religião, etc...

Sem dúvida, outra vez, sem dúvida... assim como vimos que "manipular a si mesmo" pode querer dizer coisas bem distintas, com a liberdade ocorre exatamente o mesmo.

> Veja esta lista que contém algumas das definições de liberdade que foram feitas através do tempo:
> - sou livre quando só obedeço aos mandatos de minha razão;
> - sou livre quando possuo propriedade privada;
> - sou livre quando não dependo de nada que não possa manejar;
> - sou livre quando posso escolher;
> - sou livre quando faço o que quero;
> - sou livre quando meu espírito o é;
> - sou livre quando tenho o que quero;
> - sou livre quando cumpro com aquilo que devo fazer.
>
> - Coincidem em algo ou em nada?
> – Aquilo que você pensa sobre a liberdade se parece com alguma ou algumas dessas definições? Se não está aqui, inclua-a.

Há vários anos, mais precisamente em 1958, um pensador inglês chamado Isaiah Berlin argumentou que na história do pensamento houve duas formas fundamentais de entender a liberdade: um sentido negativo e um sentido positivo. O primeiro agrupa a todas as definições de liberdade que a entendem como a necessidade de não contar com obstáculos em nossas decisões, algo parecido a "sou livre contanto e enquanto faça o que quero e ninguém interfira em meu caminho". Relacionado com esse, mas com diferenças marcantes, estaria o sentido positivo da liberdade ligado à autodeterminação e à autonomia: sou livre quando faço o que eu determino fazer e não o que os outros querem.

> Quem é títere de outro, segundo essa classificação, tem problemas com qual dos dois sentidos de liberdade? Ou com os dois? Por quê?

> Para continuar pensando: manipular a si mesmo e ser livre, dizíamos, são duas ideias estreitamente ligadas para nós.
> – Alguém que é pessoa títere não é livre em nenhum sentido? Por que?
> – Basta ser títere de outro para não ser livre?
> – Pode-se ser autônomo e não ser livre? Quando?
> – Pode-se fazer o que se quer e não ser livre? Quando?
> – Pode uma pessoa não ser livre em nenhum sentido e ser pessoa? Por quê? Em que casos?

Vamos terminando: espero que a esta altura você tenha muito mais perguntas sobre este tema do que tinha ao princípio, quando começamos a falar dos títeres. De minha parte, só quero deixar mais dois quadros para que você os complete com aquilo que tenha entendido sobre nós mesmos a partir dos títeres.

Para desfrutar e seguir pensando sobre "ser títere de"..., deixo um soneto de Jorge Luis Borges, um escritor argentino que viveu entre 1889 e 1986.

Xadrez
Jorge Luis Borges

I

Em seu grave rincão, os jogadores
as peças vão movendo. O tabuleiro
retarda-os até a aurora em seu severo
âmbito, em que se odeiam duas cores.
Dentro irradiam mágicos rigores
as formas: torre homérica, ligeiro
cavalo, armada rainha, rei postreiro,
oblíquo bispo e peões agressores.
Quando os jogadores tenham ido,
quando o tempo os haja consumido,
por certo não terá cessado o rito.
Foi no Oriente que se armou tal guerra,
cujo anfiteatro é hoje toda a terra.
Como aquele outro, este jogo é infinito.

II

Rei tênue, torto bispo, encarniçada
rainha, torre direta e peão ladino
por sobre o negro e o branco do caminho
buscam e liberam sua batalha armada.
Desconhecem que a mão assinalada
do jogador governa seu destino,
não sabem que um rigor adamantino
sujeita seu arbítrio e sua jornada.
Também o jogador é prisioneiro
(diz-nos Omar) de um outro tabuleiro
de negras noites e de brancos dias.
Deus move o jogador, e este a peça.
Que deus por trás de Deus a trama enseja
de poeira e tempo e sonho e agonias?

Referências

BERLIN, Isaia. Dos conceptos de libertad. In: *Cuatro ensayos sobre la libertad*. Barcelona: Alianza, 1998.

BORGES, Jorge Luís. *El Hacedor*. Buenos Aires: Emece, 2007.

Torre

Mauricio Langón

Tradução: *Ingrid Müller Xavier*

Torres del Paine - Chile

Tenho vontade de construir um conceito: o de "torre". De jogar e brincar – isto é, viver – construindo meu conceito de "torre". Ou seja, de viver meu mundo como filósofo. Criando livremente, vivendo. Mas com outros.

Por isso meu jogo, meu mundo, minha torre, os caminhos que aqui esboço são um convite para que você participe desse jogo. Para que jogue com minha torre, na minha torre, contra a minha torre. Para que você construa sua própria torre, diferente desta, ou idêntica. Para que você invente seus próprios jogos, seu próprio mundo, seus próprios conceitos. Para que você filosofe.

Torre, como a do xadrez

Torre: Peça do jogo do xadrez em forma de torre que se move em linha reta para frente ou para trás, para a direita ou para a esquerda, mas que não pode passar por cima de outra peça, exceto no roque, jogada que lhe permite saltar sobre seu próprio rei...

Xadrez: Jogo de estratégia que aparenta uma guerra e se joga entre duas pessoas. Suas peças têm diferente valor e movimentos e representam elementos de poder e militares que o jogador pode mover livremente dentro de regras inalteráveis.

Assim que vamos lá: pegue a sua torre (a preta, porque o primeiro movimento sou eu que faço, e mereço as brancas). Minha torre, como a sua, você sabe,[1] segue

---

[1] Pode ser que você não saiba. Então, se for o caso: aprenda xadrez! Vá a algum clube e peça que lhe ensinem. Ou leia algum manual para principiantes. Se você não quiser: pule as próximas linhas. Se você não quiser acompanhar o

regras. Desloca-se muito rápido e poderosamente: mas apenas em movimentos pelas filas e colunas, pelas casas horizontais ou verticais, para frente ou para trás. Não pode deslocar-se na diagonal, como os bispos mais graciosos; nem fazer todos esses movimentos juntos, como a rainha, a mais poderosa (mas que também segue regras); nem como os ágeis cavalos que saltam sobre qualquer obstáculo. O jogador também pode patear o tabuleiro; ou negar-se a jogar um jogo em que os rivais estão de acordo com as regras[2]; ou jogar a torre na cabeça do adversário; ou olhá-la e acariciá-la, ou pintá-la, ou envernizá-la, ou desenhá-la, ou copiá-la em outro material (mármore, madeira, lápis-lazúli, gelo, pessoas, água...), ou fazê-la de outro modo, ou substituí-la (como faz o *chessmaster* do meu computador) por insetos, parafusos, dinossauros, chinesinhos, letras, arcos do triunfo... As possibilidades são infinitas. A possibilidade de perder-se, também.

Meu primeiro movimento é, então, perguntar-lhe qual é o seu primeiro movimento... Logo depois, conto-lhe qual é o meu. Que foi o que primeiro me moveu para que a letra T fosse Torre.

Atividades

Ponha-se em movimento: mova a sua torre; seus neurônios, seu pensamento.

Um plano possível pode ser:

a) Faça uma lista das torres que você conhece, direta ou indiretamente: as que você viu, as que você visitou, as que lhe contaram, aquelas das quais você ouviu falar...

b) Desenhe ou pinte a sua ideia de torre.

c) Descreva a sua torre: dê suas características, atribua-lhe virtudes, defeitos, idade, história, habitantes, lugar, utilidade, amigos, inimigas, visitantes, futuro...

d) Meta-se na sua torre. Conte o que acontece nela (ou o que lhe acontece nela), como se vive ali, o que acontece...

Eu não fiz exatamente isso. Mas não é um mau plano.

O que eu queria perguntar-lhe é: qual é o seu primeiro movimento?

Torre, como no princípio

Agora quero contar para você o meu primeiro movimento. Mas acontece que tenho vários começos[3] diferentes dos meus movimentos de torre. E cada começo dá lugar a continuações, a histórias que se vão complicando e entrecruzando, e se

---

meu jogo, deixe para lá. Passe para outra letra deste livro. Ou, se você quiser, deixe a filosofia. Jogue seu jogo, se você quiser. Ou não jogue nada.. Esse é o jogo da liberdade: faça o que você quiser; então talvez você faça o que eu quero, ou o que querem os seus pais, ou seus chefes, ou seus amigos, ou seus senhores...

[2] Referência a *Cem Anos de Solidão* (1967), livro do escritor colombiano Gabriel García Márquez.

[3] Para distingui-los, posso usar muitas palavras diferentes: começo, princípio, início, origem, iniciação, gênese, abertura, ponto de partida, arranque, impulso inicial, motivação, primeiro motor, primeira jogada...

tapando, e se apagando e se esquecendo. E, como já sou bastante veterano, perco-me nesses meandros.

Aqui vão alguns possíveis princípios:

a) Quando, pela primeira vez, entrei em contato com uma torre;

b) Quando realmente começaram as torres, muito antes do que eu;

c) Quando as torres se chamaram "torres";

d) Quando um acontecimento real referido a torres me abalou e me levou a pensar;

e) Quando um amigo me convidou a participar deste livro e a mim (não sei por que) me ocorreu propor "torre"... E, seguramente, se eu pensar um pouco mais, ocorrerá a mim outras origens. E pode haver outras gêneses das que eu não me dê conta; que sejam inconscientes...

Pode-se começar por qualquer desses primeiros passos. Pode-se combiná-los de vários modos. Aqui vão numa ordem. Leia-os (ou coloque-os depois) em outra ordem.

Torre, como nos sonhos

Quando eu era uma criança pequena, geralmente tinha pesadelos com poços. Mas, às vezes, com torres. Não essas torres enormes de pedra ou tijolo, mas de madeira ou de ferro, muito instáveis, como se fossem torres em construção, ou escadas e andaimes, ou torres provisórias dessas que se usam para fazer edifícios e depois são destruídas, com muito espaço vazio entre cada tábua ou viga, sem solo em cada andar; tudo muito débil e muito longe do pavimento...

Há pouco tempo eu contei como fazia para sair desse sonho:

> Pelo menos, o terror foi anterior ao momento em que os nomes tiveram sonho, digo, em que os sonhos tiveram nome; e foram classificados, ordenados, minimamente dominados. E foi possível encontrar truques para que não fossem fatais, para que terminassem [...].[4] Ou contar a outrem detalhada e friamente o que é um pesadelo, nada mais, que podemos cair sem perigo, enquanto tratamos desesperadamente de agarrar-nos a alguma viga ou andaime da enorme construção cambaleante, mas sem abraçar-nos um ao outro (para não cairmos juntos) [...] e então, uma vez aceita a irrealidade da situação, conjurar o perigo deixando-nos cair ao infinito para despertarmos juntos. Só que em outro sonho, não menos

---

[4] Aqui vinham, no meu relato, os métodos que inventei para sair de outros pesadelos...

angustiante, porque não há nenhum outro nem outra e estou na cama sozinho, sonhando; ou mais acordado e lúcido que nunca, no desespero de saber que em algum momento sonharemos estar despertos na cama, consolando-nos como estúpidos com a invenção de que o real é apenas pesadelo.

> E você. Como você sonha com torres? Ou, com o que, em vez de torres, você tem pesadelos? Como você escapa disso?

Essa poderia ser uma origem histórica pessoal. Mas há outras. Por exemplo, a música.

La serena[5]

En la mar ay una torre
en la torre una ventana
en la ventana una niña   } 2 veces
ke a los marineros yama

Dame la mano tu palomba
para subir al tu nido   } 2 veces vengo a dormir contigo.
maldicha ke durmes sola

Si la mar era de leche
los barkitos de kanela   } 2 veces por salvar la tu bandera
yo me mancharía entera

Si la mar era de leche
yo me aría peshkador   } 2 veces kon palabrikas d'amor
peshcaría mis dolores

No me mates kon kuchiyo
ni menos con revolver
mátame kon tus amores   } 2 veces
en tus brasos muriré

Esta muyer esta loca
kere ke la kera yo
ke la kera su marid   } 2 veces
ke tiene la obligación

---

[5] A sereia – No mar há uma torre / na torre uma janela / na janela uma garota / ke aos marinheiros ama / Dá-me a mão pombinha / para subir ao teu ninho / maldita ke dormes sozinha/venho dormir contigo. / Se o mar fosse de leite/os barquinhos de canela / eu me mancharia inteira / para salvar tua bandeira / Se o mar fosse de leite / eu me faria pescador / pescaria minhas dores com palavricas d'amor / Não me mates com a faca / menos ainda com o revolver / mata-me com teus amores / em teus braços morrerei / Esta mulher está louca / quer ke a queira eu / ke a queira seu marido / ke tem a obrigação

Canção tradicional sefardi (letra e música) que se canta em quase todas as suas comunidades, com pronúncia peculiar conforme cada uma. Essa é a versão da comunidade sefardi de Buenos Aires, transcrita por Graciela Tevah de Ryba, conforme a fonética local. Quando se canta, o intérprete faz arranjos e acompanhamentos a seu gosto.

Os sefardis são os judeus da Espanha exilados por Decreto dos Reis Católicos em 1492 (em 1992, o Rei da Espanha derrogou esse decreto, como parte da comemoração dos cinco séculos de exílio).

Essa canção se canta em muitas partes do mundo. Para a Argentina, foi trazida pelos imigrantes sefardis provenientes do ex-império turco.

O idioma é o judezmo: o castelhano antigo (ou ladino) que falam os sefardis da diáspora. Tem influências das línguas dos lugares de recepção. Assim, há variantes de judezmo com palavras italianas, turcas, gregas, etc. E variantes fonéticas como a pronúncia das "o" finais como "u" entre sefardis dos Bálcãs, por influência do bósnio e do croata.

(Gentileza da Dra. Celina A. Lértora Mendoza)

Torre de marfim, como uma cidade

Não se necessita "estar fora do mundo" para viver em uma Torre de Marfim. Descartes podia fazê-lo no centro da cidade mais ativa de seu tempo:

Amsterdam, 5 de maio de 1631.

Senhor: [...]

Nesta grande cidade onde estou, não havendo nenhum homem, exceto eu, que não exerça o comércio, cada um está tão atento ao seu proveito que eu poderia permanecer aqui toda a minha vida sem ser jamais visto por ninguém. Vou passear todos os dias entre a confusão da multidão descansado e com tanta liberdade como o Sr. poderia fazê-lo em suas aleias, e não faço mais caso dos homens que vejo do que faria das árvores que se encontram em seus bosques, ou dos animais que ali pastam. Mesmo o ruído de sua balbúrdia não interrompe mais meus devaneios do que o faria o murmúrio de algum riacho. Que se algumas vezes reflito sobre suas ações, obtenho o mesmo prazer que o Sr. teria ao ver os camponeses que cultivam seus campos, já que vejo que todo seu trabalho serve para embelezar o lugar onde vivo e para fazer com que não me falte nada. Que se há prazer em ver crescer os frutos em seus vergéis e em estar sumido na abundância até os olhos, não pensa o Sr. que haja pelo menos outro tanto em ver chegar os barcos que nos trazem aqui abundantemente todo o que produzem as Índias e tudo o que há de raro na Europa? Que outro lugar se poderia escolher no resto do mundo em que todas as comodidades da

René Magritte (1898-1967). *Golconda*, 1953.

vida e todas as curiosidades que possam ser desejadas sejam tão fáceis de encontrar como neste? Que outro país onde se possa gozar de uma liberdade tão plena, onde se possa dormir com menos inquietude, onde há sempre exércitos de pé expressamente para cuidar-nos, onde os envenenamentos, as traições, as calúnias sejam menos conhecidas e onde tenha permanecido mais o resto da inocência de nossos antepassados? [...]

Torre, com T de Tango

Na torre se pode dançar. Agora convido uma amiga que dançou tangos como torres e que escreveu:

> Há expressão a partir de uma dança que centra o corpo constantemente. É uma postura muito ereta, que me mantém muito unida à terra. Esta postura se codifica em segurança, passo firme, possibilidade de seguir o ritmo da música sem surpresas, nem corporais, nem anímicas. Não é uma dança desestruturadora, embora possa ser catártica em algum sentido.
>
> O medo ao ataque, então, também é vivido de maneira atenuada pela contenção aportada pelo par, e porque o sentimento que se cultiva é a segurança. Na medida em que vá me permitindo meu "eu corpo", a transformação vai dando-se, mas sempre desde o que sou, desde o centramento que a postura me permite. Este centro aportado pela postura do tronco me remete também à minha verticalidade, que orgulhosamente mostro e desfruto. Essa verticalidade se integra com a horizontalidade do par e do grupo. As poucas vezes que dancei tango no papel de mulher senti claramente esta vivência da segurança e o orgulho. Gostei de sentir na minha cintura a mão que me guiava para realizar o "oito" levando o peito para frente, bem como vivenciar os compassos da música como habilitantes para "pisar firme" ritmicamente. (JANET TOURN)

Torre branca, torre alta, torre diáfana: a *Tour Eiffel*

Torre: construção mais alta que larga.

O Iluminismo e sua descendência do século XIX, crente da Luz, da Liberdade, da Ciência, do Progresso materializa-se na Torre Eiffel:[6] torre de Luz na velha Lutecia, a Cidade Luz. Presente dos Estados Unidos da América à França no centenário da Revolução Francesa. Paris – New York. Intercâmbio de presentes sobre

---

[6] Plagio aqui um trabalho de meu filho Marcos, que além do mais me ajudou no que se segue, listando torres famosas e alguma coisinha mais, enquanto cuidava de Sofía Belén, que em alguns momentos alcança a posição ereta, embora prefira engatinhar.

o Atlântico que depois simbolizarão essas cidades, essa época, essas ideias. Cruzam-se cruzando o oceano dos gigantes: a Torre Eiffel e a Estátua da Liberdade, alçando sua tocha de luz.

Altíssima, a Torre Eiffel. Aplastaria Paris, diziam; achataria-a. Abaixo (*là bas...*) ficaram os obeliscos de pedra e ferro de canhões, as torres de Notre Dame e até Montmartre. Mais de cem anos após a sua construção, a Torre de Montparnasse e as de La Défense nunca estarão "à sua altura".

Eiffel construiu em sua Torre toda transparência e luminosidade. Uma filigrana elegante e translúcida que se alça cada vez mais fina em direção ao céu. E permite ver... horizontes vastíssimos. Poder-se-ia dizer que a torre de luz deveria ser de marfim entalhado, ou de cristal de rocha, como essas elegantes garrafas de cristal que adornam as cristaleiras da orgulhosa burguesia liberal e revolucionaria. Luz, mais luz.

E progresso. Eiffel não trabalha com fichas de dominó, vidros, brilhantes ou diamantes. Porque torre é também sinal de progresso, há de ser poderosa e eterna. A grácil, etérea, leve, imaterial e quase intangível torre está feita do material mais pesado e mais duro, mais que as pedras das pirâmides do Egito. É inteiramente de ferro, dominado, purificado, espiritualizado pela técnica.

É mais ou menos isto – acrescenta Marcos – a torre, pela altura que tenha, vai aproximando-se de Deus, que está acima, em alguma nuvem. Daí que cada torre nos mostra quem está mais perto de Deus todo poderoso e eterno. Então, quanto mais alta, mais todo poderosos seremos. E a torre Eiffel mostra que os ideais do Iluminismo se impõem aos anteriores, achatando igrejas e palácios. Tanto é assim que sobre a torre tremula livremente a bandeira da França.

Ah... foi construída para a Exposição Universal de 1889 e depois se resolveu deixá-la. Como a cruz de ferro que se fez em Montevidéu quando da visita do Papa. E como o Papa morreu, agora lhe acrescentaram sua estátua.

Torre, para olhar desde cima

O Diretório, o Gabinete do Ministro, os *capos* da *Maffia*, os restaurantes mais caros estão no último andar "transparente" de alguma torre, com uma vista maravilhosa que *domina* a cidade. Lembro de um, em Maracaíbo, que gira lentamente para que se possa ver tudo enquanto se come. Os mais ricos gostam de viver em *penthouses*, apartamentos em cima de torres, tão longe e tão acima dos pobres pobres. A cabeça, para o alto.

Essas torres com *penthouses* e *lofts* também têm cimentos, sótãos e masmorras.

Curioso. Os pintores e poetas *existencialistas* amavam os escuros *ateliers*, as torrinhas da cinzenta Paris, em cujas chaminés aninhavam as cegonhas da criação que distribuíam brotos por todo o mundo.

Olhar as coisas desde cima...

> É preciso ver os homens do alto. Eu apagava a luz e me punha à janela. Eles não supunham absolutamente, que alguém pudesse observá-los de cima. Eles cuidam da fachada, às vezes dos fundos, mas todos os seus efeitos são calculados para espectadores de um metro e setenta. Quem jamais refletiu sobre o formato de um chapéu-coco visto de um sexto andar? Eles não pensam em defender as espáduas e os crânios com cores vivas e tecidos vistosos, não sabem combater este grande inimigo do Humano: a perspectiva de alto para baixo. Eu me debruçava a rir; afinal onde estava essa famosa 'posição ereta' de que eram tão orgulhosos? Esmagavam contra a calçada e duas longas pernas meio rastejantes saíam de sob as espáduas.
>
> A sacada de um sexto andar – eis onde eu deveria passar toda a vida. É preciso escorar as superioridades morais como símbolos materiais, sem o que se desmoronam. Ora, precisamente, qual é minha superioridade sobre os homens? Uma superioridade de posição, nada mais; estou colocado acima do humano que existe em mm e o contemplo. Eis porque gostava das torres de Notre-Dame, das plataformas da torre Eiffel, do Sacré-Coeur, do meu sexto andar da rua Delambre. São excelentes símbolos.
>
> (SARTRE, 1972, p. 57)

Também os mais pobres costumam viver em sótãos, em quartinhos nos telhados de cortiços e tugúrios, entre a roupa pendurada ventilando-se onde ninguém a veja e a *yerba de ayer secándose al sol*. [7]

Torre, como controle

La Torre del Vigía, em Maldonado[8], permitia ver se chegavam barcos. A torre é atalaia. Desde o alto, *vê* ao longe. Com a vista, domina um amplo campo. *Controla*.

As prisões e os campos de concentração têm torres para os guardas. Desde o alto, controlam. Bentham inventou o Panóptico, um dispositivo arquitetônico utilizado para controlar a distribuição dos corpos no espaço em diversas instituições: prisões, escolas, manicômios, fábricas.

No caso da prisão, da torre central às escuras pode-se ver todas as celas permanentemente iluminadas, sem que delas se possa ver o interior da torre. Cada preso se sente sempre vigiado, embora o guarda possa não estar presente. A torre,

---

[7] "Erva secando ao sol", referência a uma letra de tango. (N.T.)

[8] Cidade uruguaia. (N.T.)

centro de controle. Vejo torres ao redor do Campo de Mayo.[9] Vejo cartazes que dizem: "Não se detenha, a sentinela abrirá fogo". Não vejo a sentinela. Mas talvez ela me veja. Não me detenho.

Para que necessitamos hoje de uma "boa torre" que outros queiram destruir? Hoje, não necessitam de torres como atalaias. Para ver bastam os circuitos de TV. Bastam algumas câmaras mais ou menos visíveis e dar a entender que há muitas outras mais ocultas. Ainda que ninguém olhe os monitores, ainda que ninguém filme, sentir-me-ei vigiado. Ainda que esteja gozando da maravilhosa liberdade de opções de compra que o luminoso supermercado me oferece...

Hoje, desde baixo se pode controlar o alto. As "torres" de controle dos aeroportos já não necessitam ser "torres", controlam desde baixo aparelhos que voam no alto. Não necessitam janelas para ver: bastam monitores.

Ver sem ser visto: segredo da vitória na luta, desde os predadores com visão noturna, passando pelos vigias nos pontos altos, até as guerras atuais com lentes para ver de noite e aviões invisíveis.

É a *sociedade de controle*. Borges dizia que o deserto é um labirinto sem portas nem paredes, mas do qual não se pode sair. Pode a sociedade atual lhe manter *controlado*, sem muros, nem grades, nem torres de sentinelas?

> Há lugares sem torres?
> Seguramente que há torres em seu país... Seguramente que você conhece alguma torre. Seguramente que poderíamos juntar torres e, juntos, pensar torres.

Sobraram-me torres no candelabro

A primeira. As últimas. Tive-as sempre presentes. Deixei-as para o final. A primeira é a Torre de Babel, o quarto mito da origem do mal na Bíblia. Parece que essa torre nunca foi terminada. Queria ilustrá-la com um quadro de Bruegel. Mas seu projeto continua... As últimas caíram. Inúmeras tomadas de TV o mostram. Mas seu projeto continua...

Pieter Bruegel (1529/1530-1569). *A Torre de Babel*, 1563. (Óleo sobre painel, Museu Kunsthistorisches, Viena).

---

[9] Campo de Mayo: a base militar mais importante da Argentina, situada na região da grande Buenos Aires. (N.T.)

A Torre de Babel (*Gênese* 11, 1-9)

Todo o mundo se servia de uma mesma língua e das mesmas palavras. Como os homens emigraram para o oriente, encontraram um vale na região de Senaar e aí se estabeleceram.

Disseram um ou outro: "Vinde! Façamos tijolos e cozamo-los ao fogo!". O tijolo lhes serviu de pedra e o betume, de argamassa. Disseram: "Vinde! Construamos uma cidade e uma torre cujo ápice penetre nos céus! Façamo-nos um nome e não sejamos dispersos sobre toda a terra!".

Ora Iahweh desceu para ver a cidade e a torre que os homens tinham construído. E Iahweh disse: "Eis que todos constituem um só povo e falam uma só língua. Isso é o começo d suas iniciativa! Agora nenhum desígnio será irrealizável para eles. Vinde! Desçamos! Confundamos a sua linguagem para que não mais se entendam uns aos outros". Iahweh os dispersou dali para toda a face da terra, e eles cessaram de construir a cidade. Deu-se lhe por isso o nome de Babel, pois foi que Iahweh confundiu a linguagem de todos os habitantes da terra.

Guia para leitura:

Mas há que guiar a leitura? Você não estará impondo, então, a **sua** leitura?

Sim, há que guiá-la. Porque, se não, eles tornarão a ler o mesmo; o que já "lhes ensinaram", o que "já sabem", e a leitura não lhes acrescentará nada... Não, não lhes imponho; porque desde agora lhes estou dizendo que há várias leituras possíveis de um texto. E talvez eles encontrem outras...

O primeiro é tratar de *entender que diz este texto*, qual é a sua *mensagem*:

Para isso tenhamos em conta:

É um *mito*: não pretende contar algo que aconteceu (história), mas transmitir uma mensagem a seus destinatários (ouvintes/leitores): o que é bom, o que é mau, o que se deve fazer, etc.

Os destinatários *deste* mito creem nesse Deus (Iahweh), creem que a mensagem que lhes envia é "palavra de Deus", creem que essa palavra é boa.

Esse mito é uma das versões da *origem do mal* na Bíblia. Para entendê-lo plenamente, convém considerar estes textos:

Gênese, 1, 31. "Viu Deus que todo quanto havia feito era muito bom";

Gênese, 2, 18: "Depois disse Iahweh: 'Não é bom que o homem esteja só'".

Como fica sozinho o homem nesse texto? Porque nos primeiros mitos do mal "ficar só" era querer ser como Deus (Adão e Eva) e matar o irmão (Caim e Abel).

Guia para a compreensão do texto:

1. Qual seria a mensagem desse texto? Como você sintetizaria o que ele diz?
2. O que é que está mal, segundo esse texto?
3. Que papel a técnica cumpre no texto?
4. O que poderia simbolizar a torre?

> **Guia para a reflexão e discussão:**
>
> a) Considere este versículo: "Todo o mundo se servia de uma mesma língua e das mesmas palavras". Quais seriam as condições para que isso se desse? Quais seriam as consequências disso?
>
> c) Por que existem diversas línguas?
>
> d) Que consequências há por existirem diversas línguas?
>
> e) Parece que "servir-se de uma mesma língua" implica, por um lado, estar basicamente de acordo e, portanto, dificulta compreender e valorizar os que tenham outro idioma; por outro lado, parece que "servir-se de uma mesma língua" é condição para entender-se.
>
> **Uma linguagem universal favoreceria a comunicação?**

As Torres Gêmeas

"Ah... pensei que não havias posto nada...
há um ditado: "quanto mais alto, maior é o tombo".[10]

> **"MANHATTAN:**
>
> Em uma quadrícula extremamente ortogonal, racional, construiu-se o centro terciário do século XX, desde onde se maneja o comércio, a economia de todo o globo. A edificação responde à otimização da renda do solo. E é referente para atuação em várias cidades do mundo que em função desta premissa foram substituindo as topologias existentes por edifícios altos e mais altos, colocando a cada dia desafios tecnológicos e não perdendo tampouco de vista o valor simbólico da arquitetura.
>
> Os edifícios mais altos são os representativos do poder.
>
> Em nosso mundo contemporâneo já não o são nem o campanário da Igreja nem a torre da Prefeitura.
>
> A queda das Torres Gêmeas, é para além da tragédia e da quantidade de mortos, a queda de um símbolo do sistema". (Marcos Langon)

Bem, bem, sim, claro, você tem razão, mas...

Se houvessem tombado a Torre *Eiffel,* seria, sem dúvida, a queda de Paris, da França, do Iluminismo.

A queda das Torres Gêmeas é a queda de Manhattan, de Nova York, dos Estados Unidos da América, da organização econômico-financeira do mundo atual?

O que seria, então, se houvesse caído a Estátua da Liberdade?

O que pode simbolizar que não tenham caído nem a Torre Eiffel nem a Estátua da Liberdade?

O que caiu? O que está de pé? O que arrasta em sua queda aquilo que cai?

---

[10] No original: "*cuanto mais alto son mais ruido hacen al caer*".

Final de Torre

Gosto dos finais de torre. São simples, limpos. Bastante previsíveis.

Viu? Quem tem as brancas tem a iniciativa. Por isso não lhe deixei usá-las no começo e disse que eu as mereça. Fazendo trapaça, porque a cor das peças se sorteia e se alterna jogando cada vez um com cada cor.

Walter protestou e disse que lhe deixasse escolher ou que lhe desse as brancas. Não. Queria que ficasse claro que, ao escrever isso, estou exercendo um poder. E Walter – que me convidou a fazer isso, quando tinha o poder de não convidar-me – agora não pode meter-se no meu escrito.

Posso, tenho poder. Eu conduzi este jogo de torres. Agora sou responsável. Cabe a você analisar a partida.

Guia de análise da partida:

Parece-lhe que eu segui um plano? Qual?

Quais são os seus pontos fortes? E os fracos? Que desafios lhe provocou? Que oportunidades lhe abre?

Ou lhe parece que fui descobrindo e improvisando coisas à medida que jogava e tentava?

Que lhe parece que eu quis fazer? Consegui?

Veja se em algum momento não lhe ludibriei e lhe fiz cair em alguma armadilha. Como você poderia precaver-se de enganos? Ao menos, que não lhe ganhem outra vez pelo mesmo motivo.

Que outros planos se poderia fazer? Isto é: se você tivesse que propor exercícios para que outros pensassem sua própria torre, o que lhes sugeriria?

Agora cabe a você

Atividades

1. Critique este artigo.
2. Você tem a sua torre. Você pode. Comece com as brancas. Jogue. Vamos. Faça o que você quiser.

Referências

SARTRE, J. P. Erostrato. In: *O muro*. Rio de Janeiro: Civilização Brasileira, 1972, p. 57.

Último

Mônica Costa Netto

> É a última morte do Capitão Nemo. Em breve morrerei também. Foi toda a minha infância passada que nesse momento ficou privada de poder durar.
>
> Fernando Pessoa

Para começar, "último" é uma posição no espaço, uma posição extrema. Trata-se de seu *primeiro* sentido em latim, língua de que herdamos essa palavra: *ultimus* é o que está mais além, o mais recuado, mais distante, os confins de um território, terras longínquas... É o lugar daquilo que se imagina mal o lugar, estando tão distante, pode parecer inatingível – ou indesejável, arriscado, perigoso. Por um lado, é uma espécie de negação do fim, existe algo mais além; por outro, um fim provisório, um limite.

Hoje, já não usamos mais "último" no sentido de "fim de mundo", muito menos, em termos de sucessão temporal, para falar dos tempos mais recuados, mais antigos, como faziam os romanos. Mas a relação com o espaço e com o tempo não deixou de ser primordial. Como adjetivo ou como substantivo, "último" identifica, em primeiro lugar, como diz o Houaiss, "o que se situa ou vem depois de todos os demais numa sequência; o que está ou vem no final". Com efeito, "último" – e suas diversas traduções nas línguas modernas: *letzte* em alemão, *last* em inglês, *dernier* em francês, etc. – serve para marcar uma posição nos dois principais eixos do espaço: horizontal e vertical – os extremos da terra (quando ainda era plana) e do céu (quando o universo ainda não era infinito) –, nos dois sentidos, para menos ou para mais, para cima ou para baixo. Ou seja, indica uma posição relativa e oposta ao primeiro termo de uma sequência, de uma sucessão ou de uma escala. De forma que podemos perder uma corrida chegando em último lugar, mas também podemos atingir com alguma glória o último degrau de uma boa fama ou o último estágio de uma arte. Por extensão, como dizem os dicionários, essa sucessão pode ser temporal. Aliás, é curioso notar como os significados de "último" estão relacionados às formas e às transformações da nossa percepção do espaço-tempo, como se as ambiguidades semânticas da palavra, seu caráter relativo, já deixassem entrever a concepção de um espaço quadridimensional. Assim, todos os sentidos atuais desse termo que serão lembrados aqui já existiam em latim – menos um, justamente ligado à dimensão temporal, que veremos por último...

A falta que o último faz: a série infinita

Sherazade, a narradora das *Mil e uma noites*, precisava evitar que a sua primeira noite com o rei Sheriar fosse a última. Como se sabe, o rei persa, traído por sua primeira esposa, manda matá-la e decide tomar uma medida radical para a prevenção de traições futuras: passar apenas uma noite com cada nova esposa a ser degolada no dia seguinte. Graças a uma ideia genial e ao seu talento de contadora de histórias, Sherazade consegue entreter indefinidamente o rei, contando-lhe a cada noite uma nova história que se encadeia à precedente, cujo fim ela sabia suspender pela manhã, sem cortar o fio que o religaria, na próxima noite, a uma nova história. Para escapar da morte, Sherazade precisava contar histórias sem fim: para que não houvesse uma última noite, era preciso que não houvesse uma última história. Ainda que o dispositivo do livro, que permitiu ao longo do tempo a inserção indefinida de contos de origens diversas (árabes, egípcios, judeus, etc.), sirva de metáfora do "infinito literário", chega um momento, nas *Mil e uma noites*, em que a sucessão dos contos é interrompida. Após um longo período de três anos – que, diga-se de passagem, deve ter sido extremamente exaustivo para a narradora, que não deixou de contar histórias uma noite sequer e ainda teve três filhos! –, o rei decide libertar Sherazade desse "mau infinito", como diria Hegel. Felizmente, para Sherazade, a sequência pode, enfim, ter um termo e a milésima primeira noite não será a sua última noite de vida. Portanto, do ponto de vista matemático, as *Mil e uma noites*, uma vez que se chega ao fim do livro, formam uma série convergente – a soma dos seus termos não é infinita e seu limite pode ser conhecido.

O problema filosófico-matemático das séries que possuem somas infinitas, ou séries divergentes, das quais não se pode determinar a passagem ao limite, já que resultam iguais ao infinito (∞), é um problema colocado pela falta do último termo da série, pela impossibilidade de determiná-lo. Em outras palavras, trata-se do antigo problema do ilimitado e, mais tarde, de suas complicações com o conceito de infinito. Com efeito, a atitude relativa ao último como término, final, determinação do fim, em face do ilimitado, ao interminável, ao infinito, durante muito tempo foi de apego. Quando o último veio a faltar na história do pensamento e a ideia do ilimitado se impôs, foi um grande susto. A falta do "último" revelava um abismo sem fundo em que, temia-se, mundo e pensamento se precipitariam. O último tem um lado aconchegante, tranquilizador, porque com ele podemos, de uma reta, fazer um círculo, que nos encerra, protege, dá segurança.

Hegel, um dos últimos grandes filósofos metafísicos, que tinha lá suas ideias sobre o verdadeiro ou o "bom infinito" ser "finito mas ilimitado", isto é, ser a negação da negação do finito, pensava-o melhor representado por uma estrutura circular autossuficiente, formando um todo, uma totalidade, algo como "deus-mundo-pensamento" numa composição em espiral. Já o "mal infinito", o interminável, o incompleto, seria representado por uma linha reta se estendendo indefinidamente em ambos os extremos: o "mal infinito" é aquele a que falta a posição mais extrema, o último termo da soma, o limite (INWOOD, 1997, p. 178). Dito de outra forma, o infinito que Hegel julga filosoficamente incoerente é o infinito do *seu* tempo, aquele mesmo do espaço e do tempo absolutos de Newton, tal como não se conseguia eliminar dele as contradições metafísicas, e mesmo científicas, surgidas a despeito da aplicabilidade das teorias estabelecidas. Para nós, hoje, filhos de Einstein e da Teoria da Relatividade, espectadores das maravilhosas transformações lógico-matemáticas do universo ocorridas nos últimos séculos, refinados ao ponto de conceber um espaço como o de Hilbert – de infinitas dimensões, em que os limites só existem quando esperados –, também filhos do existencialismo e da coragem de se pensar a finitude humana, o "mau infinito" de Hegel pode parecer ultrapassado, mas qual foi mesmo a última vez que você pensou nessas coisas?

Penélope também não podia chegar ao fim do seu tecido. Assediada por pretendentes impacientes, a fiel esposa de Ulisses inventa um estratagema para adiar

Hilal Sami Hilal (1952 -). *Sherazade*, 2007. (MAM, Rio de Janeiro) Foto de Angelica Monnerat.

> **As séries e o último termo**
>
> Parece que os antigos matemáticos indianos – com os quais os matemáticos árabes teriam aprendido muito do que ensinaram para os ocidentais – se interessaram particularmente pela soma dos termos de sequências, pelas séries aritméticas, e formulavam (em versos) problemas assim:
>
> "A primeira concha é comprada por cinco, a última será por cem diminuído de cinco. Diga o preço das onze conchas."
>
> "É dito, por um homem respeitável, que o primeiro valor é um e o último é 100. O número de termos é também esse valor. Qual parece ser o valor total?"
>
> Bhaskara I (600-680)
> *Aryabhatiya bhasya*, versos 19-22

sua escolha: só se casaria novamente ao terminar de tecer, por dever familiar, a mortalha de seu sogro ainda vivo. Ora, se uma mortalha já implica um tecido longo, Penélope, além disso, para fazer o trabalho durar interminavelmente, desfaz durante a noite o que teceu de dia. Infelizmente, para ela, seu expediente não permite, como o de Sherazade, que se vislumbre uma série infinita – o livro pode terminar, Sherazade pode atingir um limite físico, mas não existe limite para a sequência que ela "inventou", as histórias podem encadear-se indefinidamente –, já uma mortalha é um tecido completo, com um determinado comprimento, não se pode prosseguir indefinidamente para evitar o último ponto. Sua conclusão só pode ser adiada no jogo de faz-desfaz que interrompe a sequência fazendo-a retroceder, mas ela está prevista para ocorrer um dia. Chega um momento em que Penélope tem que pôr um termo à sua farsa, dar satisfação aos pretendentes desconfiados, operar a passagem ao limite e fazer o último ponto da trama. Restando-lhe imaginar um outro expediente para continuar à espera de Ulisses, o último a voltar para casa...

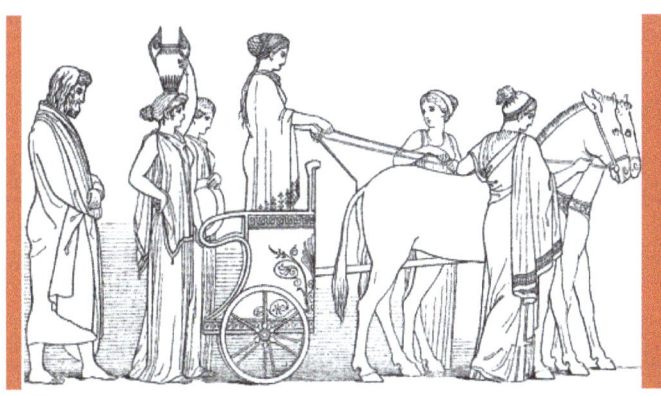

Ulisses, definitivamente, foi o primeiro herói a conhecer bem a posição de último. Na ilustração ao lado, náufrago, indigente, após ser salvo por Nausica, ele segue a biga da princesa, atrás de suas criadas (Homero, *Odisseia*, Canto VI).

Classificar, elevar, rebaixar, excluir: os últimos serão os primeiros?

Até conseguir desembarcar de volta à ilha de Ítaca, Ulisses passou por inúmeras peripécias, aventuras e desventuras que renderam a maior parte dos XXIV Cantos da *Odisseia*. Mas parece que ele tinha que encontrar dificuldades até o fim e, a cada vez, com uma mãozinha da sua "santa padroeira", Atena, provar sua valentia e esperteza. Assim, é disfarçado de mendigo que lhe caberá recuperar seu trono, eliminar os pretendentes e reencontrar Penélope. Ulisses, o rei, grande herói da guerra de Troia, retorna ao seu próprio reino como o último dos homens, *homo plebis ultimae*, homem da mais baixa plebe, da escória do povo, como diria Sêneca (*De Constantia sapientis*, 13, 3). Se bem que, no palácio, para angariar simpatias, apesar da sua aparência repugnante, Ulisses inventa ser um nobre caído em desgraça.

O "último" que eleva é mais raro e não passa de um adjetivo que indica se ter atingido uma extremidade superior: o último patamar, o último estágio, o último degrau de alguma escala. E quem ou aquilo que atinge o tal lugar não é considerado "o último" e, sim, "o primeiro", o mais dotado, o de maior mérito, o mais evoluído, etc. Em se tratando de classificar, hierarquizar, a última posição costuma ser a mais inferior; na escala vertical dos valores sociais, sobretudo, "os últimos" sempre estiveram por baixo mesmo. Uma das originalidades do cristianismo foi propor uma horizontalização das relações sociais, enquanto relações de força e de dominação, em nome de uma verticalidade superior, mais espiritual, aplicável no seio da comunidade cristã. Quando Jesus diz e repete que "os últimos serão os primeiros e os primeiros serão os últimos", o aparente paradoxo, causado pelo oximoro últimos/primeiros, resolve-se facilmente considerando-se os dois níveis. Os primeiros "últimos" são os escravos, a plebe, os leprosos, os aleijados, eventualmente as mulheres e as crianças, ou seja, os dominados, os ignorantes, os excluídos, os sofredores, os fracos, os inocentes, que se sentarão *primeiro* ao lado do Pai na vida eterna, num outro mundo, num plano em que "primeiros" e "últimos" se referem apenas a uma ordem de chegada no seio do divino, posto que nele, em princípio, todos serão iguais. E os primeiros, que serão os últimos escolhidos, são obviamente os senhores, os poderosos, os ricos, os dominadores, os violentos, os maus. Mas, Jesus não se refere à eternidade, pelo menos não diretamente, quando, aos dez irmãos indignados vendo o privilégio que recebiam dois outros irmãos, ele diz:

> Sabeis que os chefes das nações as subjugam, e que os grandes as governam com autoridade. Não seja assim entre vós. Todo aquele que quiser tornar-se grande entre vós, se faça vosso servo. E o que quiser tornar-se entre vós o primeiro, se faça vosso escravo. (*Mateus*, 20, 25-27)[1]

---

[1] E ainda, em outro contexto (*Lucas*, 22, 26): "Que não seja assim entre vós; mas o que entre vós é o maior, torne-se como o último; e o que governa seja como o servo".

"Entre vós" parece indicar, aqui e agora, a comunidade dos que creem em Jesus e na nova aliança, antes da última ceia ter lugar, sem que se precise esperar o juízo final. Enfim, percebemos claramente que a inversão de valores proposta por Jesus não se restringe ao outro mundo, mas diz respeito às relações sociais reais. Os verdadeiros cristãos, desse ponto de vista, são aqueles que vivem a vida terrena, sob a dominação romana, por exemplo, segundo os valores do Reino dos Céus. Daí, surge aquele problema levantado por Nietzsche: será que esses valores divinos, superiores, são adaptados para a vida na Terra? E, uma vez percorridos séculos de história do cristianismo no Ocidente, será que tais valores, impostos como uma moral dominante, não teriam se revelado contraditórios, nefastos? É bem verdade que, excetuando-se Voltaire e sua fúria anticlerical, talvez tenha sido Nietzsche, filho de um pastor protestante, o filósofo que mais pensou e escreveu *contra* o cristianismo, chegando a compor *O Anticristo*. Com efeito, seus preconceitos elitistas (por mais esclarecidos que fossem), seu pensamento da diferença, a própria ideia de vontade de potência, nada casa com a ideia de que os últimos possam ser os primeiros, somente pelo fato de serem os últimos, sem qualquer esforço próprio, apenas porque devemos fazer o bem incondicionalmente – para Nietzsche, as forças da vida, aquilo mesmo que justifica a existência humana, estão para além do bem e do mal.

Ainda assim, Nietzsche, de certa forma, não parece tão distante do Jesus da parábola do chefe de família, proprietário de vinhas, que simplesmente *quer* pagar o mesmo salário aos que trabalharam o dia todo e aos que, só tendo chegado mais tarde, trabalharam menos. Segundo Jesus, ou Mateus contando a história que Jesus contou, a resposta dada pelo senhor que cumpre a sua vontade soberana a um empregado descontente e atrevido foi a seguinte:

> Meu amigo, não te faço injustiça. Não contrataste comigo um denário? Toma o que é teu e vai-te. Eu quero dar a este último tanto quanto a ti. Ou não me é permitido fazer dos meus bens o que me apraz? Porventura vês com maus olhos que eu seja bom?" E Jesus conclui: "Assim, pois, os últimos serão os primeiros e os primeiros serão os últimos. (*Mateus*, 20,13-16)

Podemos notar ser sem maiores prejuízos o fato de que "os primeiros serão os últimos", finalmente, levarão o mesmo quinhão, apenas virão depois numa ordem de chegada, de aproximação com o divino, que não obedece aos critérios da hierarquia social, e na qual os mais necessitados devem ser recompensados por uma justiça distributiva e divina. Contudo, a despeito de Nietzsche, a quem ainda retornaremos, devemos reconhecer o extraordinário potencial político desse enunciado cristão que declara os que se situam no inferior da escala social potencialmente iguais aos que se situam no topo. E, em certo sentido, mesmo melhores, se consideramos que lhes é dada primazia no acesso ao divino (não precisamos acrescentar: assim como aos simples de espírito), mas isso já não conta tanto do ponto de vista político, a não ser pelas paixões que o animam.

O chamado "comunismo primitivo cristão", assimilado a outros socialismos utópicos, pôde parecer, para Karl Marx, atravancar a união das forças proletárias de vanguarda, mas o próprio *Manifesto Comunista* (1848), redigido e publicado por ele, também muito circulou, na época, em edições clandestinas, adaptadas segundo as orientações doutrinárias do grupo em questão, e chegou a receber o bizarro título, numa versão polonesa, de *A voz do povo é a voz de Deus*.[2] A nova posição dos últimos no enunciado cristão e o postulado igualitário que sustenta a inversão dos valores, não resta dúvida, tiveram grande importância na história dos movimentos de emancipação social e das revoluções populares. O próprio historicismo marxista apresentava o comunismo como "o último estágio da evolução da sociedade". O que o transformava numa promessa pós-revolucionária, que só se realizaria quando suas condições estivessem efetivamente dadas num tempo por vir, mas que precisava, desde já, ser almejado e construído. E, embora esse tempo futuro, para Marx, fosse completamente deste mundo, apresentando-se como uma possibilidade concreta para a humanidade de *fazer* a história e *escolher* um destino livre das crises e misérias do capitalismo, a analogia com o Reino dos Céus é praticamente inevitável e começou a ser feita jwá no século XIX. Nos dias atuais, a revolução socialista e a hipótese comunista, após o desgaste evidente do chamado "socialismo real" dos países comunistas e o esmagador triunfo da economia de mercado, não têm mais o poder de arregimentar as massas de "últimos" pelo mundo a fora. Mas os principais postulados que as animaram não deixam de estar presentes, hoje, nas lutas locais entre "últimos" e "primeiros", entre os que possuem títulos e propriedades e os que nada possuem, situados às margens do único mundo habitável (o da economia de mercado), naquele ponto extremo, no limite, reservado aos últimos. Diga-se de passagem, Aristóteles – que formulou todo um pensamento do "meio", do que seria um ponto intermediário entre dois extremos, não tanto como "média" dos dois, mas algo como um "extremo-meio" – foi o primeiro a se interessar pelo que havia entre "os últimos" e "os primeiros", isto é, pela classe média.

Nietzsche, que, ao contrário de Aristóteles, era um homem de extremos, odiava particularmente tudo que fosse mediano, comum, ordinário, segundo suas exigências criativas. Quando seu personagem, Zaratustra, decide deixar as montanhas, em que esteve isolado durantes anos, e ir falar ao povo da cidade para ensinar-lhe a superação da condição humana, isto é, para lhe dar de presente o super-homem, logo percebe ser o povo incapaz de compreender suas palavras. Os homens pelo amor dos quais deixou suas montanhas não desejam ouvi-lo. Até aí,

---

[2] Cf. GOLIN, T. *As condições históricas do Manifesto Comunista*.

a experiência de Zaratustra não é muito diferente da de Jesus, que também prega para um deserto de almas, e também acaba empregando um mesmo expediente utilizado pelo nazareno: falar duramente, "falar-lhes ao orgulho", isto é, mostrando desprezo por aquilo de que mais se orgulham. Ora, visivelmente orgulham-se daquilo a que chamam instrução, por ser "o que os distingue dos pastores de cabras" – naturalmente tidos por "últimos" na escala social urbana – Zaratustra decide falar-lhes, portanto, do que existe de mais desprezível : o "último homem". Ficando evidente, assim, de saída, que Nietzsche não identifica o "último homem" aos "últimos" dos quais os pastores de cabra seriam os representantes, mas a todos aqueles que não têm ouvidos para os ensinamentos de Zaratustra. O "povo da cidade" não são "os últimos" de Jesus, que também não pregava só para eles; é composto pelo que se chamava naquela época, na Europa, de pequena burguesia, ou seja, pelo homem médio, não apenas pelo *lumpemproletariado*[3] (MARX, K.; ENGELS, F., 2007). O "último homem" será aquele que se tornará definitivamente incapaz de transformação, de vir a ser super-homem: na ausência de caos interior, não pode "dar à luz a uma estrela bailarina". O mais desprezível dos homens é o que não saberá sequer desprezar-se a si mesmo. Seu tempo também está por vir, aproxima-se à medida que "todos querem o mesmo, todos são iguais". Então, os pastores serão abolidos e haverá apenas um único rebanho. Toda excepcionalidade, toda originalidade será extinta. Os últimos homens são razoáveis, educados, inteligentes, satisfeitos, saudáveis, estupidamente felizes e perfeitamente medíocres. Mas, ouvindo Zaratustra falar dele, o povo da cidade se excita, é isso que deseja, não quer ouvir falar de superação, de super-homem, prefere de longe o "último homem" e a sua felicidade mesquinha. Zaratustra se dá conta de que passou tempo demais nas montanhas, não sabe falar aos homens, o faz como um pastor de cabras, mas ele está apenas começando sua jornada, seus longos discursos.

Adotando, de certa forma, o estilo dos moralistas do século XVIII, Nietzsche assimila os postulados igualitários dos movimentos políticos revolucionários nascentes em seu tempo (final do século XIX europeu), e a própria democracia, à massificação do homem moderno e a uma decadência generalizada dos valores éticos, intelectuais, estéticos. Isto é, esses seriam apenas mais um aspecto do niilismo, tal como ele o diagnostica como principal sintoma do mal-estar da "modernidade". A modernidade da Revolução Industrial, dos nacionalismos europeus, da miséria urbana, da sociedade de massa, da educação popular, da emancipação feminina, etc. Contudo, nesse ambiente, Nietzsche, que não foi um homem de ação, não parece ter sido tampouco um "radical de direita" e, com certeza, era excêntrico demais até mesmo para os conservadores. Parece-nos que, apesar de ter

---
[3] A palavra alemã *"Lumpen"* significando "trapo", o lumpianato é formado por "homens trapos".

Spinoza em grande conta, Nietzsche não se interessou pela distinção entre ética e política, e tendia a confundi-las numa profunda reflexão sobre a moral, isto é, a moral como uma forma histórica de dominação. Também não conseguia enxergar na política níveis distintos, como Voltaire: "A política é a primeira das artes e a última das profissões". Para Nietzsche, há muito a política se tornara um assunto para profissionais, no pior sentido do termo: funcionários que apenas cumprem ordens, burocratas que manipulam o poder sem saber de onde ele vem, pseudo-chefes. Ao passo que sua imaginação política o transportava para um tempo fora do tempo, tempos heroicos em que os "primeiros" eram verdadeiramente os melhores, os mais fortes, os mais belos, tempos gregos e arcaicos em que os heróis podiam ter acessos de loucura ou se passar por mendigos. Todavia, sua inteligência do presente se dava em outros planos, deixando aos "últimos", àqueles pelos quais jamais demonstrou o menor desprezo, a possibilidade do salto sobre a igualdade que uniformiza, aquele que revela a singularidade criativa de cada um.

A sobra, o resto, a testemunha

Quando reunidas em torno de um último pedaço de alguma coisa gostosa, pessoas muito educadas costumam fazer "aquela cerimônia", e tanta que a cena algumas vezes termina com o último pedaço lá, rejeitado, cumprindo seu papel de resto, de sobra. O último às vezes não cabe mais, fica de fora, não entra no ônibus ou viaja em pé. A verdade seja dita: ninguém gosta de ser o último. Às vezes não gostamos nem de ouvir falar do último: quem gosta de ouvir o companheiro falar da última namorada? Isso não ocorre apenas porque a última namorada veio antes, representando um passado desconhecido e fonte de ciúmes retrospectivos, em que o lugar que se ocupa foi ocupado por outra. Importa também ela ser a última no sentido de resto, de sobra incômoda, lembrando que a série foi suspensa, mas pode recomeçar amanhã, quando então, ela, a mulher do presente, a primeira, poderá tornar-se a última, por sua vez. A "última namorada", portanto, deve ser o último tema de conversa de um cara que não quer ter problemas com a namorada atual.

Por outro lado, muitas vezes o último, como resto, adquire um valor positivo justamente por ser o último. Alguns restos são desprezíveis, mas, dentre esses, alguns parecem importantes quando são os últimos: o último cocô na fralda, por exemplo, pois o controle do esfíncter marca uma etapa importantíssima na evolução da criança. Para uma criança de onze ou doze anos, perder o último dente de leite tem um papel simbólico importante no processo de transformações que a fazem sair da infância e entrar na pré-adolescência, e esse momento raramente é vivido como inteiramente positivo ou negativo – toda transição é ambígua, mas "o último" sempre marca uma posição.

O último, como resto, também pode, mais do que marcar uma posição, ser uma presença na iminência de desaparecer, de ser extinta. Um último suspiro se esvai, mas alguns últimos resistem e teimam em respirar, apesar do sopro que os animava ter sido cortado: são os sobreviventes. O nazismo inventou a "Solução final" para eliminar até o último judeu da Europa. Mas, ao fim da guerra, apesar do holocausto, verificou-se que os últimos judeus da Europa seriam os primeiros colonos de Israel. Os turcos também não conseguiram exterminar os armênios. Os russos nunca deram cabo dos tchetchenos. No Ruanda, os hutus não acharam o último tutsi para massacrar. E os americanos até agora não capturaram o último talibã afegão. Mas quantos últimos simplesmente não deixaram de existir e com eles toda a história de um povo?

Nossa principal representação do tempo sendo a sucessão, o termo "último" sempre foi, de fato, de grande utilidade na História (com "H" maiúsculo apenas para marcar uma designação genérica da história enquanto ela se faz, é feita, escrita, transmitida, institucionalizada, etc.). Não me refiro à utilidade de expressões como "nos últimos anos de seu reinado" ou "a última grande batalha", porém, a uma utilidade menos manifesta, porque justamente meio envergonhada. O termo serve para contar a história das destruições, das ruínas, as histórias sangrentas dos massacres, genocídios, extermínios de todos os tipos que fizeram, fazem e provavelmente continuarão a fazer do homem o ser vivo menos frequentável do planeta. Ironicamente, estamos condenados a nos contarmos nós mesmos, para nós mesmos, essas histórias das nossas ignomínias. Talvez esperemos em vão que as gerações futuras ponham fim a essa trágica ironia, mas é melhor que essas histórias sejam contadas – quantas delas não se perderam no grande silêncio do passado em que a história faz seu ninho? E, ao silenciá-las, ignorá-las, não estaríamos antecipando os "últimos homens", tornando-nos incapazes de nos desprezarmos? Enfim, o último representante de um grupo, de uma tribo, de uma etnia, de uma espécie, o sobrevivente de um massacre sempre será a testemunha infalível de uma história que poderia nunca existir.

Do ponto de vista da historiografia, a vantagem da testemunha é enorme. Tucídides, para tornar sua composição sobre a verdadeira história da Guerra do Peloponeso mais convincente, inova e inventa a dupla testemunha como garantia de imparcialidade. Escreverá sobre o que ele mesmo presenciou, ou pôde observar de um duplo ponto de vista, tendo conhecido os campos opostos do conflito, o seu próprio campo e o do inimigo. Com efeito, desde muito cedo na história da história, generais e historiadores estiveram muito próximos, às vezes reunidos numa mesma pessoa – Júlio César, por exemplo. Sem dúvida, isso se deveu ao fato de que a história foi, em primeiro lugar, uma história das guerras e que a posição do general como observador, neste sentido, é evidentemente privilegiada.

Tão privilegiada que a história por ele narrada costuma ser a história das suas vitórias, do seu domínio, dos massacres que comandou. Mas, o testemunho de um último sobrevivente é de um outro tipo, começa mudo, pela simples presença corpórea desse "último". Se eventualmente as palavras, um esboço de narrativa ou uma história vêm à tona, o último já não é mais o único da sua espécie, ele é *toda* a sua espécie e carregará para sempre essa marca, talvez motivo de orgulho, certamente uma grande responsabilidade. O último exemplar de uma plantinha "*é*" todas as plantinhas que deixaram de existir para que essa fosse a última, e talvez a primeira de uma nova linhagem. O homem destrói muitas coisas, talvez seja uma sorte que ele saiba reconhecer quando está destruindo as últimas: a consciência ecológica é triste em sua origem, se forma lentamente e precisou do sacrifício de muitos "últimos" para surgir.

O último parágrafo

Todo momento é último, porque é único.
Marguerite Yourcenar

Este último parágrafo tratará daquele último que, no início, dissemos que deixaríamos por último, e cujo sentido, na história dessa palavra, é o mais recente, o mais atual. Trata-se do último da "última moda", aquele que está no extremo, na ponta do presente, atualíssimo, é o que há de mais novo, mais recente, que acabou de surgir, acontecer, aparecer. Apresenta-se na última hora, no último momento, no último instante, acompanhando o ritmo acelerado do presente contemporâneo, que parece tender para a abolição do lugar do último, diminuindo o intervalo de tempo da sequência até atingir um contínuo em que a posição relativa que o último ocupa se revela insignificante para o observador. A última notícia, hoje, já está velha antes de aparecer; a próxima última, já nasceu morta, aliás, nem é mais notícia: a novidade morreu de velha. Ainda assim, queremos o novo, queremos o que *faz* o nosso tempo, marcando uma posição no espaço e na história, queremos sempre uma última chance.

* * *

LIVROS

[ficção] **O último dia de um condenado,** Victor Hugo, Estação liberdade, 2002.
O último dos moicanos, J. F. Cooper, Germinal, 2003.
O último suspiro do mouro, Salman Rushdie, Cia das Letras, 1996.
O último vôo do flamingo, Mia Couto, Cia. das Letras, 2005

[outros]
>   **O último navio negreiro da América,** Erik Calonius, Record, 2008.
>   **O último teorema de Fermat,** Simon Singh, Record, 1998.

FILMES

> **O último metrô** (*Le dernier métro*), François Truffaut, França, 1980.
>
> **O último tango em Paris** (*Le dernier tango à Paris*), Bernardo Bertolucci, França-Itália,1972.
>
> **O último imperador** (*The Last Emperor*), Bernardo Bertolucci, China-Inglaterra- Itália, 1987.
>
> **O último dos moicanos** (*The Last Of The Mohicans*), Michael Mann, EUA, 1992.
>
> **O último samurai** (*The Last Samurai*), Edward Zwick, EUA, 2003.

Atividades

1. Imagine-se na pele de um último qualquer, o último da fila, o último da turma, o último dos idiotas, o último da sua espécie, o último passageiro, o último fotógrafo lambe-lambe, o último a ser informado, etc. Descreva essa experiência imaginária numa redação que, eventualmente, será lida para a turma.

2. Esta atividade pode ser praticada individualmente ou em grupo, dependendo dos meios disponíveis: escolher um dos filmes da lista acima, assisti-lo – todos podem ser encontrados com maior ou menor facilidade numa boa locadora –, em seguida, fazer um resumo do enredo do filme e preparar uma apresentação, ou fazer uma dissertação sobre o sentido em que "último" é utilizado no título e como se relaciona com o tema do filme.

Referências

INWOOD, Michael. *Dicionário Hegel*. Rio de Janeiro: Zahar, 1997.

GOULIN, Tan. *As condições históricas do Manifesto Comunista*. Disponível em: <http://intervox.nce.ufrj.br/~ballin/mani.htm.>.

NIETZSCHE, Friedrich. *Assim falou Zarathustra*, Parte I, Prólogo, 5. ed. São Paulo: Civilização Brasileira, 1983.

Violão

Gonzalo Armijos Palácios

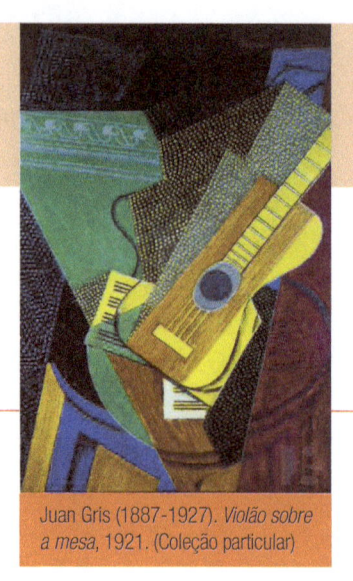

Juan Gris (1887-1927). *Violão sobre a mesa*, 1921. (Coleção particular)

    Ao pensar sobre o violão algo, imediatamente, chamou-me a atenção. As reflexões sobre o violão me levaram a pensar na natureza humana. Pois o que há nele que nos leva a fazer coisas tão particulares como, por exemplo, a própria música? – os animais também fazem música –, alguém poderia dizer. Como os pássaros. Devo concordar com isso, só que parcialmente. Pois os pássaros fazem sons agradáveis aos ouvidos, sons que poderíamos chamar de musicais. Mas o canto de cada pássaro é praticamente o mesmo que o da sua espécie. Só o ser humano compõe, e cada composição é diferente da outra, em tonalidade, em ritmo, em harmonia, em compasso e em tantos outros detalhes. Foram esses pensamentos que me levaram do violão à natureza humana. Assim, antes do violão, consideremos a natureza humana para entender melhor o que é o violão, o que fazemos com ele e o que ele fez e faz com todos nós.

    O que nos diferencia dos animais? Essa é uma das mais antigas questões filosóficas. Pois, como definir o que é ser humano? Conta-se que Platão e seus discípulos teriam chegado à célebre definição de "ser humano" como "bípede sem penas". E que Diógenes, sabendo disso, teria jogado de fora da academia, por cima dos muros, um galo depenado, obrigando o círculo platônico ao abandono de tal definição. Não é fácil, na verdade, chegarmos a um consenso sobre o que nos faz seres humanos, ou, o que não é exatamente o mesmo, o que nos tornou o que somos. Pois uma definição de ser humano pode pressupor que nós sempre fomos exatamente iguais ao que somos hoje. Se não fomos sempre idênticos ao que agora somos, deveria haver algo, alguma característica única em nossos antepassados, diferentes de nós, que produziu as mudanças que levaram a espécie, finalmente, ao que hoje somos. E uma boa pergunta é: o que somos hoje? Somos exatamente iguais a, digamos, os seres humanos dos tempos das civilizações do antigo Egito e da Babilônia? Aristóteles, lembrando de novo os filósofos gregos, propôs uma celebre e amplamente admitida definição de ser humano: animal racional. Podemos fazer uma pesquisa em dicionários e enciclopédias, reais e virtuais, e constataremos que essa é a definição que praticamente sempre aparece. Mas, é isso que realmente nos distingue dos animais? Se aceitarmos que existe algo que efetivamente deles nos diferencia, será que é o único que o faz?

Pensemos na definição aristotélica. Que significa ser racional? "Pensar", poderíamos imediatamente responder. E, por sua vez, o que é pensar? Muitas coisas, naturalmente. Em princípio, tudo o que ocorre nas nossas mentes. Lembrar, planejar e calcular estão entre elas. Os animais, no entanto, também lembram. Nossas mascotes nos reconhecem quando voltamos para casa. Deixemos, então, de lado o 'lembrar'. Que tal "planejar"? Como poderíamos entender "planejar"? Imaginemos uma situação simples: planejar ir de um lugar a outro com um determinado objetivo, caçar, por exemplo, ou pescar. Assim, alguém observa de uma planície animais se aproximando. Observa que a manada se dirige a um bosque que está muito perto do observador e mais afastado desses animais. Decide, então, ir ao bosque e subir numa árvore que cogita ser uma pelas quais a manada passará perto. Faz isso e a manada passa estando ele lá em cima. Nosso caçador, ou caçadora, atira uma flecha num membro da manada e o mata. Esse episódio, naturalmente, faz parte de um típico exemplo de "planejar". Não obstante, em lugar dessa caçadora, desse caçador, podemos pôr um felino. Um leopardo, por exemplo. Olha a manada, aproxima-se sorrateiramente do bosque, sobe numa árvore e, quando a manada está em torno da árvore, joga-se em cima de um animal e o mata. Quem viu um episódio desses, muito comum nos programas de televisão sobre a vida animal, sabe que o leopardo não escolhe qualquer árvore e, imediatamente depois da caçada, examina a árvore mais apropriada para levar a caça a um lugar seguro, em algum galho alto, longe de outros predadores. Isso pressupõe um planejamento sofisticado.

Vemos, assim, que nem "lembrar" nem "planejar" podem ser tidos como atitudes única e exclusivamente humanas, mesmo que façam parte de uma atividade racional. O pensar humano, portanto, compartilha muito do que podemos chamar de "pensamento animal", em geral.

É possível, como fez Hobbes, conceber o pensamento como um movimento que vai do mais ao menos e vice-versa. Por isso, o filósofo inglês concebeu o pensamento como um cálculo. Pois, segundo ele, pensar é tirar consequências, o que significa que, quando vamos de casos particulares a uma conclusão geral, somamos, e, quando de um princípio geral ou universal extraímos uma conclusão particular, diminuímos. É uma bela maneira de conceber o pensamento. Mas, será que esse tipo de atividade mental, esse cálculo, não está presente, também, em certos animais que extraem consequências gerais a partir de casos particulares ou também o contrário, conclusões particulares a partir de "verdades" gerais? Quando vamos ao pátio de nossa casa não é raro que os pássaros que tivessem estado se alimentando de insetos, ou do néctar das flores, fujam ao perceber nossa presença. Por instinto, alguém poderia dizer, fogem de nós. É verdade. Mas, quando estive nas ilhas Galápagos muitos anos atrás, os pássaros não só não fugiam como se aproximavam sem temor, e até comiam das nossas mãos. Essas mudanças de comportamento mostram que mesmo as aves podem mudar seus comportamentos observando seu meio e se adaptando a ele. Na minha última visita ao meu país, Equador, pude observar isso no pátio da minha própria casa. Nosso pátio é visitado por um casal de canários, acostumados com o arroz que sempre deixamos em um lugar do quintal. Quando não deixamos arroz, eles começam a cantar para chamar nossa atenção. E, quando isso não dá certo, eles chegam a entrar na cozinha, aproveitando que sempre deixamos a porta aberta. Os canários costumam levar seus filhotes, sempre dois, que aprendem a se relacionar conosco. E esses filhotes chegam a ser mais ousados que seus pais, aproximando-se cada vez mais de nós sem fugir quando andamos ou nos movimentamos de um lugar a outro. Não fazem isso se há outras pessoas. O que significa que nas suas pequenas mentes há vários processos, como o de reconhecimento e de compreensão de novas formas de comunicação, porque de alguma forma entendem quando os chamamos assobiando ou falando. Às vezes tentamos imitar seu assobio, às vezes os chamamos com nosso próprio modo de nos comunicar: falando. Não é tão fácil definir o que significa "pensamento" nem, portanto, "ser racional".

Opondo-se a Aristóteles, Rousseau não pensa que "ser racional" defina o que é ser humano. No seu *Discurso sobre a origem da desigualdade entre os homens*, chega a dizer que, nisso, nós só nos diferenciamos dos animais pela intensidade. Podemos ser mais capazes racionalmente, mas não possuímos algo que eles também não tenham, em algum grau. Para Rousseau, o que nos distingue dos animais é a liberdade. Segundo esse filósofo, à diferença dos animais, nós não seguimos cegamente as leis da natureza, mas podemos nos afastar delas.

Outro filósofo, Marx, afirma que nos distinguimos dos animais pelo trabalho. O ser humano é o único animal que transforma a natureza; que não só recolhe o que ela lhe oferece, mas a altera profundamente. Essa concepção pressupõe que, para produzir e transformar conscientemente a natureza, o homem já tem de pensar. Nesse sentido, a definição de Marx completaria à de Aristóteles. O ser humano seria o único animal que transforma conscientemente a natureza por meio do seu trabalho.

Pensando em tudo isso cheguei um dia a esta constatação. Se há algo que, sem lugar a contestação, distingue-nos dos animais é o fato de sermos seres passionais. Pois parece que só nós temos a possibilidade de levar nossos sentimentos aos extremos da paixão, o do ódio assassino e o do amor mais sublime. Aliás, talvez seja essa característica, a de sermos seres passionais, o que nos tornou racionais. Com efeito, só podemos ter chegado ao ponto em que estamos por uma energia sem limites, por esse *pathos* que dominou inicialmente nossa mente, mesmo na fase menos evoluída da nossa racionalidade.

Isso nos leva à questão da linguagem. Pois, segundo outra concepção, o que sem dúvida nos distingue dos animais é termos uma linguagem articulada (o que, mais uma vez, pressupõe dar razão a Aristóteles, pois o que nossa linguagem articula é pensamentos).

E, mesmo aqui, surge uma dificuldade. Pois qual é a origem da nossa linguagem, isto é, que devia estar por trás dela? Rousseau não ficaria satisfeito com termos voltado a Aristóteles, pois o pensador genebrino disse que por trás da linguagem estão nossas emoções. Com isso concordaria, num sentido importante, com outro célebre filósofo, de quem foi amigo, David Hume. O filósofo escocês disse que a razão é escrava das paixões. Ora, se as emoções, as paixões dominarem o pensamento, poderiam ser anteriores à razão. Isto é, talvez hoje sejamos racionais por termos sido, antes, passionais. Pois, o que poderia levar a falar se não é um desejo, um querer dizer algo? Assim, talvez determinadas necessidades, assumidas em nós com muita força, podem ter produzido a urgência, levada aos extremos da paixão, de comunicar algo que era para nós imperioso comunicar.

Quem tem razão nesse longo debate sobre o que nos diferencia dos animais e define como seres humanos? Provavelmente a razão não esteja com uma só posição, mas consista numa conjunção de todas elas. Seja como for, é claro que só nós pensamos com a intensidade que o fazemos, só nós articulamos os nossos pensamentos como o fazemos e só nós chegamos aos extremos da paixão de que somos capazes. Se alguns animais são capazes de planejar, ou mesmo de transformar a natureza e fazer instrumentos, só fazem isso por instinto e para satisfazer necessidades vitais, como dormir, aninhar ou comer. Só nós, no entanto, transformamos a natureza para fazer instrumentos que não satisfazem necessidades básicas, vitais, reprodutivas. Só nós, por exemplo, somos capazes de fazer instrumentos musicais.

Poderia ter dito que só nós temos capacidade estética, mas isso seria um erro. Há uma espécie de ave que constrói arcos com galhos secos e adorna o chão com pedras e flores coloridas para atrair a fêmea. Mais uma vez, no entanto, isso é feito instintivamente. De todos os animais, somos nós os únicos que transformamos a natureza para fazer instrumentos musicais, e o fazemos com vários objetivos. Para satisfazer uma necessidade estética única, para dizer coisas, para exprimir sentimentos, paixões ou pelo puro prazer de ouvir determinados sons.

Tudo isso me leva de volta ao violão. O violão é tanto um sentir como um dizer. A música (tal como nós humanos a fazemos, sentimos e entendemos) nos abre uma nova dimensão da realidade. Ou, melhor, ajuda-nos a fazer, criar e recriar a realidade. Se uma pessoa canta ou toca um instrumento musical para si, provavelmente está convertendo em sons estados emocionais e mentais que ela pode compreender muito bem. Isto é, que ela sabe interpretar. Quando o faz para outros ouvirem, o faz para comunicar algo. Há, de fato, algo que se compartilha. Imaginemos que são unicamente sons. Quando ela toca um instrumento para outros ouvirem cria-se um ambiente, não só de fruição estética, mas de comunicação. Ao tocar, ela está, de alguma forma, objetivando, expondo, mostrando algo que existe dentro de si.

Entramos assim, sub-repticiamente, num mundo muito particular, o de uma forma *sui generis* de comunicação. Pois, como vimos antes, alguns filósofos dizem que o que nos distingue dos animais é nossa linguagem articulada. Parece, no entanto, insuficiente dizer que nos diferenciamos dos animais só pela linguagem articulada. Porque também o fazemos por meio de uma linguagem diferente, que nada articula, mas muito comunica, a linguagem da música.

Há uma pergunta que nos devemos fazer: comunicamo-nos com sucesso? Poderíamos pensar que isso acontece quando outros compreendem perfeitamente o que estamos dizendo. Mas, ocorre sempre assim? A única resposta possível aqui é "não, lamentavelmente, nem sempre somos compreendidos quando comunicamos algo".

A comunicação e a ambiguidade na comunicação contam-se entre os problemas do pensamento filosófico desde seu início. Platão o discutiu direta ou indiretamente em muitos dos seus diálogos. Cada vez, por exemplo, que Sócrates e seus interlocutores querem definir algo, Sócrates mostra que há problemas sérios no emprego e no significado atribuído às palavras. Aristóteles não dedicou pouco esforço ao mesmo problema. Os medievais fizeram do significado das palavras um dos mais importantes problemas a se debater. Os filósofos modernos não deixaram por menos. E uma das mais importantes áreas da filosofia contemporânea é, justamente, a filosofia da linguagem. A comunicação, sem dúvida é um dos problemas filosóficos centrais. Pode ou deve, então, a música ser entendida como parte da comunicação? As respostas variam muito, de acordo com as posições filosóficas adotadas e com o tipo de música que tenhamos em mente. Nos campos de batalha, por exemplo, a trombeta e os tambores eram usados para dar determinadas ordens aos soldados: quando avançar ou recuar, quando atacar ou parar o ataque sem recuar. Já as marchas militares foram usadas com outros propósitos, como motivar o desejo de combate dos soldados, fortalecer seu espírito ou torná-los confiantes e agressivos etc. Esses não foram os objetivos dos poemas homéricos, que eram, literalmente, cantos. Aqueles poemas não eram recitados, como são hoje, mas cantados. Há, então, uma música articulada, a música cantada. Mas há outra que só é tocada. E é a que aqui nos interessa.

A relação que temos com o violão é muito especial. Para começar, é um instrumento tão antigo e fácil de se levar, que nos pode acompanhar, portanto, para onde decidamos ir. Com o violão temos uma relação que não podemos ter com, digamos, o piano que, por seu tamanho, nos intimida. E que tampouco podemos ter com instrumentos pequenos, como os de vento, uma flauta, uma ocarina que, apesar de poderem ir conosco para qualquer lugar, não permitem que, ao mesmo tempo em que tocamos, cantemos, recitemos ou falemos. No piano podemos tocar mais notas simultaneamente do que as que podemos tocar no violão. Com os de vento, como a flauta e a ocarina, por outro lado, devemos tocar uma nota de cada vez. Cada instrumento, naturalmente, tem suas particularidades e suas vantagens. Mas, o que há no violão que faz dele um dos preferidos pelos seres humanos?

O violão pode ser um parceiro, um interlocutor, um amigo: alguém que nos ajuda a comunicar, a dizer o que queremos sem ter de falar. Na música ocidental temos uma escala de doze notas (sete tons e cinco semitons). Nossos alfabetos ocidentais constam de pouco mais de vinte letras, divididas em vogais e consoantes. Com elas podemos dizer o que queremos. Com muito menos, quase com a metade, as notas musicais nos permitem "dizer", talvez, muito mais. Ou, então, o mesmo, de muito mais maneiras.

Entretanto, podemos realmente "dizer" coisas com a música? Dificilmente haverá alguém que diga que não. Mas, o que pode dizer a música? Talvez seja melhor perguntar o que é que não pode dizer. Com o violão podemos dizer que estamos tristes, que estamos alegres, que estamos serenos, animados ou desanimados, nostálgicos. Perguntemos: é possível que um violão "diga" algo triste ou tristemente? Se pudéssemos ver as palhetas dos grandes pintores nas suas diversas etapas, poderíamos dizer, com grande probabilidade de acertarmos, se aquele pintor passava por uma fase triste ou alegre, pelas cores nelas, brilhantes, vivas, claras ou opacas e escuras. Olhando a partitura de um grande compositor podemos ver algo semelhante, se a composição é mais triste ou alegre, animada ou nostálgica. Não precisamos mirar as indicações para o intérprete, como *allegro vivace*, por exemplo; basta ver a combinação de acordes maiores e menores e a tonalidade da composição. Assim, num concerto para piano de Tchaikovski, podemos ler que o compositor deseja que o primeiro movimento comece com um *allegro non troppo*, mas termine com um *allegro con spirito*, e que o terceiro movimento seja um *allegro con fuoco*.

Isso significa que nossa resposta deve ser positiva: "sim, a música pode dizer muitas coisas". Como podemos, no violão, fazer isso? Como podemos comunicar nossa alegria ou nossa tristeza? O leitor que saiba tocar um instrumento sabe também a resposta. Pois há uma clara diferença entre um acorde maior e um menor. O leitor que não entende de música pode pedir a alguém que toque um acorde maior, várias vezes, e depois toque o mesmo acorde no tom menor. Há apenas um semitom entre um e outro. O acorde maior, imediatamente, produz a sensação de alegria, e o menor, de tristeza, de nostalgia. Ouça, por exemplo, a "Valsinha", de Chico Buarque, e perceba como ela é nostálgica. Escute depois "A banda", do mesmo Chico Buarque, e entenderá o que estou dizendo.

Como, na vida, a distância entre a alegria e a tristeza é muito pequena, podemos passar de uma a outra rapidamente, quase que imediatamente, dependendo de algo pequeno e aparentemente insignificante. Com apenas a mudança de um semitom, numa direção ou noutra, aumentando ou diminuindo, passamos do alegre ao triste, ou do nostálgico ao feliz.

Na América Latina, o violão é talvez o nosso mais fiel companheiro musical. É o instrumento com que os grandes leitores da nossa alma compuseram as músicas que moldaram nossa cultura. Ele permite que toquemos e cantemos Adoniran Barbosa, Carlos Gardel, Atahualpa Yupanqui, Violeta Parra, entre tantos outros. O que somos na América Latina sem nossos ritmos e cadências: salsas, rumbas, valsas e "marineras" peruanas, sambas argentinos ou brasileiros, tangos, milongas, cumbias, sons, corridos, galopas, huapangos? O que há na música que não há na palavra e nos faz entender sem pensar?

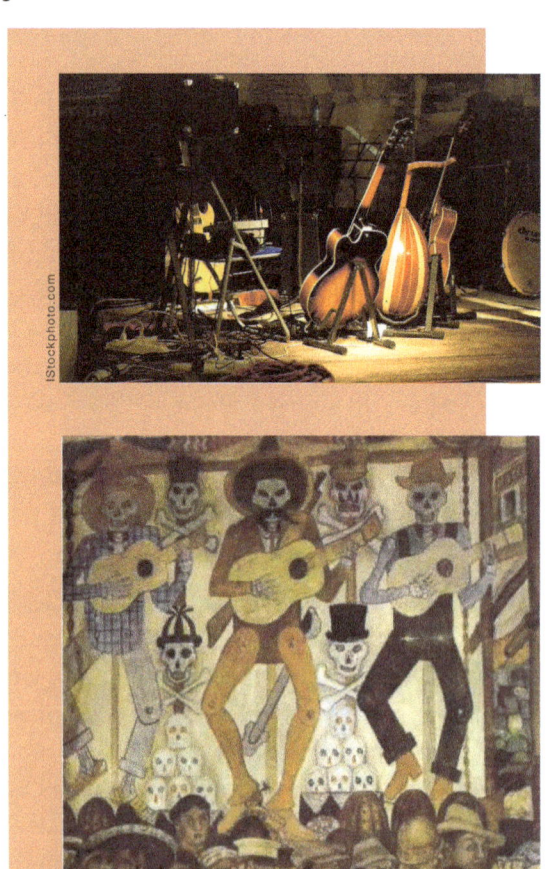

Diego Rivera (1886-1957). *Feria del día de muertos*, 1925. (Afresco da Secretaria de Educação Pública, Cidade do México)

Atividades

Escute "Valsinha", de Chico Buarque, e depois "A banda". Dá para perceber a diferença de ânimo, de alegria ou de tristeza entre uma e outra?

Procure se lembrar das cantigas infantis e das que se cantam em rodas de criança e descubra se o tom dominante é maior ou menor. Descubra se as alegres estão em maior e as tristes, em menor.

Compare as músicas compostas por Adoniran Barbosa com as marchas que se tocam no carnaval, tanto as antigas como as novas.

Escute e procure descobrir se os tangos mais famosos são alegres ou tristes, e se o tom dominante é o maior ou o menor.

Na música folclórica latino-americana, há músicas tanto alegres como tristes. Escute "Índia" e compare essa música com uma galopa qualquer.

Procure descobrir se a música folclórica chilena é mais alegre ou mais triste, pela tonalidade de suas música. Você pode fazer o mesmo com as músicas de outros países latino-americanos. Do México à Argentina você encontrará músicas lindas, tanto alegres como tristes, rápidas e alegres. Não há país que não tenha muitas músicas inesquecíveis. Você pode achar alguma música do Caribe que seja triste e tocada em tons menores? Escute "Lamento Borincano", uma das mais famosas canções de Porto Rico.

Zona

Plínio W. Prado Jr.

Zonas

Os usos da palavra "zona" são tão variados, e as relações entre eles tão obscuras, que eles ameaçam fazer do texto que pretende comentá-la uma... *zona*.

Sócrates (de Platão) pretendia que o que há de comum entre os diferentes usos de uma palavra define a sua "essência". Mas o que há de comum entre expressões como "zona de livre-câmbio", "mulher de zona", "zoneamento geoastronômico", "ele saiu zonado" ou "este armário está uma zona"?

Razão para tomar o partido de Wittgenstein contra Sócrates em matéria de linguagem: a significação de uma palavra reside em seus usos (*"meaning is use"*) e estes são múltiplos, heterogêneos e em constante mutação, sem que haja em regra geral um denominador comum um conceito suscetível de unificá-los.

∗

Não existe zona "em geral". A zona é, por definição, sempre local ou cosmolocal. A "zona geral" é uma desordem generalizada por toda uma zona (*entropia*).

"Zona" designa, em princípio, um recorte do espaço, uma região, banda ou faixa, uma cintura (= *zone*, em grego), uma demarcação. Zona climática, zona franca, *zona roja*, zona-zóster, zona erógena... Desde que se fala de espaço, de limite e delimitação, a questão da zona acha-se implicada. Qualquer que seja a escala do sistema — microcosmo ou macrocosmo — de que se trata: psique, organismo, comunidade humana, instituição, área geopolítica, geoastronômica ou geocósmica.

✱

Meaning is use

Dialogo com o moço da recepção do hotel onde estou hospedado no Rio de Janeiro e peço-lhe que me fale sobre "zona". Imediatamente, um sorriso de cumplicidade: ele crê entender que se trata obviamente de "zona de mulher". Ele se põe então a discorrer instantaneamente sobre as "termas" do Rio, da Barra à Praça Mauá, passando pela Lagoa e as *muchachas* de Copacabana.

Da zona norte à zona sul o Rio é uma enorme zona. Prostitui-se para sobreviver, por servidão, para poder estudar, mas também para "ganhar bem a vida", para buscar "sensações fortes", por vício, sintoma ou por puro niilismo.

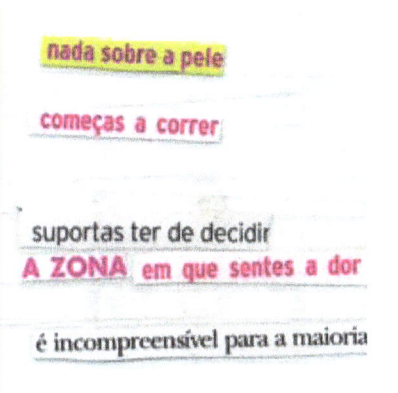

nada sobre a pele

começas a correr

suportas ter de decidir
A ZONA em que sentes a dor

é incompreensível para a maioria

Esse uso privilegiado da palavra "zona", na acepção de mercado de prazer, de espaço de meretrício, não é um fato meramente carioca ou brasileiro. Ele é mundial. Ele corresponde hoje à mundialização, à lei que tende a reger o destino de cada um, sob o capitalismo globalizado, e que pressupõe que cada um tem o seu preço: que todo o mundo é comprável (venal, vendável, trocável ou permutável), como toda coisa. Que tudo é doravante mercadoria: saber, arte, pensamento, corpos, almas, afetos.

Esse destino, Baudelaire e Marx já o descreviam há um século e meio sob o nome justamente de "prostituição" (da qual nem o poeta lírico escapa: "Eu que vendo meu pensamento e que quero ser autor...").

✱

Não há constituição de um dispositivo, determinação de uma zona-sistema, sem a delimitação de uma fronteira ou cintura (*zone*) instaurando (instituindo) a distinção interior/exterior e, por conseguinte, *excluindo* (relegando fora, recusando ou recalcando) uma certa porção de espaço, posta como *outra*, heterogênea, não pertencendo ao dispositivo, estrangeira à zona-sistema.

Na verdade, a zona-sistema se constitui em relação a isso – e *disso* – que ela exclui (a zona-limite).

Importa, portanto, ver o gesto de delimitar uma zona como incluindo no seu seio o exterior que ele exclui.

Isso corresponde ao que nos ensina o conceito psicanalítico e filosófico de *unheimlich*, de "inquietador": designando o que há de inquietante *no interior* do familiar, de estranho ou estrangeiro no seio da intimidade.

Ele circunscreve o paradoxo da zona como estrutura em que o exterior está contido enquanto tal no interior (por exemplo: a zona de transgressões, desvios e intensidades, e mesmo de prostituição, ou o "prostitucional", incluída no seio do espaço da vida conjugal e familiar).

✶

Zona total

Falar de limite, delimitação, cintura, linha divisória, marco, fronteira é designar o lugar de um conflito de forças e de interesses; é apontar para os problemas dos bornes de um domínio, as bordas de uma hegemonia. E, portanto, levantar a questão, política, da violência e do direito.

Em torno dos limites da zona paira a ameaça de guerra.

A história das batalhas entre os homens é precisamente a história das lutas para decidir quem definirá os traçados das fronteiras, as demarcações dos territórios, os limites de uma zona de influência.

Todo império (ou desejo de império) visa recuar, estender, tão longe quanto possível, os bornes de sua zona de hegemonia.

O império fantasma sobre a zona total.

Mas, por isso mesmo, ele precisa, constitutivamente, de suas margens, de suas zonas-limites, do *limes* (como se dizia na época do Império romano: a fronteira entre o império e o mundo dito bárbaro, incarnado pelas tribos não conquistadas).

O *limes*, contorno da zona imperial, é como o negativo do qual o império se alimenta, é o que orienta e justifica a sua política (de guerra) expansionista.

A zona imperial necessita constitutivamente dessa exterioridade, de que ela cuida zelosamente, como de um horizonte indefinidamente conquistar a fim de assegurar a sua expansão imperialista. Zona de educação (colonização, civilização, domesticação, desenvolvimento) prioritária.

✶

A psique também tem o seu *limes*, suas fronteiras, suas barreiras, suas zonas-limites. E, por conseguinte, seus conflitos entre zonas, forças e instâncias.

O que vale para a comunidade humana e sua instituição vale para a psique. A tal ponto que se pode considerar uma comunidade como um vasto "aparelho psíquico", com a sua tópica, sua economia e sua dinâmica; com seus mecanismos de defesa, suas barreiras, seus modos de captação e de tratamento de energia, etc.

A psicanálise chama justamente de "aparelho psíquico" esse dispositivo complexo que inclui o corpo, os órgãos e as *zonas* do corpo.

Poder-se-ia entender aqui por "*zona*", num sentido particular, a região inumana, o *no man's land* que cada um carrega no interior de si: espaço de livre curso de intensidades, subsolo de afetos incandescentes, introduzindo uma alteração, provocação, perturbação, confusão, desordem (*zona*) no espaço das articulações da linguagem (morfológicas, sintáticas, semânticas, pragmáticas, retóricas), da cultura e da civilização.

✶

Freud na zona

Freud conta que uma vez, percorrendo uma pequena cidade italiana numa tarde de verão, encontrou-se num bairro onde foi notando pouco a pouco a presença de mulheres ultramaquiadas, surgindo nas janelas das casas; compreendendo o caráter evidente do lugar, ele se apressou em sair dessa rua dobrando na primeira esquina. Mas, após ter circulado de maneira errática, ele se reencontrou de repente na mesma rua, onde já estava começando a chamar a atenção... A pressa em se afastar desse lugar, ao cabo de uma nova volta, não teve como resultado senão o de fazê-lo retornar ainda à mesma rua pela terceira vez.

Freud expatriado, no exterior (e, mais precisamente, na Itália, objeto de desejos e fantasmas), encontra-se exposto, entregue ao *unheimlich*: o sentimento de estar impelido e ameaçado por algo que, embora desconhecido, provém do interior, reside no seio da intimidade.

Uma zona de intensidade obscura no interior de si. O *no man's land* dito.

✶

Tende-se frequentemente a identificar a zona no sentido geoastronômico, a zona intertropical (entre os trópicos de Câncer e de Capricórnio), a zona no sentido de região de "comércio de prazeres", de "vida fácil", do bordel e mesmo da bagunça. Uma zona de zona... (do lado debaixo do Equador, onde não existiria pecado). Zona (tropical) da zona (de intensidades) (o entorno "mais excitante" para o "turismo sexual", dizem os empresários-proxenetas).

Operação da imaginação ou do fantasma: *ver* a zona geoastronômica *como* banda libidinal.

Zona geográfica-astronômica (tropical) *como* uma imensa zona erógena.

(Nietzsche: As condições geoclimáticas determinariam a economia libidinal dos corpos, de uma sociedade e de sua cultura, sua erogeneidade).

✳

Meio século após Baudelaire e Marx, Apollinaire (escreve o poema-manifesto "Zone", que abre a coletânea *Alcools*.

Zone em francês nomeia inicialmente a grande zona-cintura de bairros de miséria que cresceram em torno de Paris sob o Segundo Império, em meados do século XIX, no lugar das fortificações. Os moradores da zona, os "zonards", vêm da imigração, do êxodo rural e da exclusão imposta às classes desfavorecidas pela especulação imobiliária parisiense. Eles constituirão o proletariado urbano. A zona será a faixa da periferia onde proliferarão os *bidonvilles*, espécie de favelas francesas.

Zone, no poema de Apollinaire, nomeia a condição contemporânea (moderna ou pós-moderna), regida pela lei da troca econômica e o princípio de rentabilidade, na qual a Cultura cede o lugar à indústria cultural e para a qual só é "bom" o que é eficiente, o que vende bem e faz vender bem: o que otimiza os padrões de desempenho do sistema, a melhor relação custo/benefício. Lei da troca generalizada, aceleração, informação, rendimento.

Condição capitalista na qual mesmo as intensidades, o gozo e a angústia, a descarga de energia são regidos e regulados pela lei do valor e do mercado sob o nome de "erotismo".

O sistema, o Desenvolvimento, sem deus, sem *outro*, quer *ter* tudo, *ser tudo*, inclusive o Sexual. Eurozona... A globalização como *zona roja*, um imenso *Red-light district* planetário.

✳

É possível – e justo – pensar a zona e em primeiro lugar a banda erógena de intensidades) como um *outro espaço*, heterotopia, abrigando o imaginário e denunciando a futilidade e o pouco de realidade do espaço dito "real" (mas longe do mito da "zona tropical" como vasta zona pretensamente livre e sem pecado...)?

Existe uma alternativa credível à grande Zona global da lei do mercado e da mercadoria? Uma *outra* zona, sob uma outra temporalidade? Se não um alter – ou outro-mundialismo?

(Examinar, a propósito disso a resposta afirmativa dada pelo ensaio *Zona Autônoma Temporária* [T.A.Z.: Temporary Autonomous Zone], de Hakim Bey, 1985, publicado no Brasil pela Editora Conrad e pelo Coletivo Sabotagem).[1]

Referências

APOLLINAIRE. (1913). *Alcools*. Paris: Gallimard, 1969.

BAUDELAIRE, C.(1851). *Fusées Œuvres complètes*. Paris: Gallimard, 1975-1976.

BEY, H. (1985). *T.A.Z.: Temporary Autonomous Zone*. Editora Conrad e Coletivo Sabotagem, 2004.

FREUD, S. (1919). *Das Unheimliche*. In: *Das Unheimliche und andere Texte/L'inquiétante étrangeté et autres textes*. Paris: Gallimard, 2001.

MARX, K. (1848). *Manifesto do Partido Comunista*. Disponível em: <http://www.vermelho.org.br/img/obras/manifesto_comunista.asp>.

NIETZSCHE, F. (1888). *Ecce Homo. Sämtliche Werke, Kritische Studienausgabe*, hg. von Giorgio Colli und Mazzino Montinari. München & New York, 1980.

PLATÃO. *Œuvres complètes*. Paris: Belles Lettres. Edição bilingue greco-francesa, 14v.

WITTGENSTEIN, L. (1936-1949). *Philosophische Untersuchungen/Philosophical Investigations*. ANSCOMBE G. E. M; RHEES, R. (Eds.). Blackwell Publishers, 1953/2001.

---

[1] <http://pt-br.protopia.wikia.com/wiki/Zona_Aut%C3%B4noma_Tempor%C3%A1ria>.

Os autores

Adriana Marcela Barrionuevo
Professora de Filosofia no Ensino Médio e na Universidade Nacional na província de Córdoba, Argentina. Estuda, pesquisa e produz, voltada a temáticas relacionadas com problemas de educação, filosofia e escritura.

Andrea Bieri
Atualmente atuando na PUC-Rio, é uma ex-atriz que se transferiu com jogo de cena e tudo para a arena da sala de aula. Não acredita em justiça divina nem em milagres, mas arrisca o palpite de que dias e acasos melhores virão. Volta e meia vai parar em antros onde abundam dados viciados e cartas marcadas. Ainda assim, continua apostando que com poucas e boas parcerias lúdicas, muito jogo de cintura e um tanto de sorte dá pra virar esse jogo. A essa altura da vida, ainda não sabe com quantos paus se faz uma canoa, mas tem a pretensão de saber com quantos pontos se faz um dadinho. Não é ludomaníaca: tem uma coleção com mais de 300 dados, mas é só por esporte... A propósito: aceitam-se doações.

Andrea Pac
Bacharel em Filosofia pela Universidade de Buenos Aires e mestre em Educação na área de Filosofia para Crianças pela Montclair Sate University. Atualmente é professora na Universidade Nacional de la Patagonia Austral. No campo da Filosofia para Crianças, desenvolveu trabalhos nas escolas de Buenos Aires e ministrou cursos para docentes. Tem publicações sobre o tema e colaborou com traduções de materiais teóricos e didáticos.

Ana Helena Pinto do Amarante
Graduada em Psicologia (PUCRS) e mestre em Filosofia (UFRGS/ Université de Toulouse-FR). Doutoranda em Filosofia (UNISINOS), pesquisa a "Ética/Estética do Acontecimento". É psicoterapeuta e professora do Centro Universitário Metodista do Sul (IPA), onde coordena o projeto de extensão "Arte e Pensamento". E qualquerquasequando lhe interessa.

Bernardina Leal
Licenciada em Letras pela UnB, especialista em Administração Escolar pela UCB, mestre em Educação pela UnB e Doutora em Educação pela UERJ. Atualmente é docente da Universidade Federal Fluminense (UFF), e Pesquisadora Associada do Núcleo de Estudos Filosóficos da Infância da Universidade do Estado do Rio de Janeiro (NEFI/UERJ). Pesquisa a infância desde a perspectiva da Filosofia da Educação no espaço fronteiriço entre Educação, Filosofia e Literatura.

Catarina Pombo Nabais
PhD em Filosofia pela Universidade Paris VIII, sob a supervisão de Jacques Rancière, com tese intitulada: "L'Esthétique en tant que Philosophie de la Nature: le Concept de Vie chez Gilles Deleuze. Pour une Théorie Naturelle de l'Expréssivité. Regards sur la Littérature" (2007). Investigadora pós-doc no Centro de Filosofia das Ciências da Universidade de Lisboa (CFCUL). Diretora do grupo de investigação Ciência e Arte no CFCUL. Autora de *Deleuze: Philosophie et Littérature* (Paris: L'Harmattan; no prelo).

Dante Augusto Galeffi
Doutor em Educação (Filosofia da Educação). Professor adjunto da Universidade Federal da Bahia (UFBA) – Faculdade de Educação. É docente de Didática e Prática de Ensino de Filosofia. Professor/Pesquisador do Doutorado Multi-institucional e Multirreferencial em Difusão do Conhecimento,

sediado na UFBA, e do Programa de Pesquisa e Pós-Graduação em Educação da UFBA. É autor dos livros *O Ser-Sendo da Filosofia* (EDUFBA, 2001) e *Filosofar e Educar* (Quarteto, 2003).

Diego Antonio Pineda R.
Bacharel, mestre e doutorando em Filosofia pela Pontificia Universidad Javeriana. Professor Associado na mesma instituição. Autor de vários textos filosóficos para crianças, jovens e adultos.

Filipe Ceppas
Nasceu imberbe, e hoje exibe uma barba, rala.

Gabriel Cid de Garcia
Produtor cultural da Casa da Ciência da UFRJ. Organizador do livro *Ciência em foco: o olhar pelo cinema* (Garamond, 2008). Doutorando em Literatura Comparada pela UERJ, mestre em Literatura Portuguesa pela mesma instituição, bacharel e licenciado em Filosofia pela UFRJ. Atualmente também é professor substituto de Estética no Instituto de Artes da UERJ. Foi professor substituto de Filosofia do Colégio Pedro II. Atua na interface entre a filosofia e a arte. Tem como tema de pesquisa atual a relação entre os elementos filosóficos e literários na obra de António Mora, heterônimo louco e filósofo de Fernando Pessoa.

Giuseppe Ferraro
Professor de Filosofia Moral na Universidade Federico II, de Nápoles. Escreveu ensaios sobre Nietzsche, Husserl, Platão, Kafka, Rilke, Blanchot. Ensina filosofia na escola primária e secundária, nas prisões, nas periferias. Persegue a prática de uma filosofia dentro e fora da universidade. Ensina para aprender. Diz que a filosofia é o saber que põe à prova os laços mais importantes para manter juntas a existência e a vida.

Gonzalo Armijos
Doutor em Filosofia pela Pontificia Universidade Católica do Equador (PUCE, 1982) e pela Indiana University (1989). Doutor em Filosofia pela Indiana University, em 1989. Professor titular da Universidade Federal de Goiás (UFG) desde 1992. Criador do Curso de Pós-Graduação em Filosofia da UFG, 1993. Criador e primeiro editor da revista *Philósophos* (UFG), 1996. Membro do Núcleo de Sustentação do GT da Anpof "Filosofar e Ensinar a Filosofar". Criador do Curso de Filosofia e diretor do Campus Cidade de Goiás, 2009. Autor de *De como fazer filosofia sem ser grego, ser gênio ou estar morto* (EdUFG, 1997), *Os Precursores da Crise Global* (Vertente, 1998) e *Alheio Olhar* (EdUFG, 2004).

Hernán Casciari
Nasceu em Buenos Aires, em 1971. Escritor e jornalista, recebeu o 1º Prêmio de Novela na Bienal de Arte de Buenos Aires (1991), com *Subir de espaldas la vida*, e o prêmio Juan Rulfo (Paris, 1998), com *Ropa sucia*. Desde 2000 está radicado em Barcelona, onde escreveu quatro blognovelas, pioneiras na literatura por Internet. Atualmente trabalha em um livro a ser publicado por Random House Mondadori em setembro de 2009.

Hilan Bensusan
Tem procurado maneiras avulsas de desajustar suavemente. Já fez a filosofia da generalização e agora anda às voltas com o rabo das curvas normais. Pensa que o supérfluo é a marca das potências ainda envergonhadas. Não gosta da ordem. Quase nunca é Elizabeth Costello. Acredita que todas as palavras podem ser usadas no baixo calão e no alto jargão. Possui menos de meia-dúzia de dicionários.

Ingrid Müller Xavier
É carioca. Prefere viajar por árvores e águas a estar nas cidades, mas, quando nelas, procura suas sorveterias. Acha que o mundo tem gente demais, dispensa filhos. É musicodependente

e gatófila. Teve muito prazer em participar deste livro e com ele aprendeu muitíssimo. Vem ocupando-se de traduções e de promover encontros para conversar e dançar. Anda arrancando os cabelos para terminar o doutorado.

José Menna Oliveira
Graduado em Medicina e especialista em Psiquiatria pela Universidade Federal de Pelotas (UFPel). Cursou mestrado em Neurociências pela Universidade Federal do Rio Grande do Sul (UFRGS), onde cursa atualmente doutorado em Neurociências. Realiza pesquisas envolvendo lítio, neuroproteção e sistema dopaminérgico. É músico e compositor.

Juliana Merçon
É o que chamam uma (in)certa confluência de relações alimentadas por carinhos próximos e distantes, alguns pensares, vários automatismos indis-pensáveis, escrevinhações, muito jardim, paisagens diversas e chá de dong-quai. Move-se desejante de mais coisas desse tipo e de outras que desconhece. Quando o pôr do sol colora o céu com tons de fogo, Juliana Merçon se desfaz em amplidões.

María Elena Merino – Mariela
Nasceu na província de San Juan, Argentina. Professora do Ensino Fundamental e professora de Filosofia e Pedagogia da Universidade Nacional de San Juan. Pós-graduada em Didática pela Universidade de Buenos Aires, professora titular de Didática da Filosofia e Ética e Cidadania na Universidade de San Juan. Coordenadora da equipe de Filosofia com crianças e adolescentes da Universidade Nacional de San Juan desde 2005 (CONEX-UNSJ, Argentina).

María José Guzmán
Licenciada em Filosofia pela Universidade Nacional de Cuyo (Argentina), mestre em Educação pela UERJ e doutoranda em Filosofia pela UFMG.

Mário Bruno
Professor da UERJ e da UFF, graduado e licenciado em Filosofia e Letras pela UERJ, doutor em Teoria Literária pela UFRJ, doutor em Teoria Psicanalítica pela UFRJ, pós-doutor em Filosofia pela UFRJ. Autor dos livros Lacan & Deleuze (Forense, 2004) e Escrita, literatura e filosofia (Forense, 2008); além de organizador do livro *Pensar de outra maneira: a partir de Cláudio Ulpiano* (Pazulin, 2007).

Mauricio Langón
Nasceu em Montevidéu em 01/01/1943, é professor de Filosofia, casado, 6 filhos, 8 netos e outro a caminho. Atualmente trabalha na área de Aperfeiçoamento e Estudos Superiores da Administração Nacional de Educação Pública. É docente, pesquisador e membro da Comissão de Assessoramento. Foi Inspetor de Filosofia e Presidente da Associação Filosófica do Uruguai. Seu trabalho docente e seus escritos se centram principalmente no pensamento latino-americano e em Didática da Filosofia.

Maximiliano Duran
Papai de Simón e de Juan. Apaixonado por Flor. Torcedor fanático do Club Atlético Boca Juniors. Trabalha como professor em uma escola primária em Buenos Aires e como professor de Filosofia na Faculdade de Direito da Universidade de Buenos Aires.

Mônica Costa Netto
Natural do Rio de Janeiro, é bacharel e mestre em Filosofia pela Universidade de Paris VIII. Exerce as atividades de tradutora, pesquisadora e professora de Filosofia e de Francês.

Olga Grau Duhart
Professora de Filosofia no Estado, diploma em Filosofia para Crianças (Montclair State University, EUA). Doutora em Literatura Latino-Americana e Chilena (Universidade do Chile). Professora do Departamento de Filosofia, Diretora do Centro de Estudos de Gênero e CulturaLatino-Americana e Coordenadora do Curso de Especialização em Filosofia e Infância do Departamento de Filosofia e Ciências Humanas da Universidade do Chile. Professora associada, atualmente é diretora do Centro de Estudos de Gênero e coordenadora do Curso de Especialização em Filosofia e Educação para estudantes pós-graduados em Filosofia e Infância ou Valores na Educação.

Paula Ramos de Oliveira
Professora assistente doutora do curso de Pedagogia e do Programa de Pós-Graduação em Educação Escolar da Faculdade de Ciências e Letras da Universidade Estadual Paulista (UNESP), campus de Araraquara-SP. Coordenadora do Grupo de Estudos e Pesquisas Filosofia para Crianças (GEPFC/CNPq). Membro do GT Filosofar e Ensinar a Filosofar (ANPOF).

Plínio W. Prado Jr.
Filósofo, professor no Departamento de Filosofia da Universidade de Paris 8 (Vincennes). Acaba de publicar *Le Principe d'Université* (Éditions Lignes, 2009), versão abreviada disponível gratuitamente no endereço http://www.editions-lignes.com/LE-PRINCIPE-D-UNIVERSITE.html. Website: http://www.atelier-philosophie.org/.

Renato Bonfatti
Quem é esse cara? Carioca, apesar do nome de mafioso italiano, cabeça feita nos anos sessenta, é hoje um coroa garotão muito chateado com o excesso de violências e ganâncias mundo afora. Mas acredita que a amizade, as boas conversas, a cortesia, o trabalho e a brincadeira continuam em plena vigência, sendo parte decisiva daquilo que, de fato, nos sustenta.

Rosana Aparecida Fernandes
Graduada em Pedagogia e especialista em Ensino de Filosofia pela Universidade de Brasília (UnB). Fez mestrado em Educação na Universidade Federal do Rio Grande do Sul (UFRGS). Atualmente realiza doutorado em Educação na Universidade Federal de Pelotas (UFPel) e graduação em Filosofia na Universidade Federal do Rio Grande do Sul (UFRGS). Estuda temas relacionadas com a infância, o cinema e o ensino de Filosofia, sobretudo o ensino de Filosofia para crianças.

Sérgio Augusto Sardi
Doutor em Filosofia pela Unicamp/SP e professor do Departamento de Filosofia da Pontifícia Universidade Católica de Rio Grande do Sul (PUC-RS). Em seus escritos sobre Metodologia de Ensino de Filosofia, Filosofia Antiga e Filosofia com Crianças, assim como nas suas histórias filosóficas dirigidas às crianças, busca pontos de tensão com os limites da linguagem para que, do silêncio de fundo do dito, possa provocar o pensar a ir além de si mesmo.

Verónica Bethencourt
Professora de Filosofia, ensina em escolas de Nível Médio e na Universidade Nacional de La Plata. Desenvolve seus estudos no âmbito do ensino de Filosofia

Walter Omar Kohan
Torce apaixonadamente pelo Vélez Sarsfield e troca qualquer coisa por uma V azulada. Argentino radicado no Brasil, onde nasceram suas três filhas, gosta de nadar para fortalecer a coluna. Este livro mostra seu gosto por agregar pessoas de vários lugares em torno da filosofia. Come quase tudo, à exceção de patês e fígado. Publicou diversos livros, muitos, como este ABeCedário, em companhia de amigos e amigas.

Qualquer livro do nosso catálogo não encontrado nas livrarias pode ser pedido por carta, fax, telefone ou pela Internet.

Rua Aimorés, 981, 8º andar – Funcionários
Belo Horizonte-MG – CEP 30140-071

Tel: (31) 3222 6819
Fax: (31) 3224 6087
Televendas (gratuito): 0800 2831322

vendas@autenticaeditora.com.br
www.autenticaeditora.com.br

Este livro foi composto com tipografia Minion Condensed e impresso em papel AP 90 g na Formato Artes Gráficas.